新视角全球简史系列

诺曼人简史

A Short History of the Normans

从维京入侵、诺曼底殖民、安条克与西西里征战到威廉征服的200年

（英）莉奥妮·V.希克斯 著
陈友勋 译

化学工业出版社
·北京·

A Short History of the Normans, 1st edition by Leonie V. Hicks
ISBN 978-1-78076-212-8
Copyright© 2016 by Leonie V. Hicks. All rights reserved.
Published by arrangement with I. B. Tauris & Co Ltd, London
Authorized translation from the English language edition published by I. B. Tauris & Co Ltd.

本书中文简体字版由伦敦I. B. Tauris & Co Ltd授权化学工业出版社独家出版发行。
本版本仅限在中国内地（不包括中国台湾地区和香港、澳门特别行政区）销售，不得销往中国以外的其他地区。未经许可，不得以任何方式复制或抄袭本书的任何部分，违者必究。

北京市版权局著作权合同登记号：01-2017-6780

图书在版编目(CIP)数据

诺曼人简史 / （英）莉奥妮·V. 希克斯（Leonie V. Hicks）著；陈友勋译.
—北京：化学工业出版社，2018.1（2018.12重印）
（新视角全球简史系列）
书名原文:A Short History of the Normans
ISBN 978-7-122-30471-1

Ⅰ.①诺… Ⅱ.①莉… ②陈… Ⅲ.①诺曼人-历史 Ⅳ.①K53

中国版本图书馆CIP数据核字（2017）第201318号

责任编辑：王冬军　张丽丽　　　　　装帧设计：水玉银文化
责任校对：王　静

出版发行：化学工业出版社（北京市东城区青年湖南街13号　邮政编码100011）
印　　装：鸿博昊天科技有限公司
710mm×1000mm　1/16　印张17$\frac{1}{2}$　字数256千字
2018年12月北京第1版第2次印刷

购书咨询：010-64518888
售后服务：010-64518899
网　　址：http://www.cip.com.cn
凡购买本书，如有缺损质量问题，本社销售中心负责调换。

定　价：69.80元　　　　　　　　　　　　　　　版权所有　违者必究

新视角
全球简史系列

　　来自于英国 I. B. Tauris 出版公司的新视角全球简史系列丛书，写作严谨、可读性强，对于我们在 21 世纪理解和研究历史，可谓提供了一个全新的视角。对于见仁见智的历史争论，这一系列独辟蹊径，试图基于史实本身对其做出全面而公正的解释，这样既能激起普通读者和历史爱好者的浓厚兴趣，也能进一步感染广大的历史学习者及专业学者。因此，在讲述历史领域的重要主题、思想史、宗教、政治、古典研究、哲学观点等内容时，本系列丛书特意避免使用平淡乏味、冷漠刻板的方式进行陈述——那只是给初学者讲授史学入门知识的通常做法。长期以来，这一系列丛书一直致力于给专业学者和普通读者提供可以帮助他们了解特定历史概况的基本史实。但除此之外，这套系列丛书还能起到更多的作用。例如，书中有一些令人耳目一新的观点，解释过去的人们在特定的背景下是如何理解某个历史主题，以及其中各种社会、文化因素可能产生的影响及作用。这种新颖的分析方式十分具有借鉴意义，可以帮助我们现在更好地理解这些特定的历史主题。

　　此外，对于这样的历史主题，各位作者在此系列中也从不同角度提出了自己的疑问。虽然作者们已经暗示了某种答案，但还是在每本书后的"延伸阅读"中提供了长长的参考书目,以便感兴趣的读者做进一步的阅读与探索。新视角全球简史系列丛书中众多的历史主题,相较于市场上其他同类丛书做了更为深层次的研究和解析,同时内容却简洁而紧凑,不愧是"在介绍历史知识方面更为出类拔萃"的代表。本套系列丛书结合质疑性和查证性的分析,对相关历史做了全面的描述,可以说是在日益复杂的全球化数字时代大背景下,为读者了解和研究历史打开了一个全新的视角。

To the Normans special subject students,
the University of Southampton 2007—2012.

献给

南安普敦大学2007—2012级诺曼人
历史专题讨论会的同学们

目 录

A Short History of the Normans

大事年表 // IX

族　谱 // XVIII

导　言 // 001

第一章 罗洛与诺曼底

9 世纪的法兰克 // 021

罗洛来了 // 023

杜多的记载 // 025

诺曼底的建立 // 029

诺曼底的存续 // 034

延续与中断 // 039

从异教入侵者到基督教贵族 // 041

第二章 威廉与威廉征服

从 1035 至 1066 年：生存、巩固和扩张 // 053

诺曼人与英格兰 // 060

征　服 // 066

战后影响 // 074

诺曼帝国 // 078

第三章 地中海的诺曼人

征服意大利南部 // 095

征服西西里岛 // 103

诺曼人与十字军东征 // 108

第四章 诺曼人与诺曼社会

城　堡 // 122

土地与徭役 // 133

农　民 // 137

婚与嫁 // 140

第五章 诺曼人与教会

圣徒与修道院 // 161

教皇与修道院管理 // 167

改　革 // 180

第六章 文化的碰撞与交流

语言与文学 // 193

物品、艺术与建筑 // 199

非单一的宗教世界 // 216

第七章 诺曼人的历史与特性

斯堪的那维亚的重要性 // 230

诺曼底的重要性 // 233

诺曼人的性格与行为 // 236

致　谢 // 247

延伸阅读 // 249

大事年表

公元841年	维京人侵扰塞纳河谷
公元843年	《凡尔登条约》签订,查理曼帝国被一分为三
公元845年	维京人抵达巴黎城外
公元862年	纽斯辰-马其被赐给卡佩王朝的先祖"强者"罗伯特
公元876年	根据杜多的记载,罗洛到达诺曼底
公元888年	"胖子"查理被罢黜,奥多在西法兰克王国继位
公元911年	创建诺曼底的传统日期
公元922年	废黜法兰克国王——"糊涂"查理,由罗伯特一世接任
公元923年	勃艮第的拉尔夫接任罗伯特一世,成为法兰克国王
公元924年	贝桑和曼恩两地被赐给诺曼人
约公元928年	罗洛去世,"长剑"威廉继任诺曼底公爵
公元933年	阿夫朗钦和科唐坦半岛被赐给诺曼人
约公元943年	"长剑"威廉去世,理查一世继任诺曼底公爵
公元946年	法兰克国王路易四世试图夺取鲁昂
公元965年	鲁昂大教堂的重建工作开始
公元987年	于格·卡佩被选为国王,标志着卡洛林王朝在法兰克统治的结束
公元989年	理查一世的儿子罗伯特被任命为鲁昂大主教
公元991年	理查一世和英格兰国王埃塞尔雷德二世("仓促王")签订条约
公元996年	理查一世去世,理查二世继任诺曼底公爵

	诺曼底农民起义"虔诚者"罗贝尔成为法兰西国王
约公元1000年	诺曼人以朝圣者和雇佣兵的身份开始出现在意大利南部
公元1002年	诺曼底的埃玛和埃塞尔雷德二世成婚
公元1009—1010年	反抗拜占庭统治的梅洛起义失败
公元1013年	丹麦国王斯维因·弗克比尔德入侵英格兰,埃塞尔雷德二世、埃玛带着两个儿子(爱德华和阿尔弗雷德)逃往诺曼底
约1013—1014年	理查二世和布卢瓦-沙特尔的奥多就德勒边界的城堡发生冲突
公元1014年	埃塞尔雷德二世去世
公元1016年	"唯一的英格兰国王"克努特迎娶诺曼底的埃玛
公元1017年	诺曼人加入梅洛,在意大利南部抗击希腊人
公元1019年	雷努夫成为阿韦尔萨伯爵
约公元1020年	卡瓦地区建立圣三一修道院
公元1025年	阿夫朗什大教堂开始修建
公元1026年	诺曼底公爵理查二世去世,理查三世继位
公元1027年	诺曼底公爵理查三世去世,"宽宏者"罗贝尔继位
公元1030年	雷努夫被赐予阿韦尔萨,并修建城堡
11世纪30年代	欧特维尔的坦克雷德家族中年龄稍大些的儿子们去意大利南部谋求发展
公元1031年	亨利一世成为法兰西国王
公元1035年	诺曼底公爵"宽宏者"罗贝尔去世,威廉二世(后来的"征服

	者"威廉)成为诺曼底公爵
	克努特去世
公元1037年	鲁昂大主教罗伯特去世,梅杰当选为新任大主教
公元1038年	拜占庭人带领诺曼雇佣兵试图夺回西西里岛
公元1042年	埃塞尔雷德二世和埃玛的儿子爱德华成为英格兰国王廉二世开始独立统治诺曼底 "铁臂"威廉统治阿普利亚,被推为阿普利亚伯爵
公元1043年	威廉二世从黑艾莫伊思子爵瑟斯坦·格日手中夺取法莱斯城堡
约公元1044年	"铁臂"威廉在斯奎拉切修建城堡
公元1045年	阿韦尔萨的雷努夫去世
公元1046年	"铁臂"威廉去世,德罗戈继位
约公元1046/1047年	罗伯特·吉斯卡尔到达意大利南部
公元1047年	瓦尔斯沙丘战役
公元1049年	利奥九世当选为教皇
公元1050年	威廉公爵和佛兰德的玛蒂尔达成婚
公元1051年	瑞米耶日的罗伯特被任命为坎特伯雷大主教
	戈德温家族被流放
	根据《盎格鲁-撒克逊编年史》的D版本记载,威廉二世访问英格兰
	德罗戈去世,阿普利亚的汉弗莱继位

公元1052年　　阿尔克的威廉，即诺曼底的塔鲁伯爵，发生叛乱

公元1053年　　6月17日，奇维塔特大战

公元1054年　　法兰西国王亨利一世在莫蒂默被击败

　　　　　　　教皇利奥九世去世

公元1055年　　梅杰被废除鲁昂大主教职位，茅瑞利斯当选为新任主教

　　　　　　　维克托二世被选为教皇

公元1056年　　德国皇帝亨利三世去世，由亨利四世继位

公元1057年　　瓦拉维尔战役

　　　　　　　汉弗莱去世，由罗伯特·吉斯卡尔继位

公元1058年　　阿韦尔萨的雷努夫的侄子理查德成为卡普亚亲王

公元1059年　　尼古拉二世成为教皇，他承认了诺曼人在意大利南部的领地

　　　　　　　梅尔菲宗教会议举行

公元1060年　　菲利普一世成为法兰西国王

公元1061年　　尼古拉二世去世之后，亚历山大二世被选为教皇

　　　　　　　诺曼人开始征服西西里岛

公元1062年　　威廉二世占领曼恩

公元1063年　　切拉米战役

公元1064年　　哈罗德·戈德温森横渡英吉利海峡，前去拜访当时在诺曼底
　　　　　　　的威廉二世

公元1066年	1月5日,"忏悔者"爱德华去世,哈罗德·戈德温森继任英格兰国王
	"征服者"威廉捐赠位于卡昂的拉特里尼泰修道院
	9月20日,富尔福德战役
	9月25日,斯坦福桥战役,哈拉尔德三世和托斯蒂格·戈德温森阵亡
	10月14日,黑斯廷斯战役
	12月25日,诺曼底公爵威廉二世加冕为英格兰国王
公元1067年	鲁昂大主教茅瑞利斯去世,阿夫朗什的约翰当选为新任主教
	切普斯托城堡开始修建
公元1069年	约克大主教埃尔德雷德去世,巴约的托马斯继位,后者随即展开了约克大教堂的重建工作
公元1069—1070年	威廉公爵掠夺北方
公元1070年	"忏悔法令"颁布
	坎特伯雷大主教斯蒂甘德被免职,兰弗朗克当选为新任主教
	坎特伯雷大教堂开始重建
公元1071年	巴勒莫沦陷
公元1073年	教皇尼古拉二世去世,格列高利七世继任(去世于1085年)
公元1075年	英格兰出现所谓的贵族叛乱
	罗伯特·吉斯卡尔和他的侄子,即洛瑞特罗的罗伯特,被教

	皇格列高利七世开除教籍
公元1076年	"征服者"威廉处决瓦尔塞奥夫伯爵
	科尔切斯特城堡开始修建
公元1078年	卡普亚的理查德一世去世，其子约尔丹继位
公元1079年	鲁昂大主教约翰去世，威廉·博纳·阿尼玛当选为新任主教
公元1083年	佛兰德的玛蒂尔达去世
公元1085年	罗伯特·吉斯卡尔去世，由罗杰·博尔萨在阿普利亚和卡拉布里亚继位
	"征服者"威廉派人编写《末日审判书》
公元1086年	《末日审判书》被呈献给威廉国王
公元1087年	9月，"征服者"威廉去世，罗伯特·柯索斯继任诺曼底公爵，威廉·鲁弗斯继任英格兰国王
公元1090年	科南在鲁昂反叛罗伯特·柯索斯
	卡普亚的约尔丹去世，其子理查德二世继位
公元1091年	诺曼人的西西里征服结束
公元1093年	安塞尔姆当选为坎特伯雷大主教
	达勒姆大教堂开始修建
	为新建的温切斯特大教堂举行神品圣事
公元1095年	教皇乌尔班二世鼓吹发动第一次十字军东征
公元1096年	罗伯特·柯索斯参加第一次十字军东征

	鲁昂的犹太人惨遭屠杀
公元1098年	博希蒙德成为安条克亲王
公元1099年	十字军战士攻占耶路撒冷
公元1100年	威廉·鲁弗斯去世，亨利一世成为英格兰国王
公元1101年	西西里伯爵罗杰一世去世，西蒙继位
公元1105年	西蒙在西西里去世，罗杰二世继位
公元1106年	9月28日，坦什布赖战役，亨利一世击败兄弟罗伯特·柯索斯，这样他既是英格兰国王，又是诺曼底公爵卡普亚的理查德二世去世，其兄弟罗伯特一世继位
公元1108年	路易六世成为法国国王
公元1111年	罗杰·博尔萨去世，威廉继位
	博希蒙德去世，其侄坦克雷德继位成为安条克亲王
公元1112年	坦克雷德去世
公元1120年	卡普亚的罗伯特一世去世，其兄弟约尔丹二世继位
公元1126年	博希蒙德的儿子博希蒙德二世成为安条克亲王
公元1127年	威廉去世
	欧特维尔家族的继承者——罗杰二世登陆意大利本土卡普亚的约尔丹二世去世
公元1130年	圣诞节，罗杰二世加冕成为西西里国王
	博希蒙德二世去世

公元1132年	罗杰二世开始在巴勒莫修建巴拉蒂娜小教堂
公元1133年	巴约教堂被授予宣誓调查的特权
公元1135年	亨利一世去世
公元1135—1153年	斯蒂芬和玛蒂尔达王后之间的内战时期,史称无政府状态期间
公元1138年	教皇安那克勒图二世去世,英诺森二世成为新任教皇
	斯坦达德战役
约公元1141年	编年史家奥德里克·维塔利斯去世
公元1143年	拉玛尔特拉纳教堂建立
	英诺森二世教皇去世
公元1144—1153年	西西里的诺曼人不断侵占北非领土
公元1154年	阿拉伯学者伊德里西完成对《罗杰之书》的编撰
	斯蒂芬国王去世,亨利二世成为英格兰国王
	西西里的罗杰二世去世,"恶人"威廉一世继位
公元1156—1160年	西西里王国丧失了北非领土
公元1162年	修建巴勒莫的拉齐萨城堡
公元1166年	西西里的威廉一世去世,"好人"威廉二世继位
公元1175年	盎格鲁-诺曼贵族在爱尔兰建立米斯郡
公元1177年	盎格鲁-诺曼贵族在爱尔兰建立阿尔斯特地区
公元1180年	菲利普二世·奥古斯都成为法兰西国王
公元1189年	西西里的威廉二世去世

	英格兰国王亨利二世去世，理查一世继位
公元1190年	约克的犹太人惨遭屠杀
公元1194年	德意志国王亨利六世征服西西里岛
公元1199年	英格兰国王理查一世去世，约翰王继位
公元1204年	法兰西国王菲利普二世·奥古斯都击败英格兰国王约翰王，夺得诺曼底
13世纪20—30年代	西西里岛的伊斯兰教徒被驱逐出境

表1：911—1204年间诺曼底伯爵、公爵谱系关系简表

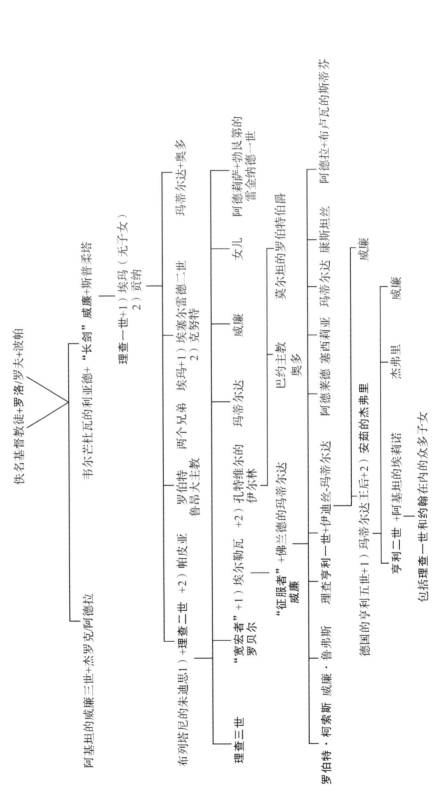

表2：11世纪英格兰诸王谱系关系简表（标注执政期间）

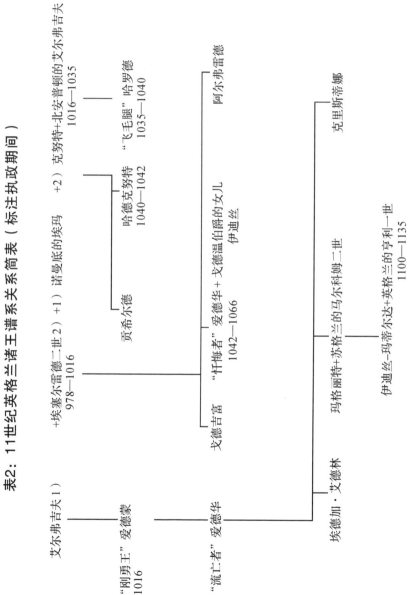

表3：欧特维尔的坦克雷德（包括粗体显示的西西里诺曼王和斜体显示的安条克亲王以及安克蒂尔（阿韦尔萨的雷努夫的兄弟）后裔之间的谱系关系简表

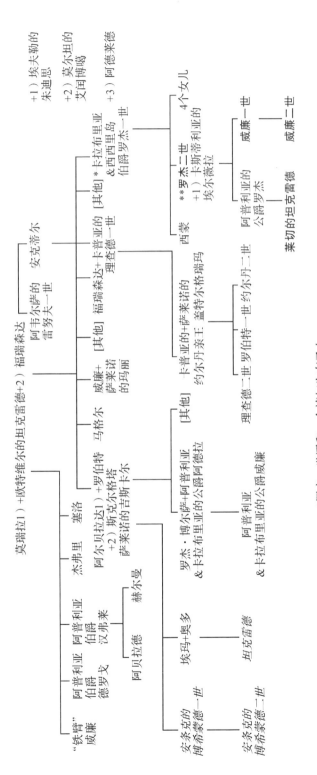

*罗杰一世还和一个情妇生有子女
**罗杰二世还有两个妻子

导 言
A Short History of the Normans

诺曼人的故事是从一个梦境开始的。罗洛［Rollo，也称为罗夫（Rolf）］，当时还是一小帮维京冒险家的头目。

（罗洛）在梦中似乎看到自己登上了一座比天还高的巍峨大山，并置身于一座法兰克庄园。在大山之巅，他见到一股甘洌的泉水汩汩流淌，而他自己则沐浴其中。后来，泉水竟然治愈了他身上感染的严重麻风病[1]……最后，当他还在山顶流连忘返时，忽然发现山脚下有数千只鸟儿，它们五颜六色、种类各异，拍打着红色的翅膀，飞翔起来。由于鸟儿数量众多、连成一片，罗洛怎么也望不到鸟群的尽头。这些鸟儿一只紧挨着一只，组成优美的阵形飞舞过来，找到了山顶的这股泉流，并在里面沐浴净身，一起畅游，就像它们平时在大雨到来之前那样嬉戏游乐。等它们全都在这神奇的泉水中沐浴完毕，就找了一个合适的地方进食。这时，它们不分彼此，也无争斗，安详平和，以诚相待，就像是朋友在共餐一样。后来，它们找来树枝，迅速筑巢。更奇

---

[1] 杜多的用意似乎是让读者联想《圣经旧约》中的一个相关典故，其中亚兰王的元帅乃缦根据耶和华上帝的指示，在约旦河中沐浴7次后治愈了身上的麻风病，从此皈依基督教。——译者注

妙的是，在罗洛的梦境中，这些鸟儿还欣然听命于他。[1]

我们在本书的最后一章还会继续讨论罗洛的这个梦境。但历史学家圣康坦的杜多（Dudo of Saint-Quentin）在《诺曼人的历史》（*History of the Normans*）中认为，罗洛把这个梦境中出现的情景视为一种预兆，并建立了一片后来成为诺曼底公国的领土，从而把众多分散的族人统一在自己麾下。后来的历史学家则重温关于罗洛及其追随者的后裔们的故事，讲述了他们是如何征服并统治英格兰诸国和西西里岛，并带领将士进行十字军东征的事迹。

罗洛本人的身世颇具神秘色彩。维京人在公元9至10世纪时期的社会情况主要是通过口头讲述的方式流传下来，因此，关于罗洛出身的文字资料全部都是后来人写成的，并且其中大部分内容出自法兰克社会的教会牧师之手。当时，两种传统观点已经初具雏形，其中一派以杜多为首，认为罗洛出生于丹麦；而另一派，则从较晚出现的传奇故事中寻找证据，赋予罗洛挪威背景，并称其为"罗夫"或"工头罗夫"①。这些故事有的来源于奥克尼地区（Orkneyinga）的传奇，写于12、13世纪之交；有的来源于斯诺里·斯图鲁松（Snorri Sturluson）的《海姆斯克林拉》（*Heimskringla*）——一部编撰于约1220年的关于挪威列王的历史传记。这本《海姆斯克林拉》虽然面世稍晚，但由于书中融入了北欧诗歌——即生活在前朝的吟游诗人（宫廷诗人）的诗文，所以有的内容也同传统观点一致。而我们在本书中要讨论的这首诗歌，却是罗夫的母亲希尔德（Hild）所写，表达的是她对儿子被逐出挪威、流浪在外的哀叹之情。[2] 这就意味着，罗夫也是那群凶猛的北欧流浪汉中的一员，他们都是被挪威野心勃勃的"金发王"哈拉尔德（Harald Finehair）在扩张权力时驱逐出去，不得不背井离乡，在外漂泊。后来，罗夫和他的这些同胞们以冰岛为大本营，并在约克郡和苏格兰的小岛上建立了维京人的殖民地。

---

① 据说罗夫长得四肢短粗，大腹便便，举动笨拙，好像粗蠢的工头一样，因此在挪威，当地人都管他叫"工头罗夫"（Hrolf Ganger）。——译者注

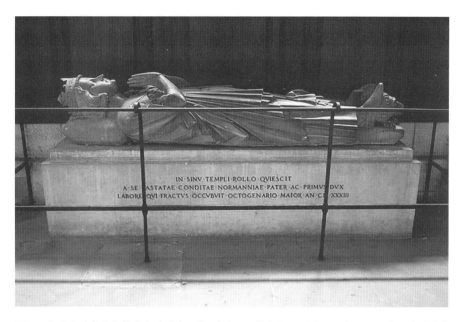

图1 位于法国鲁昂大教堂中的罗洛之墓。（原始坟墓建于13世纪，已损毁，现在保存的是其复制品。）© 马克·哈格尔（Mark Hagger）

但在当时，罗洛（或罗夫）只不过是众多维京头目中的一员而已。在911年诺曼底建立之前的100年时间里，他们不断地侵扰北海海岸，包括苏格兰、英格兰、今天的比利时和荷兰，以及法国一带的海岸地区。据那些创作年代和这些侵袭活动较为接近的历史记录显示，统治者们最初试图用武力来抵御维京人的侵袭，但这招失败之后，他们则把土地赐给维京人定居，希望以此换取他们不再进行新的袭击活动。但是诺曼人故事中最关键、同时也最与众不同的是，在欧洲大陆的所有殖民地当中，只有诺曼底存续的时间最为长久。诺曼底一直作为法兰克王国（后来的法兰西）中的一个自治公国而存在，直到1204年，法兰西王菲利普二世才将其从英格兰国王约翰王手中夺取过来。

本书主要讲述10—11世纪诺曼人的故事，关注他们如何在诺曼底、英格兰、意大利南部、西西里岛以及圣地①建立自己的领地。但有必要指出的是，诺曼人的活动

---

① 基督教圣地（Holy Land），主要是指巴勒斯坦一带地区。——译者注

范围远不止上述这些区域。1066年在侵入并征服英格兰之后，"征服者"威廉和他的继承者们开始侵占威尔士亲王和苏格兰国王手里的土地，然后渡过爱尔兰海，并于12世纪70年代，大致沿着爱尔兰东海岸建立了一个盎格鲁－诺曼殖民地。除了在地中海和中东地区建立公国之外，诺曼人还在西班牙抗击穆斯林，并在西西里岛诸王的领导下，暂时征服了北非的部分地区。其中，阿普利亚公爵罗伯特·吉斯卡尔（Robert Guiscard），就用余生在巴尔干半岛征战。显然，在短短一本书中不可能囊括所有内容，于是本书的写作主要集中于诺曼底、英格兰、意大利南部和西西里岛，因为关于这些区域的史料才有突出的可比价值，能够凸显诺曼人历史的与众不同之处。

以往对诺曼人的研究一般只关注他们历史中的某一方面，例如征服英格兰或在意大利南部殖民等。这毫不足奇，因为发生在诺曼人身上的这些历史事件以及因此而产生的历史进程，在这些国家都产生了深远影响，其中一些内容我们将在本书后面的章节中进行讨论。本书主要目的之一是要凸显诺曼人历史的不同之处，为此将对把诺曼人视为一个独立氏族或民族的做法提出质疑，并且强调他们的适应力，以及作为诺曼人所代表的流动性。这是本书的主题，我们将在本书最后的章节中进行详细探讨。本书另一个与其他著作的重要差别是始终把诺曼人的史料放在中心位置。有时，书中也会讨论历史学家们如何解读这些史料，以及当带着新的问题、从新的角度重新审视这些熟悉的史料时，我们的解读会发生怎样的改变。基于以上考虑，我们在书中参考其他史料、考古证据和物质文化时，特别强调诺曼人历史中的社会和文化因素。因此，本书可视为现代历史学家和中世纪同行们正在进行的一场对话之中的组成部分。

在中世纪早期，诺曼人为了巩固自己的政治地理地位，身上还展现了另一种巨大的优势，即他们发起、激励并直接参与了大量的历史创作。这些历史作品主要是由教会的牧师们创作，他们通常熟悉并借鉴彼此的作品。但是，如果我们因为这些历史学家具有相同的宗教背景，就认为他们在作品中的观点也是如出一辙，那就大错特错了。事实上，他们的写作角度各不相同，特别是在为诺曼人在各个地方进行殖民或征服找一个合理借口，并解释1066年的诺曼征服或第一次十字军东征等重大历史事件时，他们对诺曼人的描述大不相同。由于许多历史学家都具有宗教背景，这就意味着本书讨论的一些历史作品特别关注诺曼人在"上帝改造人间的神圣计划"中所起的作用，其中包括奥德里克·维塔利斯（Orderic Vitalis）的《宗教史》（Ecclesiastical History）或杰弗里·马拉特拉（Geoffrey Malaterra）的《罗杰伯爵的事迹》（Deeds of Count Roger）。此外我们也注意到：虽然大多数历史作品都是由男性创作的，但并不因此而必然把女性的声音排除在外。女性写的历史作品的确非常稀有，因此，拜占庭公主安娜·康内娜（Anna Comnena）为她的父皇阿莱克修斯（Alexius）写的传记作品算得上是一个明显的例外。这些女性是历史事件的重要见证人，也是家族记忆的守护者，她们不但组织他人编写历史，而且也给这些编年史家们提供重要信息。

我们可以根据历史主题和发生日期将中世纪编年史家分归不同的类别。我们注意到，如果说诺曼人的历史，是指个人或群体理解已发生事件的书面记录，那圣康坦的杜多就是第一个撰写诺曼人历史的作家。杜多本身不是诺曼人，而是来自韦尔芒杜瓦社区（Vermandois）的一名基督教士，他最初出现在诺曼底，是以韦尔芒杜瓦伯爵派往诺曼底公爵理查一世宫廷的使者身份。但是杜多深受法兰克的文化传统熏陶，因此非常适合为罗洛的后裔提供一份他们所欠缺的家族起源史。虽然早在996年，理查一世就开始委派杜多编撰历史，但直到理查二世上台之后，也就是在11世纪早期，他才写完这部历史作品。而杜多的这部作品是我们能够找到的唯一资料——目前大多数关于诺曼底的最初历史都是在这本书中找到的。但像所有叙事文献一样，读这本书也不能只做字面理解，并且杜多的写作初衷也不是为了记录历史上发生的真实情况。在这本书中，杜多融入了传说、史实和诗歌，借鉴了古典文学中关于诺曼人的维京祖先和早期三王［罗洛、"长剑"威廉（William Longsword）和理查一世］的内容。杜多的历史为后世这方面的大多数作品奠定了写作基础。

瑞米耶日的威廉（William of Jumièges），是塞纳河谷瑞米耶日修道院的一名修士，和公爵家族有着紧密的联系。他对杜多的历史作品进行了编辑、修订和扩展，记录诺曼底公爵的事迹，其中一直写到威廉二世，也就是后来的"征服者"威廉。他最初是在 11 世纪 50 年代末或 60 年代早期完成创作的，但在 1066 年的诺曼征服之后，他重新执笔，又进行增补，对威廉所经历的直至 1070 年的战事情况都进行了详细记录。威廉的这部作品在拉丁文中名为 *Gesta Normannorum ducum*，英译版为《诺曼公爵的事迹》，³ 这些都为后世的历史学家们提供了笔耕不辍的大好机会。像许多不知名的其他作家一样，12 世纪最出名的教会编年史家奥德里克·维塔利斯和托瑞格尼的罗伯特（Robert of Torigni）也对威廉的这部作品进行了增添和扩展，使其内容一直覆盖到了亨利一世的统治时期。

　　本书内容讨论中所涉及的最后一位 11 世纪的重要历史学家是普瓦捷的威廉（William of Poitiers）。他没有给所有的诺曼公爵写史立传，或是给杜多和瑞米耶日的威廉的作品再写续集，而是只为一位公爵编写传记，这位公爵就是"征服者"威廉。在这方面他很有优势，因为他本人是公爵的宫廷牧师，既可以亲眼见证历史事件，而对于其他历史事件，又可以亲耳聆听目击者的讲述。普瓦捷的威廉和杜多一样，接受的是古典文化教育，但他充分发挥了自己在这方面的优势，在记录威廉的生平事迹时，不但辞藻华丽，有时也不乏谄媚之词。由于某种原因，普瓦捷的威廉在 11 世纪 70 年代早期就终止了写作，⁴ 因此史学家们猜测他是由于失宠而选择了缄默。⁵ 今天我们看到的这本《威廉的事迹》（*Gesta Guillelmi*）是不完整的，只是中世纪之后的一本手抄本——几乎可以肯定，该书的原稿在 1731 年戈登图书馆的那场大火中已化为灰烬。

　　到 11 世纪末期，中世纪历史学家已经开始为意大利南部的诺曼人撰写编年史。但我们对这些历史学家的具体情况知之甚少。这方面的第一部作品，是一名来自蒙特卡西诺（Montecassino）修道院的修士阿马塔斯（Amatus）于 1080 年左右写成的。阿马塔斯记载了一小群诺曼冒险家来到阿普利亚（Apulia），然后逐渐占领了阿普利亚、卡拉布里亚（Calabria）和西西里岛。像其他所有作品一样，这部史书也给历史学家带来了棘手的问题。因为不但其原稿不复存在，就是我们今天所见最早的版本也只是 14 世纪的一份法语译本。然而，尽管如此，仍有足够的内容保存在近现代的作品之中，⁶ 尤其是利奥·马尔瑟卡诺斯（Leo Marsicanus）于 12 世纪早期撰写的蒙特卡西诺编年史，这让学者们有理由相信14世纪的法语译本是十分忠实于原稿的。阿马塔斯最初批判诺曼人对待教会的态度和他们占有教会土地的做法，不过，一旦诺曼人后来成为他自己所在修道院的捐助者和保护人，他写作的口吻大为转变，对他们的行为又开始肯定。

其他两位记录诺曼人在意大利早期殖民活动的历史学家是杰弗里·马拉特拉和阿普利亚的威廉（William of Apulia）。杰弗里于11世纪90年代进行创作，可以肯定他是一名修士［生活在西西里岛卡塔尼亚（Catania）的圣雅加达修道院］，虽然其具体身世已经无从查起，但据推测有可能是一位诺曼移民。他同样很有可能从小就生活在意大利，或来自于诺曼底南部的佩尔什郡（Perche）。7 杰弗里的作品与其说是关于诺曼人的历史，倒不如说是专门给一个人的丰功伟绩而立的传记，这个人就是西西里岛的罗杰伯爵（Count Roger of Sicily），他的兄长就是意大利南部最富有传奇色彩、最冷酷无情的罗伯特·吉斯卡尔。8 杰弗里在作品中为诺曼人征服卡拉布里亚和西西里岛进行辩解和开脱，并且，他始终以宫廷人员为自己的写作对象，因此在《罗杰伯爵的事迹》中融入了史实、劝诫和幽默调侃，这种风格也意味着其中某些内容适用于公开朗读并娱乐大众。

阿普利亚的威廉的身世之谜则更加扑朔迷离。虽然"威廉"一般是诺曼人才取的名字，但他很可能是一个伦巴第人。他也可能不是一名神职人员，而是一名世俗人士，因为同其他编年史家相较而言，他的作品中极少宣扬宗教主题。9 此外，他在写作中采用了完全不同的体裁，即用拉丁文六步格诗的形式详细描述了罗伯特·吉斯卡尔的事迹。他的这些诗歌创作于11世纪90年代。10 阿普利亚的威廉和杜多以及普瓦捷的威廉一样，其作品引经据典，充满了对希腊和拉丁作家的借鉴和引用，并且结构复杂。

诺曼人对英格兰的征服是一个灾难深重的历史事件。因为到1066年10月14日那一天的最后一刻，大部分英国贵族的尸体都躺在了巴特尔战场①上。除了在盎格鲁-

---

① 后来此战发生地被称作"巴特尔"（Battle），也是取其"战斗"之意。——编者注

撒克逊编年史（按年份顺序编辑的历史记录，虽然其内容可能是很久之后才补充进去的）[11]中略有提及之外，这方面的后续内容要等未来二三十年甚至更久之后才会出现。其中记录得最详细的是马姆斯伯里的威廉（William of Malmesbury）、亨廷登的亨利（Henry of Huntingdon）以及奥德里克·维塔利斯——所谓的"盎格鲁－诺曼历史学家"——因为这三人的父母中都有一方是英格兰人，而另一方是法国人或诺曼人。

我们在对瑞米耶日的威廉所著《诺曼公爵的事迹》进行补充创作的历史学家进行介绍的时候，已经提到了奥德里克·维塔利斯。[12]奥德里克生于什鲁斯伯里（Shrewsbury）附近的阿查姆（Atcham），从小在诺曼人统治的阴影中长大，并从当地的一位神父那儿接受启蒙教育。10岁时，奥德里克被自己的法国父亲送进了位于诺曼底南部边界的圣·埃弗雷特修道院（monastery of Saint-Evroult），成为一名修士。从此之后，他再也没有见过自己的家人。奥德里克深切地体会到了被人抛弃的感觉，但他在完成自己的宗教任务和历史创作中找到了自己的使命。他的《宗教史》最初只是记录圣·埃弗雷特的修道院生活，但很快就扩展成包括诺曼人在诺曼底、英格兰和意大利南部的历史，还记载了第一次十字军东征以及当时世界上的圣经历史。这部作品内容广泛，提供了大量关于诺曼人社会的详细资料，其中甚至包括女性所扮演的角色。不幸的是，这部作品由于部头太大、内容繁复，对中世纪的抄书者们毫无吸引力，所以奥德里克在自己生活的时代远不如现在出名。虽然他一直坚持以诺曼人的本笃会（Benedictine）修行生活为写作背景，但却对诺曼人的行为和性格持批判态度。他特别对1069—1070年间威廉在掠夺北方过程中所使用的极端暴力行径进行了谴责。《宗教史》的写作经历了漫长的过程，从约1114年一直持续到约1141年，在奥德里克去世前不久才最终完成。

马姆斯伯里的威廉也曾是一名修士，但生活在马姆斯伯里的英格兰修道院。他撰写了好几部作品，包括《英格兰国王的事迹》（Deeds of the Kings of the English）、《英格兰主教的事迹》（Deeds of the Bishops of the English）以及篇幅稍短的《中篇历史演义》（Historia novella），最后一部作品描写了12世纪中期的内战。[13]马姆斯伯里的威廉被认为是 12 世纪最伟大的历史学家。他不但充分利用自己广博的文化知识，而且到处巡游，广泛参考各个宗教机构的图书资料。像奥德里克一样，马姆斯伯里的威廉对诺曼人的态度也不一致，有时甚至是完全敌视。例如，他也意识到这些新的统治者在改善和装饰教堂方面所做的努力，但对他们在生活其他方面的表现则持批判态度。与奥德里克和马姆斯伯里的威廉不一样，亨廷登的亨利（约 1157 年去世）是一名在俗的神职人员——他是亨廷登的副主教。亨利基于盎格鲁－撒克逊编年史进行写作，因此遵循的也是一种编年史体裁。[14]

图 2　位于诺曼底的圣·埃弗雷特修道院，曾是奥德里克·维塔利斯的家园。自 13 世纪起沦为废墟。

12 世纪时关于诺曼人历史的写作体裁已经发生了改变。在 11 世纪和 12 世纪早期，编年史用拉丁文写作，且通常采取散文的形式；尽管也有历史学家们可以并且有人也的确在写作中加入了诗歌，尤其像杜多和亨廷登的亨利。到了 12 世纪后半叶，英格兰国王亨利二世的御用作家不但用韵文写史，而且是用诺曼人的法语方言进行创作。这些作家中的第一个就是韦斯（Wace）——巴约大教堂的一名教士，也是我们在此要详细讨论的编年史家。遗憾的是，韦斯写作进度缓慢，而亨利却是一位没有耐心的国王。亨利厌倦了一等再等，于是炒了韦斯的鱿鱼，把写作任务交给了圣莫尔的伯努瓦（Benoît of Sainte-Maure），但伯努瓦也没有完成写作。而韦斯之所以失去编撰史书的任务，原因可能还更复杂。马丁·奥雷尔（Martin Aurell）认为这是因为韦斯没能充分突出诺曼底公爵的神圣地位；而查里蒂·乌尔班斯基（Charity Urbanski）则认为这是由于韦斯质疑亨利一世（亨利二世的祖父）对英格兰王位以及诺曼底爵位所享有的权利。[15]这些韵文体的历史著作更多地体现了讲述传奇故事以及英雄颂歌的写作风格，适合以宫廷人员为读者对象。这些作品也是（至少韦斯的作品是）严肃的历史著作，其宗旨既是提出尖锐的政治意见，同时也给人们提供可供仿效的先例和行为模式。

诺曼人的历史不仅记录在史书里面，也体现在当时的物质文化之中。其中一个例子就是：1066年的诺曼征服事件被"绣"进了历史。这就是巴约挂毯（Bayeux Tapestry，亦译作贝叶挂毯），它可能是由"征服者"威廉同父异母的兄弟——巴约主教奥多（Bishop Odo of Bayeux）——提供资助并在坎特伯雷完成的。我们可以从上面解读到诺曼人眼中的历史版本："忏悔者"爱德华许诺把王位传给威廉、哈罗德·戈德温森（Harold Godwineson）在爱德华死后用阴谋篡夺王位、诺曼人筹划进攻英格兰以及这场征服战役本身。① 这幅独一无二的艺术品后来成为诺曼人的代名词，也在近现代很多政治斗争中给人们提供了这方面的参考经验。例如，拿破仑在计划入侵之前就曾研究过巴约挂毯，第二次世界大战中纳粹占领法国期间，希姆莱也意识到这幅挂毯的宣传价值。后来和诺曼底征服相反的历史进程——"霸王计划"，即1944年6

---

① "忏悔者"爱德华是"征服者"威廉的表亲（爱德华的母亲是威廉父亲的姑妈），在1051年威廉访英时曾答应让其继承王位。而爱德华的内弟，另一个王位的有力竞争者哈罗德在被困诺曼底公国时，也曾承认过威廉对王位的继承权。1066年爱德华去世，英格兰贤人会议却选举了哈罗德为国王，因此，威廉怒不可遏，决心发动征服战争，从而导致了"诺曼征服"。——编者注

月的诺曼底登陆——也以类似的口吻在史书中进行了描述。

诺曼人留下了一些最明显的痕迹,向我们揭示他们在殖民地区的那段中世纪历史。11世纪在公爵领地兴起了一股修建修道院的风潮,涌现出许多辉煌的罗马风格建筑并留存至今。其中最著名的就是圣艾蒂安修道院(abbey of Saint-Etienne)和位于卡昂的拉特里尼泰修道院(abbey of La Trinité),这两座修道院是威廉和他的妻子——佛兰德的玛蒂尔达(Matilda of Flanders)——组织修建的。诺曼人喜欢在英吉利海峡两岸修建具有这种风格的建筑,起初是以"忏悔者"爱德华的威斯敏斯特修道院为代表,而到了1066年之后,则体现在城堡和大教堂等建筑上面。在这方面,矗立至今的达勒姆大教堂、伦敦白塔和切普斯托城堡(Chepstow Castle)很好地体现了威廉及其子孙们所带来的这种建筑风格的变化。诺曼人的历史还镌刻在地貌之上,对此人们最容易联想到的是位于诺福克的阿克里城堡(Castle Acre),这是一片有规划的诺曼殖民区,其中拥有市镇、城堡和教堂,外面还环绕着一条经过重新改造的罗马古道,为前来参观的游人提供了最佳的观赏视角。

与之相比,在意大利南部和西西里岛的诺曼建筑体现的不是一种对征服的炫耀,而是展示了罗杰伯爵及其继承者们所创建的多民族融合的特征,其中包括了希腊、拉丁和伊斯兰的不同风格。这儿的第一位诺曼国王,即罗杰二世,曾亲自监督位于巴勒莫的巴拉蒂娜小教堂(Capella Palatina)的施工,这座教堂展示了北欧人极为熟悉的罗马风格、人行道和天花板上体现的穆斯林手艺,以及马赛克镶嵌画中所体现的希腊品位。罗杰二世宫廷的成员,特别是海军将领安条克的乔治(George of Antioch),也委托工匠装修马赛克镶嵌画,其中最著名的就是位于拉玛尔特拉纳(La Martorana)的乔治教堂中那幅耶稣为国王加冕的作品。这些图作让我们想起一个有意思的问题。因为纵观本书前面的介绍,以及我们阅读大多数史料文献得出的印象,似乎人们说起诺曼人时,是把他们作为一个民族来对待。例如,这方面的著作常被冠以"诺曼人"或"欧洲的诺曼人"之名,大型研究项目则被称为"诺曼人前沿",并且有些学术机构主办的网站也被命名为"诺曼人的世界",但我们这么称呼他们真的正确吗？这些在西西里岛创造了包括上述马赛克镶嵌画等文化奇迹的人们，和那些入侵英格兰的人们，到底有什么值得研究的相同之处？我们是否不应当将其视为"一个诺曼民族"，而更应当将他们看作是"各个诺曼民族"？

本书最后一章会结合现代关于诺曼人历史的写作进展情况，重新详细讨论这些问题。中世纪之后的历史学家们会在阅读这些历史作品，或在观赏这些历史建筑时触发研究和写作的灵感，这也毫不为奇。特别是在以英语为母语的国家，人们是以1066年为中心来讲述诺曼人的故事的。内战中很有市场的一种说法就是"诺曼桎梏"（the Norman Yoke），即诺曼人入侵并剥夺了英格兰人的权利和自由。而后来不管是在不列颠还是在欧洲大陆的历史学家们，一般研究的是诺曼人的机构体制和法律体系。关于诺曼人的种族、民族和身份等问题是人们最近才研究的话题，特别是在拉尔夫·戴维斯（Ralph Davis）出版了《诺曼人的传说》（*The Norman Myth*）之后才出现的，而该书明确指出，"诺曼人的身份"其实是12世纪编年史家创造出来的一种说法，其中尤其以奥德里克·维塔利斯为代表。这些观点随后又被人修正和质疑。历史学家们也有"诺曼帝国"（Norman empire）的说法，后来又取缔了这种说法，换成更受青睐的"诺曼大移居"（Norman diaspora）。最近几年，文化史和社会史又抢占风头，关注的是诺曼人的性别问题（即社会如何看待和构建关于男性、女性以及与性别相关的角色和素质问题）、婚姻和社会互动。

这些丰富的学术资料表明，关于诺曼人现在没有并且将来也不可能有一部明确的历史。诺曼人的历史就是在中世纪一直被人们反复讲述的那个故事，而后世的历史学家又无数次地重复讲述这个同样的故事。每一代的历史学家们都会追溯到圣康坦的杜多——因为是他第一个为诺曼人写出了正史；然后继续浏览，一直阅读到今天的历史学家们的作品，这样他们会对911年的诺曼底建立和后来的诺曼征服等历史事件提供自己的注释，并形成自己的理解。中世纪期间的史书对诺曼人要么肯定，要么否定，很少有人是从中立的角度来对其进行描写。诺曼人的历史既让人仰慕，也受人谴责，我们从中既可以找到仿效的对象，也可以找到反面的教材。中世纪之后的历史学家在讲述诺曼人故事的时候语气要克制得多，但其中也不乏观点尖锐的批评家，我们将在后面对此进行介绍。因此，本书在写作时并不奢望能够面面俱到：正如书名所暗示的那样，本书只是致力于讲述一部关于诺曼人的历史。与这个领域的其他史书相比较，本书在写作时特别注重结合现代的社会和文化史来研究中世纪诺曼人的历史传统。因此本书涵盖诺曼人在欧洲的各个殖民地，在内容上以比较为主。前三章回顾了诺曼底、英格兰和意大利南部的情况，内容集中于罗洛、"征服者"威廉、欧特维尔兄弟（Hauteville brothers）、罗伯特·吉斯卡尔和罗杰。第四至第六章分别按主题讨论了诺曼人的历史，特别是社会、教会和文化交流，最后在第七章讨论了诺曼人的历史是如何形成的，以及未来将何去何从。但是，既然诺曼人的故事是在这个叫诺曼底的地方开始的，因此本书也必须从诺曼底这个地方开始说起。

注 释

1 Dudo of Saint Quentin, *History of the Normans*, trans. E. Christiansen (Woodbridge: Boydell, 1998), pp. 29–30.

2 *The Normans in Europe*, ed. and trans. E. van Houts (Manchester:Manchester University Press, 2000), no. 14.

3 Ed. and trans. E. van Houts, 2 vols (Oxford: Clarendon Press, 1992–95).

4 William of Poitiers, *The Gesta Guillelmi*, ed. and trans. R. H. C. Davis and M. Chibnall (Oxford: Clarendon Press, 1998), p. xvi.

5 Orderic Vitalis, *The Ecclesiastical History*, ed. and trans. M. Chibnall, 6 vols (Oxford: Clarendon Press, 1969–80), vol. 2, pp. 184–5; 258–61.

6 Amatus of Montecassino, *The History of the Normans*, trans. P. N.Dunbar and G. A. Loud (Woodbridge: Boydell, 2004). 'Introduction', p. 1.

7 K. B. Wolf provides a brief summary of Geoffrey's origins in Making History: *The Normans and their Historians in Eleventh-Century Italy* (Philadelphia: University of Pennsylvania Press, 1995), pp. 143–4. Among other historians G. A. Loud, *The Age of Robert Guiscard: Southern Italy and the Norman Conquest* (Harlow: Longman, 2000), p. 82 argues that he was a Norman. M.-A. Lucas-Avenel, 'Le récit de Geoffroi Malaterra ou la légitimation de Roger, grand compte de Sicile', *Anglo-Norman Studies* 34 (2012), pp. 169–92 argues for Frankish origins.

8 Geoffrey Malaterra, *The Deeds of Count Roger of Calabria and Sicily and of his Brother Duke Robert Guiscard*, trans. K. B. Wolf (Ann Arbor:University of Michigan Press, 2005).

9 Wolf, *Making History*, pp. 123–5.

10 A translation by G. A. Loud of William of Apulia's *The Deeds of Robert Guiscard* is available at http://www.leeds.ac.uk/arts/downloads/file/1049/the_deeds_of_robert_guiscard_by_william_of_apulia. Line numbers in this volume refer to the Latin edition *Gesta Roberti Wiscardi*, ed.M. Mathieu (Palermo: Istituto siciliano di studi bizantini e neoellenici,1961), also available online at http://www.intratext.com/IXT/LAT0871/_INDEX.HTM.

11 The Anglo-Saxon Chronicles began as the court annals of Alfred the Great in the late ninth century. *The Anglo-Saxon Chronicle*, trans. M. Swanton（London: Dent, 1996）.

12 For Orderic's background see Orderic, *Ecclesiastical History*, vol. 1, 'Introduction'.

13 The works that concern us here are *Gesta regum Anglorum*, ed. and trans.R. A. B. Mynors, R. M. Thomson and M. Winterbottom, 2 vols（Oxford:Clarendon Press, 1998）and *Gesta pontificum Anglorum*, ed. and trans.M. Winterbottom and R. M. Thomson, 2 vols（Oxford, Clarendon Press,2007）.

14 Henry of Huntingdon, *Historia Anglorum*, ed. and trans. D. Greenway（Oxford: Clarendon Press, 1996）.

15 M. Aurell, *The Plantagenet Empire, 1154-1224*（Harlow: Longman,2007）, p. 138; C. Urbanski, *Writing History for the King: Henry II and the Politics of Vernacular Historiography*（Ithaca: Cornell University Press, 2013）, Ch. 3. Wace's history is published as *A History of the Norman People: Wace's Roman de Rou*, trans. G. Burgess with notes by G. Burgess and E. van Houts（Woodbridge: Boydell, 2004）.

第一章
罗洛与诺曼底

A Short History of the Normans

根据圣康坦的杜多的说法，罗洛沿着当地的江河来回穿梭，对法兰克王国北部进行了多年的侵扰，其势力最远时大概影响到了法国的沙特尔地区（Chartres）。后来罗洛在圣克莱尔·埃普特（Saint-Clair-sur-Epte）遇到了当时的法兰克国王——"糊涂"查理（Charles the Simple，即查理三世），也就是在那儿，查理把鲁昂周边从埃普特至海边的地区赐给他，供其世代享用。但罗洛并未满足。他借口这片土地虽然肥沃，但基本没人耕种，无法养活自己众多的部众，向查理继续索要更多土地。于是查理又把佛兰德（Flanders）赐给罗洛，但罗洛认为该地是一片沼泽，拒绝领受，并建议将其替换成西边的土地，即阿夫朗钦（Avranchin）和科唐坦（Cotentin）。根据杜多的记载，作为回报，罗洛将娶查理的女儿吉斯拉（Gisla）为妻，还得皈依基督教并接受洗礼。为了落实这笔交易，罗洛"迫切地把自己的双手放在了国王的手掌中间"，但又觉得亲自去亲吻国王的脚有失体面，于是委派一位随从代替他去完成仪式。然而这位随从也没有躬身去亲吻国王的脚，反而举起查理的腿来，结果把这位可怜的国王摔得仰面朝天，弄得周围的维京人捧腹不已。[1]这场仪式的重要性，以及它是否意味着罗洛因此就从查理手里获得了封地等问题，在历史上引起了广泛的争议。[2]但杜多认为，这个事件更重要的意义在于，"征服者"威廉（即威廉二世）在1066年前夕占领的诺曼底地区——从东部的布雷勒河（Bresle）到西部的库埃农河（Couesnon），从海边到曼恩（Maine）边界——是因为法兰克国王的赐予而骤然成型，并因罗洛的皈依和婚娶而获得合法地位。

杜多的这段记载中包括了许多维京战团在其他北欧地区解决争端的典型方式：用土地换取和平、入侵者皈依基督教、与处于统治地位的特权阶层通婚，尤其是在英格兰和弗里西亚（Frisia，环绕今天德国的部分地区以及荷兰）。[3] 罗洛就是一个从野蛮的维京人转变成体面的统治者的最佳例子。于是侵扰塞纳河的北欧人获得了国王赐予的土地，此后仅一个世纪，杜多就开始记载这段历史。但在他的记载里，很少有内容能够从10世纪的史料中得到印证。虽然写书的基本线索也是根据法国兰斯的弗洛多阿德（Flodoard of Reims）的年鉴记载，以及公爵家族流传下来的口头叙述，但杜多书中的其他大部分内容，特别是借鉴《埃涅伊德》（Aeneid）的做法，使他遭到了许多历史学家的贬毁，他们认为在埃利诺·瑟尔（Eleanor Searle）那篇重要作品"法兰克的斗争和北欧战士"（Frankish Rivalries and Norse Warriors）[4] 面世之前，杜多记载的历史充其量只能算是一种小说创作。不过，杜多记载的那段历史仍然成为了后来中世纪历史学家，如瑞米耶日的威廉和奥德里克·维塔利斯等人进行创作的基础。因此，我们有必要了解：为什么目前我们得到的有限资料，在描绘诺曼征服时会大相径庭，以及杜多为何会以这种方式来记载历史。

本章讲述的是罗洛及其率领的维京人在塞纳河谷的殖民活动，以及诺曼底公国的形成历史。此外，本章也会讨论在现代背景中进行创作的历史学家是如何改变他们对中世纪史料的解读方式的。我们首先会对公元10世纪一段关于诺曼底殖民的记载展开讨论，接着更加细致地分析杜多对此的记载，以理解他如此写作的原因。接下来，我们将描述诺曼底形成的历史情形，以及罗洛的王朝是如何建立并得以延续。最后再来了解理查一世在费康（Fécamp）的公爵城堡地址所创建的一个宗教社区。但首先，我们有必要回顾一下9世纪的情形，这样才能更好地理解是什么样的社会环境成就了罗洛及其追随者们的殖民活动。

9 世纪的法兰克

为了将诺曼底殖民放到更大的背景中分析，我们必须把视野提前几乎一个世纪，即将查理三世赐予罗洛土地的行为纳入卡洛林王朝查理曼大帝的子孙和北欧海盗之间不断争斗的框架之中去进行审视。⁵ 查理曼大帝去世后，他的帝国就在儿子们争权夺利的斗争中开始分崩离析。843 年，查理曼大帝的第三个儿子"虔诚者"路易斯（Louis the Pious）的三个儿子签订了《凡尔登条约》（treaty of Verdun），这标志着查理曼帝国的正式瓦解。但即便签订了条约，也未能阻止未来每位君王驾崩之后必然产生的宫廷倾轧。由于后来上台的君主个个孱弱，导致王室的权威及其对疆土的主控日渐削弱，于是 888 年，在"胖子"查理（Charles the Fat）被罢黜之后，法兰克王国最终分裂为东西两个国家。⁶

除了内部的宫廷争斗之外，随着时间的推进，法兰克的江河流域上出现了越来越多北欧人的身影。有时，他们会在那儿滞留更长的时间过冬——而这种做法已经带上了殖民征服的原始特征。法兰克的年鉴对当时的历史事件按时间顺序进行了简要描述。据其记载，早在 841 年，维京人就开始侵扰塞纳河谷。圣贝尔坦（Saint-Bertin）的年鉴对那一年是这样描述的：

> 丹麦海盗们沿海峡顺流而下，袭击了鲁昂，在城中大肆破坏、烧杀掳掠，僧侣和其他民众要么惨遭杀戮，要么沦为俘虏。海盗们把塞纳河沿岸的修道院和其他地方踏为废墟，或是在离开之前索要大笔钱财，最后留下一片狼藉，民众皆惊慌失措。⁷

那些深受其害的修道院中就包括圣万德里耶修道院（monastery of Saint-Wandrille），它的年鉴正好可以和上述记载相互印证。这些年鉴中把维京人的头目叫做"傲狮咖"①，还记载了在巴黎郊外的圣但尼（Saint-Denis），僧侣们赎回了当地被劫持的 65 名人质的事件。但塞纳河谷的城镇和修道院太容易成为维京人的袭击目

---

① 英语原文为 Oskar，最初源自斯堪的纳维亚语，意为"神圣的力量"。——译者注

标，所以，在845年，当维京人连续侵扰之后来到巴黎，当时的国王"秃头"查理（Charles the Bald）立即支付了"7000磅白银"打发他们上路，让他们别再扰民。[8]9世纪中叶，维京海盗们对法兰克王国的侵袭，无论在频率上还是规模上都有增无减。这可能是由于洛泰尔一世（Lothar I）在暗中怂恿，以便借此机会削弱其弟弟"秃头"查理的权力。

公元841年，圣贝尔坦的年鉴中记载了洛泰尔一世把弗里西亚的瓦尔赫伦岛（Walcheren，位于今天的荷兰南部）的城镇以及周边地区赐给北欧的哈拉尔德，从而换取他对自己的支持。这一行为导致他遭到编年史家们的一致谴责，他们认为洛泰尔一世将基督教徒置于"崇拜魔鬼的恶人"[9]的统治之下。

查理曼大帝的子孙们还不得不面临另外一个严重的威胁，后来这个威胁也被证明在诺曼底的创建当中影响重大，他们就是布列塔尼人，一群从未向卡洛林帝国臣服的人们。像维京人一样，他们也利用了查理曼大帝死后皇权衰微的大好机会。公元862年，为了应对这种威胁并加强防卫、对抗维京人的侵扰，"秃头"查理把纽斯辰-马其（Neustrian March）赐给了当时一个势力强大的贵族——"强者"罗伯特（Robert the Strong）。这其实是查理曼大帝在自己的帝国和布列塔尼之间创立的一片缓冲区域，而诺曼底也是其中的一个组成部分。但是罗伯特没有取得全胜，因为在867年，布列塔尼人还是夺取了位于今天下诺曼底（Lower Normandy）的阿夫朗钦和科唐坦，并且继续东进，逼近巴约。然而，把纽斯辰-马其赐予罗伯特所产生的政治意义则要广泛得多，并且诺曼人将在其中扮演了重要角色。罗伯特的后裔创建了历史上的卡佩王朝，在随后的一个世纪里，它和卡洛林王朝在法兰克的土地上轮流执政，并最终在987年取而代之。因此，罗洛和他的维京追随者们在塞纳河谷进行殖民活动的背景正是宫廷争斗、利益冲突以及皇权的分崩瓦解。事实上，当时任何一个人，只要能够利用这种政治局势，灵活地周旋于这些复杂的联盟关系之中，都可能会大有作为。

罗洛来了

对诺曼底殖民的理解，由于出现了这样一个史实而变得复杂起来，那就是，杜多的作品是现存唯一一份对《圣克莱尔·埃普特条约》进行描述的历史文献，并且杜多还是在条约签订了 80 年之后才开始写作的。而原始的条约即使真的签订了，也早已不复存在。但是，法兰克史书和"糊涂"查理执政后期的一些宪章文件确实存在，并且现在也可以进行查询，其中能够大致还原当时诺曼殖民的社会背景，帮助我们更好地理解杜多的历史作品。

罗洛来到鲁昂周边地区的日期只能靠我们进行猜测。11 世纪的历史传统是依据杜多的记载，把罗洛露面的时间大约确定在 876 年，[10] 但罗洛更有可能在 10 世纪早期就开始在塞纳河谷活动了。有的历史学家把正式赐予土地的日期确定在 905 到 906 年之间，因为卡洛林王朝的最后一批宪章里有直接证据显示：管理诺曼底的机构是在"糊涂"查理执政期间设立的；也有历史学家把具体日期确定在 918 年，因为有一份宪章在回溯中曾提及赐予土地的事情。[11] 于是，911 年，这个杜多确定的年代，就取代真实的历史日期，成为诺曼底公国创立的传统时间。918 年的宪章还提供了一些线索，可以解释为什么"糊涂"查理会把土地赐给罗洛。根据这份文件的记录，"糊涂"查理把本来属于一个废弃修道院的土地赐给巴黎附近的圣日耳曼德佩修道院（monastery of Saint-Germain-des-Prés），但是"不包括废弃修道院之已经赐给塞纳地区的诺曼人的那片土地，因为它已经被赐给罗洛和他的维京同伙，从而换取他们保护这个王国"。[12] 摘录的这部分文字的意思很可能是：国王之所以把土地赐给罗洛，是为了让他保护这片土地不再遭受其他维京海盗的侵袭。换句话说，罗洛已经和国王达成了某种互惠协议，而这也就极可能意味着罗洛已经正式承认了"糊涂"查理的宗主地位。描述这段历史时，现代史书中使用的诸如"臣属"和"效忠"等字眼当然是毫不含糊的，但上述证据本身并不能明确告诉我们罗洛是以哪种方式以及在哪种前提下获得赐封的土地。[13] 虽然上面没有指明条约所涉及的具体地区，但兰斯大教堂的一名教士弗洛多阿德在其作品《兰斯的教会历史》（*History of the Church of Reims*）中这样记载：赐予罗洛的土地是鲁昂以及沿海和鲁昂周围的"帕奇"①，具体包括：塔鲁（Talou）、考克斯（Caux）、鲁穆瓦（Roumois）以及维克森（Vexin）和埃维瑞森（Evrecin）的部分地区。[14] 这绝不是杜多所记载的赐给罗洛的那一大片土地，但也不能说它们就不属于那片土地，因为当时的维京人已经在弗里西亚定居下来。[15] 不同寻常的是，只有诺曼底殖民地得以存续下来，而其他殖民地都在历史的大浪淘沙中逐渐消逝了。

关于诺曼人殖民，兰斯的弗洛多阿德给我们提供了更多的信息。虽然他写作的地点隔英吉利海峡还有相当的地理距离，但弗洛多阿德认为罗洛以及后来的"长剑"威廉是利用法兰克王国在其他地方的政治分歧，先后通过三次赐予行为，才得以不断扩张其领土范围。根据他的记载，诺曼人是在924年获得了曼恩和贝桑（Bessin）；后来在罗洛的儿子——"长剑"威廉的领导下，他们又在933年获得了"位于海岸的布列塔尼人的地区"，即科唐坦和阿夫朗钦，[16] 这也就是867年赐给布列塔尼人的领地。三次赐予土地的说法最为可信，但赐予土地并不一定就意味着就自动获得了管理土地的能力，并且反而会掩盖后者在这方面的长期发展变化，这将在下文继续讨论。[17] 我们只能认为，根据法兰克的相关史料可知，罗洛之所以被赐予塞纳河谷的土地，是为了换取他对国王的效忠。但诺曼人随后通过一系列的侵袭和谈判谋取了更多的领土。不过，他们能够有效地统治这片领土的过程却非常缓慢，并且充满波折。

弗洛多阿德对诺曼人的态度也显示了他和杜多之间的差别。这些维京人可不像杜多在描述"长剑"威廉遇刺事件那样，被刻画成法兰克人阴谋诡计的无辜受害者，相反，他们是停战破坏者以及贪婪的土地掠夺者。弗洛多阿德在讲述诺曼人烧杀掳掠时，并没有太多区分他们是来自塞纳河谷还是其他某个地方。他在《兰斯的教会历史》中对诺曼殖民者的宗教信仰做了一番有趣的描述。据他记载，鲁昂大主教盖伊曾向兰斯大主教哈维讨教，如何处理那些皈依之后又犯戒、犯戒之后又皈依的诺曼人。如果

---

① 帕奇（pagi），卡洛林王朝的行政单位。

罗洛早在 910 年之前就在塞纳河谷活动，那他可能就是那些犯戒的斯堪的纳维亚皈依者中的一员。[18] 这样看来，弗洛多阿德笔下的塞纳地区的维京人和后来杜多笔下虔诚的皈依者之间的确有着天壤之别。

杜多的记载

杜多的《诺曼人的历史》给 11 世纪中叶之后所有重要的诺曼史书奠定了写作基础。因此，了解杜多写作的社会背景、掌握其写作宗旨和写作对象就显得极为重要。如果杜多的写作重点并不在于事实本身，而是要尽力给罗洛的后裔们创史立传，那他的史书就更加有趣了——因为它既反映了诺曼统治者们的政治野心、也反映了杜多本人的看法，同时又要符合 10 世纪后期和 11 世纪早期法兰克王国的政治理念。明白这一点，我们就容易理解为什么过去的学者们会贬低杜多书中的一些细节描写，认为其内容荒唐，因为书中的确有一些章节在字面上经不住仔细推敲。其中一个典型的例子就是杜多关于罗洛祖先的身世描写。就地理方位而言，杜多最初把这些诺曼人的丹麦祖先放在一个叫作"斯堪纳"（Scanza）的岛屿上，后来又改成"达契亚"（Dacia）——一个位于多瑙河上的罗马省份，而这个地方和那些丹麦人在北方的家园相距遥远。[19] 为了这么做，杜多借鉴了一些不太久远的文献资料，特别是参考了约旦尼斯（Jordanes）所写的《哥特人的历史》（history of the Goths）。据尤安·约翰逊（Ewan Johnson）的观点，杜多这样做不仅是想混淆地理知识，更是试图赋予诺曼人一种古老的身世，以使其具有成为一个民族的那种时间长度。[20] 此外，杜多在书中还介绍了斯堪的纳维亚民族的风俗，其中包括一幅把活人作为祭品献给雷神托尔（Thor）的图画，这又是一个杜多直接借鉴古典作品的例子，但是缺少其他的原始资料来支持。最后，杜多把丹麦人和特洛伊人以及古希腊人扯上关系，特别是和安忒诺耳①联系起来，认为他们

---

① 安忒诺耳（Antenor），特洛伊战争中特洛伊一方的长老，以睿智而闻名。——译者注

就是安忒诺耳的后人。当然，中世纪历史创作的一贯做法就是声称书中的人物就是某个古代名人的后裔。需要注意到的是，那些和罗洛及其维京随从们混居在一起的法兰克人，他们也声称自己是安忒诺耳的后人。因此，我们可以看出，杜多煞费苦心给诺曼人找出一份家谱，不是要强调他们和法兰克人之间的差别，而是要强调他们之间具有相同之处，或至少强调他们都拥有一个共同的理想典范。

此外，要理解杜多为何以及如何编写了如此迥异的历史记载，我们有必要了解一下他的写作对象。最初是公爵理查一世委托杜多撰写诺曼人的历史，但直到其继任者理查二世上台之后，这部作品才得以完成。杜多本人是饱学之士，并且，像我们先前写到的那样，他在写作中还借鉴了古典文献资料。他在公爵宫廷的地位——从使者到宫廷牧师——让他可以从目击者口里获得需要的信息，而这些目击者中甚至包括公爵家族的成员。不过有趣的是，杜多作品前面的献词不是写给公爵的，而是写给拉昂（Laon）的主教阿达贝罗（Adalbero，1030 年去世）。这样，杜多的作品在主题（诺曼人殖民）和对象（法兰克主教）之间看似存在的巨大反差现象，让后世的历史学家们提出了大量理论，以期能够解释杜多的写作对象和写作原因。虽然，大多数学者都倾向于认为，杜多的历史基本上是按卡洛林传统写作的；但是，埃利诺·瑟尔认为杜多的作品有点像用拉丁文写成的英雄传奇，是"北欧民族的凯旋之歌"（the victory song of the Norse people）。[21] 瑟尔的正确之处在于，她指出杜多的作品是一部叙事史，其高潮部分是描述权力已经得以巩固且态度虔诚的公爵（理查一世）如何治理一个稳定的诺曼底公国。遗憾的是，她的解释也不全面，特别是无法解释杜多给阿达贝罗的献词。至于把杜多作品描绘成英雄传奇，这种说法未免显得有点夸大其词。另一方面，我们也可认为杜多是在为向他提供资助的诺曼人写书立传，因为他在书中暗示诺曼人是根据上帝的旨意来接管诺曼底并进行公正的统治。当然，若杰弗里·科齐奥尔（Geoffrey Koziol）的观点正确，我们也可以把《诺曼人的历史》看成是这样一个进行抉择的过程，因为当时他们面临着两个严峻的现实，其一是查理曼大帝的子孙们未能继续执掌权力，其二是卡佩王朝在逐渐崛起。[22] 但没过多久，杜多就在书中替诺曼人做出了自己的选择：他以一种卡洛林王朝的读者们能够接受的方式，为诺曼人的殖民活动进行辩解，并替其所作所为寻找合理借口。虽然韦尔芒杜瓦伯爵起初把杜多作为自己的使者派往公爵宫廷，但他完全拒绝承认对于格·卡佩①的加冕以及卡佩王朝对卡洛林王朝王位的继承。如果我们认可杜多的创作本质上还是属于书写卡洛林王朝的历史，那就可能看出杜多在书中是怎样努力地想把新近发生的历史放进法兰克的社会背景中进行解释。

基于这样的想法，我们在解读杜多作品中的《圣克莱尔·埃普特条约》时，就会发现，如果不从字面上将其仅仅理解成是对历史事件的真实记录，那这段记载反而会显得更有意义。我们还注意到，关于这个条约的许多构成因素也可以在其他地方找到。维京人殖民的时期正好和北欧社会皈依基督教的时期重合，因为当时斯堪的纳维亚诸王出于各种各样的原因都逐渐接受了基督教；并且反过来，他们又会迫使自己的子民也接受基督教。在法兰克和英格兰殖民的维京人，和其他地方的维京人一样，要比那些留在斯堪的纳维亚家乡的同伴们更快地接受了这种新的宗教。于是，诺曼人就和他们所在的殖民地区的人们有了一种共通的交流框架，这样才能被殖民地的人们所熟悉并接受。因此，罗洛接受洗礼可以被视作人们认可了这种新的现实的表现，虽然从更广泛的社会背景来看，杜多对罗洛皈依基督教的描述还是值得商榷的。前文曾指出，塞纳河谷的维京人在皈依问题上反复无常，鲁昂大主教盖伊甚至还需要就此咨询意见，而这些维京人当中很有可能就包括罗洛。[23]但这一点在杜多的记载中却不见了踪影。他不但没有提到盖伊，而且在书中把鲁昂大主教变成了一个叫弗朗科（Frano）的人。当然，这个人完全是杜多的凭空臆造。但另一方面，如果出现一个对基督教三心二意的维京皈依者，又和杜多希望塑造的维京人是殖民地合法继承人的想法相违背。于是，杜多不得不创造一个足以让罗洛的洗礼仪式一锤定音、不再反复的场景。此外，

---

① 于格·卡佩（Hugh Capet，约938—996），法兰克国王罗贝尔一世的孙子，956年继承父位为法兰西公爵，987年被贵族正式选举为法兰克国王，建立卡佩王朝，并改国名为"法兰西"（France）。——编者注

罗洛与吉斯拉的婚姻同样经不起推敲。因为不但这场婚姻本身并不存在，而且吉斯拉，作为"糊涂"查理的女儿，要么根本不存在，要么当时年龄太小，不可能谈婚论嫁。[24] 杜多对此的描写，是受了先前一个法兰克婚姻的事例启发：公元882年，作为维京人在瓦尔赫伦岛定居的保证手段，洛泰尔二世将自己的女儿吉斯拉嫁给了维京领袖戈德福瑞德（Godefrid）。[25] 同样的道理，"罗洛和法兰克公主的联姻"也标志着法兰克社会对这个维京首领的认可。

最后我们再来说说赐予土地这件事情。根据杜多的版本，构成诺曼底公国的这片区域，东起厄镇（Eu），西至科唐坦半岛，都是在911年签订的条约中划分出来的，而不是像弗洛多阿德和其他一些法兰克文献所记载的那样，是经过多次赐予才完成的。杜多的写作方式本身又给我们提供了找到答案的线索，在其作品之中，"糊涂"查理把土地赐给诺曼人的事件，标志着杜多对罗洛那个具有预兆意义的梦境的描写已经达到了高潮。而一开始，正是这个梦境才把罗洛吸引到诺曼底的。这是讲述一群维京人如何找到幸福乐土、如何从"异端邪说"皈依基督圣教的迁徙过程，反映了很多中世纪历史作品中都具有的另一个主题——神意思想（divine providence），即"上帝在人间的旨意会在人类的历史进程中体现出来"。因此，如果上帝的旨意是要让罗洛在诺曼底殖民，那必然的结论就是截至杜多写作之时，诺曼人所控制的领地应当是作为一个整体而赐予给他们。不容忽视的一点是，杜多在理查一世执政时期就开始写作，但直到理查二世统治时期才完成作品，所以杜多对这个条约的记载也反映出诺曼底存在的历史非常久远。根据费利斯·里弗斯茨（Felice Lifshitz）的说法，理查一世之所以委命杜多撰写这部历史，是考虑到诺曼底的边境冲突不断，他想给自己的儿子理查二世继承爵位提供依据并扫清道路。[26] 虽然这部作品完成的时间存疑，但鉴于当时诺曼底要排除万难、继续存在的社会背景，杜多对诺曼底久远历史的强调极可能减轻了人们对罗洛及其后代们占领这片土地的合法性的怀疑。显然，当时在诺曼底的生存才是首要的任务，特别是考虑到罗洛的儿子"长剑"威廉被一个敌对的伯爵派人暗杀，而威廉的儿子理查一世在继位时还仅仅是一个孩子。

诺曼底的建立

记载把土地赐予罗洛的历史资料让人产生了这样的疑问：诺曼底的建立到底是"糊涂"查理的刻意行为；还是他仅仅作为权宜之计，和一群维京人订立了一个暂时性的政治联盟，没想到却因此出现了一片独立的领地？前面我们说到 918 年的历史资料已经揭示了赐予罗洛土地的目的是换取他对这片土地的保护，并且很可能是保护其免受后来其他维京人的侵袭。其实，诺曼底的建立是罗洛、"长剑"威廉和理查一世共同努力的结果，他们都很有能力，善于把握出现的一切机会，然后在前人基础上继续前进，并在复杂的政治联盟关系中灵活周旋。在本部分内容中，我们将重点跳出书面文献的约束，深入考古资料以及地名证据中去考察 10 世纪塞纳河谷的人口和资源，这样才能了解来自诺曼底内外部的敌人给这几位公爵带来了哪些威胁，同时也才能清楚罗洛是如何在这儿建立起一个诺曼人基地的。但这是一个很有争议的话题，对此人们自然也是见仁见智。

塞纳河在巴黎以下的很长一段河道都是可以通航的，虽然每年具体的通航里程都会受潮流和季节的影响。根据 9 世纪中期的法兰克史册记载，这就让维京入侵者可以轻松地掠夺沿岸修道院和城市的财富。此外，杜多也曾在自己的作品中指出这些地方人口稀少、十分荒凉。难道这些因素加在一起，就能解释一小群维京入侵分子竟然可以霸占这么大一片区域？其实，早在 9 世纪 80 年代以前，由于维京人不断侵扰，许多宗教社区就被迫带着自己的财物扶老携幼，背井离乡。雅克·勒马霍（Jacques Le Maho）在现代史料编撰的讨论中是坚持人口转移的主力辩手，他坚持认为像瑞米耶日和圣旺德里耶这样的修道院社区最初是和塞纳河边的港口区域保持联系，并一直进行经济活动的。但是随着维京人侵袭活动的加剧，这些修道院社区不得不迁移到后来构成诺曼底的边界线之外。这样，他们留下的土地就被国王收归己有。奥多是"强者"罗伯特之子，他在抗击维京人的战争中多次取得胜利，不但阻止了他们攻占巴黎，还将他们从塞纳河谷清除了出去。由于不能在这片地区继续活动，于是这些北欧战团转攻科唐坦半岛，迫使那儿的宗教社区和库唐斯（Coutances）的主教跑到更远的东面，也就是鲁昂城墙里面去寻求庇护。[27] 勒马霍还指出，大约就是在此期间，居住在塞纳河谷的人们接到王室颁发的命令，国王要求他们进行战略转移，撤退到鲁昂城里面，因为那儿易守难攻。此外，当时鲁昂在管理方面还保留了卡洛林王朝的机构制度，比如在这座城市里面继续使用伯爵的称号并且建有皇家造币厂。考古发掘的证据也支持这样的结论：一些管理机构当时在鲁昂继续存在，因为北边的防卫围墙曾被部分重建，而城里的高卢-罗马街道也被重新设计，从而可以容纳新的房屋和人口。在鲁昂大教堂和卡米尔·圣-桑斯中学所在区域进行的发掘工作让我们找到了进行金属和骨头加工的证据，证明当时的制造中心已经从河岸港口搬到了鲁昂城里面，因此那些港口区域基本上空无一人。[28]

如果上述观点正确，那么在911年之前来侵袭这片地区的维京人就如入无人之境、几乎不会遇到任何抵抗。据勒马霍记载，在896年，一个叫作胡勒都斯（Hunedus）的维京人曾在塞纳河上顺流而下；后来，"糊涂"查理准许他在塞纳河谷定居。勒马霍的写作也借鉴了杜多作品中关于罗洛早期活动的描述。例如，根据他的描述，在到达属于瑞米耶日的一个港口城市圣瓦斯特（Saint-Vaast）之后，罗洛接待了鲁昂大主教派来的一个使团，而这些使者要求他不要屠城，因为城里的人都只是普通平民。不过在这儿，我们找到了一些地名证据，可以证明早在《圣克莱尔·埃普特条约》签订之前，这些地区就存在某种形式的斯堪的纳维亚殖民地。因为在10世纪早期，塞纳河沿岸20个存在经济活动的区域似乎就取了斯堪的纳维亚风格的地名；与之形成鲜明对比的是：只剩下5个地方还保留着法兰克风格的名字。这种集中使用北欧风格地名的现象意味着短期之内当地人口发生了迅速变化，而勒马霍将其理解为一种历史证据，认为这说明了斯堪的纳维亚殖民对当地造成的影响。此外，劳伦特·马泽·哈霍夫（Laurent Mazet-Harhoff）还研究了我们收集到的所有证据，勾画出一幅较为可靠的地图，用来还原当时斯堪的纳维亚人们所理解的塞纳河谷面貌。其中一个重要的地理位置，在19世纪被称为"风底"（Wind's End），标志着行驶航船从依靠风帆过渡为依靠人力划桨。这个地方位于瑞米耶日附近，极有可能是一个造船厂的位置。[29]

勒马霍的解释尽管简洁，但显然把地名证据的作用发挥得有些夸大，所以珍妮特·纳尔逊（Janet Nelson）提醒我们对此不要不假思索地全盘接受。勒马霍观点中的主要问题是，他没有考虑诺曼人占领土地以及殖民活动所需要花费的时间，只是将其作为一个历史结果加以看待，而非一个历史过程进行思考。何况，地名证据本身最多也只是起一个补充说明的作用，因为地名的产生历史很难精准回溯，所以提供不了创造历史理论所需要的准确信息；而文本资料大都在本质上相当于是给圣人立传——描述的是圣人的生平以及在他们身上发生的种种奇迹，所以作者在写作的时候是想着为某个特定的目的而服务。此外，我们几乎找不到考古资料可以证明斯堪的纳维亚人的殖民速度像勒马霍所认为的那样迅速，因为这些考古资料总体来说还是极为稀少和有限。安妮·尼森－若贝尔（Anne Nissen-Jaubert）根据这些考古资料，对我们所掌握的斯堪的纳维亚人在法国殖民的认识加以总结，她的结论是：既然没有找到更多这方面的考古遗迹，这就说明他们已经逐渐融入并同化于法兰克的社会和文化。她还引用地名证据来证明自己的理论，因为据考证，诺曼底很多地名都来源于盎格鲁－斯堪的纳维亚。不过，当时一些维京殖民地距离他们的北欧家园十分遥远，因此这种来自斯堪的纳维亚的影响就没有那么明显。此外，绝大多数初步确定属于斯堪的纳维亚的文物都缺乏相应的地层学资料进行佐证，所以不能进一步准确判断它们出现的具体日期。例如，人们在疏通塞纳河时找到了一批刀剑，于是只能根据史料文字中提供的一点线索，认为既然这些物品出现在维京人曾经活动的区域，那么它们就应当是维京人使用过的武器。[30]

对于这个话题，或许换一种思维方式效果会更好：罗洛及其随从——只是一小群维京人而已——是如何在这片地区建立起自己的殖民地的？这可能就和9世纪中期庞大的冬季军团来到英格兰的情形差不多，先是不断的混战，然后才可能定居殖民。[31]如果当地的势力本来就很微弱，那么像罗洛这样的维京首领的到来，倒是可以给他们找到一种解决方案。以塞纳河谷为例，如果那时当地人口已经迁移并聚集到了鲁昂，那诺曼人正好可以乘虚而入，填补剩下的权力真空，进而在这些处于崩溃边缘的地区制定某些措施，从而维持当地的社会稳定，保证农民、商人和其他人等可以相对安全地进行生产和交易。在这方面，皮埃尔·博迪安（Pierre Bauduin）的研究起了很大作用，可以帮助我们清楚地了解诺曼底东部的发展情况。此外，他还强调了将诺曼底的这种社会发展视为一种过程的重要性，并且指出我们应当将诺曼底公国的建立置于这样的社会背景之中进行考察，即当时的诺曼底由于敌对势力的利益纷争而四分五裂，而诺曼人希望在此基础上进行统一，并创建一个更为稳定的社会。他甚至认为，塞纳河谷的法兰克人和诺曼人原本处于冲突之中，但后来他们居然能够通过某种方式和平共处、相安无事，令人十分意外。[32] 这似乎可以解释为斯堪的纳维亚人已经被当地人逐渐接受，并且这样一来，那种认为国王把土地赐封给罗洛，从而换取他保卫该地免受其他维京人侵扰的观点也就站得住脚了。

罗洛和他的后代们之所以能够巩固并扩大自己的权力，其中一个重要的因素在于鲁昂城本身。鲁昂最初是在高卢-罗马时代建立起来的，它从墨洛温王朝时代起就成为了大主教的所在地。鲁昂是当地的中心城市，位于塞纳河上一个战略要地，保护着塞纳河通往巴黎的交通航道。前文提到，一些诺曼历史学家曾经讨论过鲁昂在10世纪早期到底在多大程度上可以自给自足。我们应当注意在此不要受杜多的误导，因为他曾强调：诺曼底整体上都很荒凉，而鲁昂更是一片废墟。相反，里弗斯茨则认为鲁昂的大主教一直存在，而这从广义上就意味着卡洛林王朝的代表一直派驻于该城。[33] 如果我们接受勒马霍提出的战略转移的观点，既然当时要把人口全部撤进鲁昂城内，那该城肯定较为富裕，应当拥有大量资源。古币学家经过研究后向我们指出：当时鲁昂城内和诺曼底其他城镇一样，货币流通还很活跃。[34] 这样的人口集中状况相当于给鲁昂提供了一个良好的经济基础，可以将其发展成诺曼底公国的中心城市。特别值得一提的是：如果里弗斯茨的推断正确，鲁昂大主教一直驻在这座城市里面，那么鲁昂当时的情况更应当如此。当然，如果我们认为鲁昂的经济发展完全是由于那时法兰克王国的皇室权力暂时复苏造成的，那这样的猜测也是毫无根据。因为在其他

图1-1　现在的鲁昂城。© 马克·哈格尔

地方——比如约克郡就是这方面的一个典型例子——维京人自己就成了经济发展的推动因素。我们从勒马霍和伯纳德·戈蒂耶（Bernard Gauthiez）的作品中可以推断，鲁昂城内的经济发展对巩固公爵的权力和权威都起到了重要作用。[35] 可能早期那些被赐封为"鲁昂伯爵"的诺曼统治者们，把自己的官邸修建在杜多记载的卡洛林宫殿所在的位置，也就是位于鲁昂城墙的西南方向。和这座官邸相连的是一个小教堂，是献给在斯堪的纳维亚社会中非常著名的守护神圣克莱门特（St Clement）的。后来，随着伯爵们在领地的地位越来越稳固，也可能是为了维持杜多所描述的一种自我形象，理查一世或理查二世（我们无法确定到底是谁）在鲁昂城墙的东南角，也就是今天的超级维埃耶观光区（de la Haute-Vieille-Tour），修建了一座新的城堡。重要的是，理查一世从公元965—970年就开始修建具有罗马风格的大教堂，而该修建工程由他的儿子罗伯特大主教继续完成。由此，我们可以看出公爵个人和大主教之间，或者说是在世俗权力和教会权力之间存在着很强的联系。我们前面对鲁昂城内的卡洛林权贵区域进行了仔细考察，发现其中展现了一种对现存事物进行保留和适应的意愿，因为诺曼

人并不想全部抛弃过去、完全从零开始重建鲁昂。我们从杜多和其他一些诺曼历史学家的著作中见证了鲁昂作为诺曼底首府的重要性，并且从这个侧面还进一步反映出：罗洛的后裔和他们热衷于烧杀掳掠且信奉其他宗教的北欧祖先之间已经具有了天壤之别。

诺曼底的存续

虽然有了一个良好的经济基础和一个至少不会公开反叛的后方腹地，但这还不足以保证诺曼底的公爵们可以就此建立起自己的权威，他们还得在诺曼底周边的各方利益和对抗中巧妙周旋。所以，当时诺曼底的长期存在肯定还缺乏有效的保障。这是因为，早期的诺曼统治者们不单要面临王室的讨伐，还得应付来自周边地区的伯爵以及法国北部其他地方的维京首领的骚扰，其中就包括卢瓦尔河谷（the Loire Valley）、巴约和科唐坦半岛周围地区（它们那时由于离鲁昂的权力中心很远，还不受诺曼底公爵的直接管辖）。我们接下来看三个例子，这些例子不但反映了当时诺曼底的内部关系，还反映了诺曼底边界强大的贵族和法兰克国王之间的关系。

第一个例子涉及罗洛的儿子——"长剑"威廉在鲁昂直接管辖区域之外行使权力的能力，这在杜多的史书中记载为瑞鲁尔弗（Riulf）的叛乱。瑞鲁尔弗的叛乱是一个值得研究的例子，因为这不但涉及鲁昂伯爵行使权力的范围，还触及了诺曼人身份中的核心问题，我们在第七章中还将对此详细讨论。[36] 然而，我们对瑞鲁尔弗的身份不得而知。虽然杜多作品的现代译者认为他是一个法兰克人，但瑟尔认为他是当时在诺曼底殖民的众多斯堪的纳维亚部族首领之一。不管瑞鲁尔弗到底是什么身份，但他对这个年轻伯爵（"长剑"威廉）牺牲诺曼人的利益去培养法兰克贵族的做法大为震惊，于是就教唆当地其他一些首领签署联盟协议，同他一起造反。需要强调的是，威廉并未通过继承就自动拥有了发号施令的权力，他能够统治诺曼底是因为他是父亲罗洛亲自选定的继承者。当然罗洛在世的时候，在作出这个决定之前可能还是和手下的谋士进行了商议。因此，如果威廉的手下认为他没有能力，那他的领袖位置就要受到质疑和挑战。当时瑞鲁尔弗要求拥有"一直延伸到里勒河"的地盘，而威廉的回答是土地不是自己可以给的，但可以给他们在自己的宫廷中提供参谋的官职。叛乱者当然不会因此而满足，他们最终逼得威廉开战，结果却被打败了。

威廉在统治初期就被迫镇压一场叛乱的事实告诉了我们两件重要的事情。其一是在诺曼底内部还有其他想争夺统治权的力量；其二是威廉的权力在鲁昂之外就没有多大影响了。瑟尔还在奥德里克·维塔利斯的书中找到12世纪时期的证据，把瑞鲁尔弗的活动领域锁定在埃夫勒（Evreux）周边地区。虽然这种观点才提出不久，但埃夫勒与鲁昂距离之近，却能让我们明白为什么瑞鲁尔弗的叛乱会对威廉造成严重的威胁。当然，这个例子——鲁昂周边出现了一个强大首领——本身就否定了杜多认为诺曼底从911年起就已经定型的观点。不过这不足为奇，因为模棱两可、语焉不详本身就是杜多写作的一贯风格。

此外，诺曼底的公爵们还得处理好与领土边疆的贵族邻居间的关系。这方面的一个例子，同时也给诺曼人的权力带来了危机，那就是"长剑"威廉之死，他是在索姆河的一个岛屿上被佛兰德伯爵阿努尔夫（Arnulf）派人暗杀的。[37]这段历史是杜多讲述的，但也在一本重要的当代作品中被人提及，这就是《普兰克塔斯》（Planctus，一首悼念诗歌），可能是威廉的妹妹杰罗克（Gerloc，嫁给了阿基坦公爵）雇人写的。[38]这段历史被历史学家们广泛引用，有人说可以由此看出诺曼人并没有被法兰克人平等对待（瑟尔）；有人说法兰克人不值得信任（里弗斯茨）；还有一些人则因此认为诺曼底的早期统治者们就像法兰克王国的其他伯爵一样，在政治上钩心斗角、热衷于巩固和扩展自己的地盘。[39]

导致威廉之死的原因最初起于阿努尔夫及其一个手下蓬蒂厄的伊尔林（Herluin of Ponthieu）之间的一场争端。阿努尔夫此前夺取了伊尔林在蒙特勒伊（Montreuil）的城堡，伊尔林又未能在其他地方找到补偿，于是向威廉求助，请威廉帮他夺回领地。伊尔林这样做倒是达到了自己的目的，但威廉的帮忙行为惹怒了阿努尔夫，于是

图 1-2　位于法国鲁昂大教堂中的"长剑"威廉坟墓。(原始坟墓建于 13 世纪,已损毁,现在保存的是其复制品。)© 马克·哈格尔

他想伺机报复。最后,阿努尔夫假装要和威廉和谈,好借机派人谋杀威廉。他花言巧语,哄骗威廉让随从们继续前进,而自己却留在索姆河的一个岛上,这时阿努尔夫的手下趁机冲上来杀死了威廉。杜多把威廉描述成一个无辜的受难者,一个欺骗和背叛的牺牲品,但真实的情况可能要稍微复杂一些。先前,罗洛曾在诺曼底的边境地带被人击败,这就遏制了诺曼人的向东扩张。要知道,诺曼人在边境的战斗不仅仅是为了扩张领土,同时也是为了确保世袭财产、赐封给罗洛的土地,以及他们的子孙后代们的安全。可能阿努尔夫和其他法兰克王国的人物对出现在自己家门口的这股新兴力量有了警觉,觉得应该对此采取一些应对措施。此外,伊丽莎白·范·霍茨（Elisabeth van Houts）最近指出,阿努尔夫很可能在罗洛的子女和法兰克贵族联姻之后感到自己的势力被削弱了。这是因为,"长剑"威廉本人娶了韦尔芒杜瓦的利亚德（Leyarda of Vermandois）;而他的妹妹杰罗克,先是嫁给了普瓦图（Poitou）的威廉一世,后来又嫁给了阿基坦的威廉三世,不过是以阿德拉（Adela）的名字出现在婚礼上。相比之下,尽管阿努尔夫的家族和这些公爵在地理距离上很近,但他却没有和这些贵族联

姻的优势。⁴⁰这样一来，除去一个具有扩张领土野心的统治者就变成了巩固自己地盘的方式，特别是在这个统治者指定的继承人还是一个不谙世事的少年的时候。如果诺曼底的建立的确是像历史学家们所理解的那样，是在无意之中自然形成的，那威廉公爵的遇害，则给其他拥有强权的贵族们提供了一个可以反转诺曼人前进步伐的大好机会。或者我们可以从另一个角度理解，由于维京侵袭的威胁已经大大减轻，甚至不再需要存在一个缓冲区域，所以，尽管"长剑"威廉曾经为了帮助路易四世从流亡途中回国主政立下了汗马功劳，但路易四世还是愿意支持王国的其他诸侯去对抗诺曼首领。

理解诺曼底的早期历史，重要的是还要联系它和法兰克国王之间的关系来进行——毕竟"糊涂"查理和他的继任者们并不希望在自己王国的北方建立一个半独立的公国，他们只是希望借此提供一个可以对抗斯堪的纳维亚入侵者的保卫屏障。根据杜多的记载，理查一世曾经与路易四世——这个曾经获得他父亲帮助并取得王位的人——有过两次会面。⁴¹第一次是在"长剑"威廉遇害之后，路易四世到了鲁昂，并在那儿许诺把土地赐给年轻的理查，让他"通过世袭的权力来继承自己父亲和祖父的这片领土"，但这件事发生在鲁昂市民认为路易四世违背诺言并囚禁了他们年幼的领袖之后。当时出面解决这场紧张局势的是伯纳德（Bernard），他是诺曼人中的首领之一，也是诺曼底公爵的一个贴心谋臣。之后路易四世把理查一世带回了自己的宫廷，后来很多的诺曼资料都告诉我们这个孩子在那儿受到了虐待，不得不带着自己的侍卫在深夜出逃。接下来路易四世就侵入了诺曼底。故事讲到这儿，杜多开始不厌其烦地强调国王如何不值得信任，以及面临这种威胁时诺曼人是如何团结一致，不过他也承认这次事件的胜利解决，部分原因要归功于"哈罗德——达契亚之王"先前给予的援助，换言之，要感谢一位丹麦国王提供的帮助。这段描述并没有说哈罗德就是来自于丹麦这个国家，因此更可能的情况是：他是来自于巴约周边地区或科唐坦半岛的一个丹麦籍的维京首领。杜多对此模棱两可的描述应当是故意为之，因为他不想让读者知道罗洛的后裔还要面临这样一些强大的对手。

对于这段历史，当时还有一份不完整的记录，是由弗洛多阿德撰写的。与杜多不同的是，他记载了更多诺曼人内部的矛盾因素，其中特别提到两位维京首领——特尔莫德（Turmod）和瑟崔克（Setric），说这两个人迫使理查一世信奉异教，还策划要对国王谋反。弗洛多阿德后来还在书中提到有新的北欧部群渡海过来。[42] 瑟尔则争论说，那时在诺曼底的维京首领中，鲁昂伯爵绝不比其他首领更有权力，她认为那些强大的维京首领只是把理查一世的继位事件作为幌子来扩大自己的利益而已，这和当时法兰克国王的做法如出一辙。这样看来，杜多记载中的那位丹麦籍维京首领哈罗德可能也没安什么好心。中世纪早期的权力之争靠的是个人的权威和能力，绝非依赖一个本身还没有得到完全认可的权力世袭原则。所以，尽管理查一世可能被"长剑"威廉指定为诺曼底的下一任领导者，但他仍然需要获得该地区其他手握强权的诺曼贵族们的认可和支持才行。不过，根据记载，特尔莫德和瑟崔克后来都被路易四世所杀。杜多在写作中自然不希望突出那些可能给诺曼底公国带来威胁的人们；相反，他对那些由法兰克人造成的外部危机要感兴趣得多。

946年，危机再度爆发，因为当时的法兰克国王在佛兰德的阿努尔夫（就是他谋杀了"长剑"威廉）以及德国皇帝奥托一世的支持下入侵诺曼底，并试图夺取鲁昂。[43] 法兰克王国的政治决策是导致这场危机的根本因素，但其他斯堪的纳维亚人的利益冲突也在其中扮演了角色。当时除了路易四世，可能还有其他一些维京首领，都希望利用"长剑"威廉之死来扩大自己的利益，连"强者"罗伯特的孙子，也就是"伟大的于格"（Hugh the Great，即于格·卡佩），都想凑进来分一杯羹。对于这场事件，杜多和弗洛多阿德虽然在写作时详尽不同并且侧重各异，但他们都在书中记载：在威廉刚去世的那几年，于格在诺曼底其实捞到了不少好处。到了946年，杜多和后来的编年史家们都指出，路易四世对诺曼底的崛起感到震惊。但事实上，让路易四世更不安的是于格手中的权力大增，已经有可能危及他的统治地位，特别是当于格又和理查一世结成联盟之后，情况就更是如此。在这场战争中，理查一世打败并击退了路易四世，从而可以巩固自己在构成诺曼底的这片土地上的统治地位。按照杜多的思路，理查一世和路易四世的见面以及他对局势的成功控制，表现了理查一世和他的谋士们在面临这些复杂而又极端自私的敌友关系时，善于周旋并加以利用，从而保证了诺曼底的存在和延续。

延续与中断

在度过了统治初期的几年艰苦时期之后，理查一世，这个直到996年才去世的长寿公爵，就开始着手在自己父亲和祖父获赐的领地之上进一步巩固并扩张自己的权力。这并不是说他不再需要进行征战了——因为旁边的近邻沙特尔伯爵西奥博尔德（Theobald）就被证明是一个诡计多端的野心家，而是说他已经完成了大部分工作，为理查德二世执政末期在诺曼底东部出现较为稳定的统治管理奠定了坚实的基础。[44]这样，经过前后三代人的努力，这个在塞纳河谷殖民的诺曼人就完成了从维京海盗到强权统治者的华丽转变，其历史还被杜多写书立传，流传后世。对他们为何以及如何能够开创这样一段辉煌的历史，后来的历史学家们提出了各种各样的见解和理论。人们争议的其中一个关键问题是，这些诺曼人在历史上的所作所为，是否完全摒弃了卡洛林王朝的行事方式；抑或是他们只是闯进了以前卡洛林伯爵的地盘，并顺手接管了卡洛林王朝的原有制度和管理机制。由于直到10世纪末期，我们几乎找不到能够对此作出清楚说明的书面记载，因此有必要把这个问题和法兰克王国其他地区的情况进行一个比较。

首先让我们考察一下历史学家们用来强调在卡洛林王朝的纽斯特里亚省（Neustria）和诺曼底之间存在连续性（continuity）的证据资料。吕西安·缪塞（Lucien Musset）和琼·伊韦（Jean Yver）都强调这两个地区在结构上存在连续性。[45]它们的统治者们都使用卡洛林王朝的官衔称呼——"伯爵"，并且重建教堂时也是沿着原来的卡洛林主教管区进行修建的。诺曼底，由于从911年之后就因连续获得赐封土地而从无到有地逐渐形成并扩张，所以还可以和佛兰德和阿基坦进行比较，因为创建这两个公国也是用来分别抵御对法国东北和西南地区的侵扰与攻击。因此，正如戴维·贝茨（David Bates）的观点那样，把土地赐封给罗洛的这种做法，在当时的政治背景中并不独特。从这个意义来看，那种认为诺曼底存在连续性的观点至少还是有点道理。[46] 这就意味着它们的存在都得到了当时国王的承认。此外，古币证据说明在鲁昂以及诺曼底的其他地方的造币厂继续存在，并且卡洛林王朝的货币铸造模型被罗洛以及他的子孙们一直沿用。[47]

提出"中断性"理论（discontinuity）的代表人物是瑟尔。她认为在签订《圣克莱尔·埃普特条约》时，诺曼底已经没有了卡洛林王朝的官员或贵族存在，这就有力地反驳了那种认为罗洛和他的子孙沿用卡洛林制度的说法；当时诺曼底民间也不会有人具有这方面的知识，或者能够运作这些属于卡洛林王朝的制度和机构。因此，诺曼人肯定抛弃了卡洛林王朝的那套做法，他们是从根本上中断了10世纪政治环境的延续性。在瑟尔看来，诺曼底的出现是法兰克国王绝不愿意看到的事物，因为它是欺诈和暴力的产物。但是，正如前文所说的那样，我们仍然可在"糊涂"查理至迟于905年发布的宪章里面找到蛛丝马迹，推断出当时在诺曼底存在类似卡洛林王朝的管理机构。据记载，911年是签订《圣克莱尔·埃普特条约》的日期。但如果在此之前，罗洛就在诺曼底活动了很长一段时间；此外，记载中还有一个大主教也参与了条约的协商过程，并主持了罗洛的皈依仪式。所有这些事实加在一起，肯定会动摇我们对"完全中断"理论（complete rupture）的信心。但瑟尔的多数论点还是基于两点考虑：一是诺曼人与斯堪的纳维亚之间存在着持久的联系纽带（这将在本文后面的章节中详细讨论），二是假定他们之间存在亲缘关系。

当然，如果主张诺曼人是直接继承并延续卡洛林王朝的制度机构，就相当于贬低了他们作为一支强大力量对法兰克产生的影响作用。我们还得考虑瑟尔提出的这个观点，即法兰克国王绝不愿意看到在自己的家门口出现一个事实上完全独立的诺曼底公国。我们在罗洛以及他的后裔的发家史中，可以看到他们具有的一种残酷的能力：善于抓住一切机会，在像杜多那样的历史学家的支持和协助下，创造出一段可以把自己的剥削合法化的历史，并使其被境内的子民以及周边的政治伙伴们所熟悉和认可。

此外，瑟尔的想法在这一点上显然是正确的，即她认为诺曼底的建立不是成心之作，而可能只是为了应付维京人不断侵扰的临时解决方案。但瑟尔的观点在另一方面走得太远，这就是她小瞧了在诺曼底的制度、法律和习俗的产生应当是一个渐进的过程。这一过程在 1066 年之后得到了加速发展，因为当时的"征服者"威廉以及他的继任者们不得不学会如何一边作英格兰国王，一边管理好诺曼底。所以，正如琼·邓巴宾（Jean Dunbabin）在总结法兰克王国后期在卡洛林国王统治之下的整体情况时所认为的那样，我们从诺曼底建立的历史中应当看出它是一系列即兴创作的产物，它的出现是为了临时应对这样的情形，即原以为是国王无偿赐封的土地，其实背后还隐藏着很多来自罗洛及其追随者们的武力和胁迫。[48]

从异教入侵者到基督教贵族

圣康坦的杜多在自己史书的末尾描绘了位于费康的公爵宫殿和宗教社区。这个宫殿最初由"长剑"威廉所修建，后来遭到维京人的毁坏，于是理查一世将其重建为供基督教士居住的宗教社区，后来还在这儿修建了一座本笃会修道院。[49] 杜多以此给罗洛的迁徙故事画上了句号，告诉我们今天的基督教诺曼族人（Christian gens Normannorum）已经在福地（promised land）安居乐业。此处找到的考古证据以及杜多在书中对理查一世的颂扬，提供了一些很有意思的线索，让我们可以了解到当时的这些伯爵是如何看待自己，以及又是如何被他人看待的。杜多用马太福音中关于"八福"①的描述来列举一个优秀的统治者应当具有的品质。在他看来，这些品质在理查一世身上完美地体现了出来。杜多强调了理查一世的虔诚和对教会的捐赠，以及他希望死后埋在教堂外面所表现出来的谦逊。杜多用拉丁文"tumulus"（冢）来指代理查一世的墓地，但瑟尔认为"tumulus"这个词表示的是一种和理查一世的维京祖先

---

① 八福（Beatitudes），即天国八福，耶稣登山训众所说的具有八种品质的人死后在天堂将享受的幸福，这八种品质包括：虚心、哀恸、温柔、饥渴慕义、怜恤、清心、使人和睦、为义受逼迫。——译者注

图1-3 费康修道院的教堂。现存的建筑建于12世纪,教堂的西大门则建于中世纪之后。

图1-4 费康的公爵领地遗迹,可追溯至12世纪。

完全一样的丧葬土墩。[50] 这个例子再次说明理查是一个信奉基督教的诺曼人，也是神意学说——诺曼人要完成上帝在人间的旨意——在这个故事中的高潮部分。但如果我们去查看一下考古证据，就会得到一种不同的解释。我们主要是从 20 世纪 70 至 80 年代安妮·勒努（Annie Renoux）的考古发掘中得知公爵宫殿的布局模样。和其他公爵领地一样，费康的建筑开始也是修建成一种加固型的封闭结构，并且最初的建筑使用木材，后来才改用石料。虽然现存的大厅是从 12 世纪开始修建的，但它的下面还有一种更古老并且采用了不同对齐方式的石料结构，应当建于理查一世统治时期。此外，在离它不远的地方，还有一幢大型的木质建筑。勒努认为，这样的复合结构并未采取斯堪的纳维亚的建筑形式，而是和早期的卡洛林别墅或盎格鲁 - 撒克逊宫殿的建筑风格非常接近。[51] 这样看来，理查一世是想凸显一种与当时强大的法兰克政治背景相一致的身份特征。此外，费康还是一个战略要地。由于它地处海岸，自然成为一个理想场所，既可以和斯堪的纳维亚保持联系，又可以把这些联系向英格兰发展。因此，在这儿我们可以看到诺曼人具有罗洛梦境中所预示的那种混合身份：10 世纪末期的诺曼人既不能说是法兰克人，也不能说是斯堪的纳维亚人，而只能说是诺曼人。他们能够在杜多所熟悉的政治背景中周旋，同时仍能和斯堪的纳维亚社会保持着联系的纽带。

到了理查一世统治末期，人们心目中出现了一个可以区分为诺曼底的地方，尽管当时公爵的权力在诺曼底西部影响有限，并且诺曼底的其他边界也还不稳固且容易被人打破。杜多在作品中给我们展现了这样一位公爵——他虽然没被法兰克贵族完全承认，但也为他们所逐渐熟悉和习惯。到了这个诺曼底公爵的统治末期，这些法兰克贵族对他的存在已经不再大惊小怪。更重要的是，这时他对诺曼底的占有和统治已经变得既合理又合法。但杜多的记载与诺曼人缓慢而又零散的西进过程相抵触，并且也不能解释出现危机时，公爵的权威会受到挑战和压制。于是历史学家们提出了两种理论来解释诺曼底的早期殖民情况：一是杜多提出的观点，即认为诺曼底是在罗洛统治时期就创建出来的一块显著的领地；二是诺曼底是诞生于一种渐进而又艰难的过程，这种观点可以从 10 世纪晚期以来关于公爵事迹的记录、弗洛多阿德编写的史书以及实物证据中反映出来。尽管存在诸多困难，但理查一世还是从父亲的早逝以及当年自己势单力薄的险境中挺了过来。并且，正是在理查一世的统治中，我们开始见证诺曼底经历的一系列发展，这些发展在他的儿子理查二世统治时期得以持续，最终使诺曼底成为 11 世纪的一个强大公国。关于这个话题我们将在本书后面的章节中继续讨论。他们的家族要么通过联姻，要么通过在边境被授予土地的方式，最终在诺曼底的重要地方都有分布，这就开始不断加强和巩固诺曼底公爵在诺曼底的各个地方，甚至包括离鲁昂很远的地方的权威（这将在第四章进行讨论）。理查一世还把自己的儿子罗伯特任命为鲁昂的大主教。罗伯特很有能力，他在诺曼底公国四处都重建了可以为世俗权力服务的基督教堂（第五章）。虽然在公元 10 至 11 世纪的过渡时期，诺曼底基本完全融入了当时的法兰克社会，但它除了和英格兰建立更紧密的联系之外（第六章），还和斯堪的纳维亚社会继续保持着某些联系。最后，在解读杜多的历史并讨论后世的历史学家对杜多作品的使用情况时，我们开始意识到一种关于何谓"诺曼人"的问题正在逐渐形成（第七章）。

注 释
A Short History of the Normans

1 Dudo, *History of the Normans*, pp. 48–49.

2 S. Reynolds, *Fiefs and Vassals: the Medieval Evidence Reinterpreted*（Oxford: Oxford University Press, 1994）, pp. 121, 126, 136–8, 140.For a concise summary of the debate surrounding whether Rollo's actions on the Epte constituted an act of homage, see M. Hagger, 'Confrontation and Unification: Approaches to the Political History of Normandy, 911–1035', *History Compass* 11 （2013）, pp. 429–42（pp. 435–6）.

3 S. Coviaux, 'Baptême et conversion des chefs scandinaves du IXe au XIe siècle', in *Les fondations scandinaves en Occident et les débuts du duché de Normandie*, ed. P. Bauduin（Caen: Publications du CRAHM, 2005）,pp. 67–80.

4 E. Searle, 'Frankish Rivalries and Norse Warriors', *Anglo-Norman Studies* 8 （1984）, pp. 198–213 and further developed in *Predatory Kinship and the Creation of Norman Power, 840-1066* （Berkeley: University of California Press, 1988）. For historical opinion on Dudo see D. Bates,*Normandy Before 1066* （London: Longman 1982）, pp. xii-xiii, though Bates and the profession as a whole have reconsidered Dudo in the light of Searle's work. See also L. Shopkow, *History and Community: Norman Historical Writing in the Eleventh and Twelfth Centuries*（Washington DC: Catholic University of America Press, 1997）, esp. pp. 68–79; E. Albu, *The Normans in their Histories: Propaganda, Myth and Subversion*（Woodbridge: Boydell, 2001）, Ch. 1.

5 Viking, Norsemen and Northmen are taken as terms of convenience in this book and are thus used as synonyms.

6 J. Dunbabin, *France in the Making 843–1180* （Oxford: Oxford University Press, 1985）, pp. 44–100.

7 *The Annals of St-Bertin: Ninth-Century Historys, vol. 1*, trans. J. L.Nelson （Manchester: Manchester University Press 1992）, s.a. 841, p. 50.

8 *Annals of St-Bertin*, trans. Nelson, s.a. 845 p. 60.

9 Ibid., s.a. 841, p. 51.

10 *Normans in Europe*, ed. van Houts, no. 5 （Norman annals）; Dudo, *History of the*

Normans, p. 35.

11 *Normans in Europe*, ed. van Houts, no. 1 (905 grant to Ernustus), no.2 (906 concerning the transfer of the relics and community of Saint-Marcouf from the west of Normandy to Corbény), no. 3 (918 grant to Saint-Germain).

12 *Normans in Europe*, ed. van Houts, no. 3.

13 For discussion see Reynolds, *Fiefs and Vassals*, pp. 121, 126, 136–8, 140.

14 Flodoard, *Historia Remenensis ecclesiae*, ed. M. Stratmann, (Hannover:Hahn, 1998), p. 407.

15 S. Coupland, 'The Vikings in Francia and Anglo-Saxon England to 911', *The New Cambridge Medieval History, II: c.700–c.900*, ed. R. McKitterick (Cambridge: Cambridge University Press, 1995), pp. 190–201 (p. 197).

16 *The Annals of Flodoard of Reims*, ed. and trans. S. Fanning and B. S. Bachrach (Toronto: University of Toronto Press, 2011), p. 23.

17 Hagger, 'Confrontation and Unification'.

18 Flodoard, *Historia Remenensis ecclesiae*, p. 407. For discussion see J. L.Nelson, 'Normandy's Early History since *Normandy Before 1066*', in *Normandy and its Neighbours, 900–1250: Essays for David Bates*, ed. D. Crouch and K. Thompson (Turnhout: Brepols, 2011), pp. 3–15 (pp. 5–7).

19 Dudo, *History of the Normans*, p. 15.

20 E. Johnson, 'Origin Myths and the Construction of Medieval Identities:Norman Chronicles 1000–1100', in *Texts and Identities in the Middle Ages*, ed. R. Corradini, and others (Vienna: Österreichischen Akademie der Wissenschaften, 2006), pp. 153–64 (p. 155). See also S. Reynolds, 'Medieval *Origines gentium* and the Community of the Realm', *History*, 68 (1983), pp. 375–90; M. Coumert, 'Les récits d'origine et la tradition historiographique normande', in *L' Historiographie médiévale normande et ses sources antiques (Xe-XIIe siècles)*, ed. P. Bauduin and M.-A. Lucas-Avenel (Caen: Centre Michel de Boüard – CRAHAM, 2014), pp. 137–54.

21 Albu, *The Normans in their Histories*, pp. 7–46; L. Shopkow, 'The Carolingian World of Dudo of Saint Quentin', *Haskins Society Journal* 15 (1989), pp. 19–37; E. Searle, 'Fact and Pattern in Heroic History: Dudo of St Quentin', Viator, 15 (1984), pp. 119–37.

22 G. Koziol, *Begging Pardon and Favour: Ritual and Political Order in Early Medieval France* (Ithaca: Cornell University Press, 1992), pp. 149–50.

23 There is some debate as to whether Rollo sacrificed Christian captives after his conversion, based on D. C. Douglas's reading of Adémar of Chabannes' Chronicle ('Rollo of Normandy, *English Historical Review*, 57 (1942), pp. 417–36 (pp. 433–4)), though Adémar wrote that he beheaded them before he was made a Christian: *Normans in Europe*, ed. van Houts, no. 11. Douglas's reading is incorrect.

24 D. Crouch, *The Normans: the History of a Dynasty* (London: Continuum, 2002), p. 321 n. 14.

25 Nelson, 'Normandy's Early History', pp. 10–11. For the dynastic importance of Dudo's account see Crouch, *The Normans*, p. 292.

26 F. Lifshitz, 'Dudo's Historical Narrative and the Norman Succession of 996', *Journal of Medieval History* 20 (1994), pp. 101–20.

27 J. Le Maho, 'The Fate of the Ports of the Lower Seine Valley at the End of the Ninth Century' in *Markets in Early Medieval Europe: Trading and 'Productive' Sites 650–850*, ed. T. Pestell and K. Ulmschneider (Macclesfield: Windgather, 2003), pp. 234–47.

28 J. Le Maho, 'Le groupe épiscopal de Rouen du IVe au Xe siècle', in *Medieval Art, Architecture, and Archaeology at Rouen*, ed. Jenny Stratford (Leeds: Maney, 1993), pp. 20–30 (pp. 27–30); 'Les fouilles de la cathédrale de Rouen de 1985 à 1993: esquisse d'un premier bilan', *Archéologie médiévale* 24 (1994), pp. 1–49 (pp. 28–31) and 'The Fate of the Ports', pp. 238, 240.

29 L. Mazet-Harhoff, 'The Incursions of the Vikings into the Natural and Cultural Landscape of Upper Normandy', in *Viking Trade and Settlement in Continental Western Europe*, ed. I. Skibsted Klaesfføe (Copenhagen: Museum Tusculanum Press, 2010), pp. 81–122 (p. 92).

30 A. Nissen-Jaubet, 'Some Aspects of Viking Research in France', Acta Archaeologia, 71 (2000), pp. 159–69; 'Implantations scandinaves et traces matérielles en Normandie: que pouvons-nous attendre?', in *Les fondations scandinaves en Occident et les débuts du duché de Normandie*, ed. P. Bauduin (Caen: Publications du CRAHM, 2005), pp. 209–23. See also D. Hadley, *The Vikings in England: Settlement, Society and Culture* (Manchester: Manchester University Press, 2006), esp. p. 273 for place names.

31 For the settlement of the Vikings in England see Hadley, *The Vikings in England*.

32 P. Bauduin, 'Chefs normands et élites franques, fin IXe-dé-but Xe siècle', in *Les fondations scandinaves en Occident et les débuts du duché de Normandie*, ed. P. Bauduin (Caen: Publications du CRAHM, 2005), pp.181–94. *La première Normandie (Xe-XIe siècles. Sur les frontières de la haute Normandie: identité et construction dine principauté* (Caen: Presses Universitaires de Caen, 2004), pp. 99–101.

33 F. Lifshitz, *The Conquest of Pious Neustria: Historiographic Disccourse and Saintly Relics 684–1090* (Toronto: Pontifical Institute of Medieval Studies, 1995), p. 121, and 'La Normandie carolingienne, essai sur la continuité avec utilisation de sources négligés', *Annales de Normandie*, 48 (1998), pp. 505–24.

34 J. C. Moesgaard, 'A Survey of Coin Production and Currency in Normandy, 864–945', in *Silver Economy in the Viking Age*, ed. J. Graham-Campbell and G. Williams (Walnut Creek, CA: Left Coast Press, 2004), pp. 99–121 (pp. 102–9).

35 Le Maho, 'Le groupe épiscopal de Rouen'; B. Gauthiez, 'The Urban Development of Rouen, 989–1345', in *Society and Culture in Medieval Rouen, 911–c.1300*, ed. L. V. Hicks and E. Brenner (Turnhout: Brepols, 2013), pp. 17–64.

36 Dudo, *History of the Normans*, pp. 64–8. For discussion see Searle, *Predatory Kinship*, pp. 73–5.

37 Dudo, *History of the Normans*, pp. 82–4.

38 *Normans in Europe*, ed. van Houts, no. 9. Images from the manuscripts of the *Planctus* can be viewed on Rob Helmerich's website http://vlib.iue.it/carrie/documents/planctus/planctus/index.html.

39 Searle, *Predatory Kinship*. p. 58; Lifshitz, 'Dudo's Historical Narrative and the Norman Succession of 996'. For the borders of Normandy see Bauduin, *La première Normandie*.

40 E. van Houts, 'The *Planctus* on the Death of William Longsword (943) as a Source for Tenth-Century Culture in Normandy and Aquitaine', *Anglo-Norman Studies* 36 (2014), pp. 1–22 (p. 2).

41 Dudo, *History of the Normans*, pp. 100–18. For relations between Richard and Louis as played out in Rouen, see L. V. Hicks, 'Through the City Streets: Movement and Space in Rouen as seen by the Norman Chroniclers', in *Society and Culture in Medieval Normandy*, ed. Hicks and Brenner, pp. 125–49 (pp. 128–34).

42 *Annals of Flodoard*, pp. 37–8.

43 Dudo, *History of the Normans*, pp. 127–32.

44 Bauduin, *La première Normandie*.

45 For the most recent summary see Bauduin, *La première Normandie*, pp. 26–33, but also Bates, *Normandy before 1066*, pp. 2–43; Searle, *Predatory Kinship*, pp. 1–11.

46 D. Bates, 'West Francia: the Northern Principalities', in *The New Cambridge Medieval History, III: c.–900–c.1024*, ed. T. Reuter (Cambridge: Cambridge University Press, 1999), pp. 398–419 (p. 404).

47 Moesgaard, 'Coin Production and Currency in Normandy'.

48 J. Dunbabin, 'West Francia: the Kingdom', in *The New Cambridge Medieval History, III : c.900–c.1204*, ed. T. Reuter (Cambridge: Cambridge University Press, 1999), pp. 372–97.

49 Dudo, *History of the Normans*, pp. 167–73.

50 Searle, *Predatory Kinship, p.* 124.

51 A. Renoux, 'Fouilles sur le site du château ducal de Fécamp (Xe-XIIe siècle', *Anglo-Norman Studies* 4 (1982), pp. 133–52 (pp. 142–4).

第二章
威廉与威廉征服

A Short History of the Normans

提起诺曼底公爵威廉二世——这个在历史上既被称为征服者,有时又被叫作"杂种"的人,大家脑海中一定会涌起几种不同的想法。¹比如韦斯在用韵文体撰写12世纪历史的时候,就把威廉看成是一个生下来就注定要干一番大事业的伟人。威廉的母亲,被韦斯称为阿莱特(Arlette),曾这样告诉"宽宏者"罗贝尔(Robert the Magnificent):"主人……我梦见我肚子里长出了一棵参天大树,整个诺曼底都笼罩在它的树荫之下。"²瑞米耶日的威廉在《诺曼公爵的事迹》中记述在围困阿朗松(Alençon)的时候,威廉公爵为了捍卫自己的权威,下令将守卫该城的士兵殴打致残,因为根据奥德里克后来补充的资料表明,这些人竟敢嘲笑公爵的母亲出身低贱。³在1066年威廉带兵侵入英格兰之后,奥德里克在书中给自己的读者提供了这样一幅生动而强大的征服者形象,它反映的是在1069年的圣诞节平息了一场叛乱之后,威廉国王穿着全套皇家服饰,端身正坐,而这幅画的背景却是约克大教堂还冒着硝烟的一片废墟。最后,奥德里克这位不会错过任何说教机会的编年史家,还在书中给我们描绘了这样的画面:威廉国王刚刚去世,尸体就被随从们扔在一边,身前的财物也被他们一抢而光。最后,在被塞进尺寸太小的石棺时,仿佛是为了捍卫自己最后的一点尊严,威廉的尸首竟然颤动起来。⁴

这些关于威廉生平的轶事，在很大程度上可以帮助我们了解那时的史学家们是如何看待他们那个时代的历史事件和历史人物的。

对于威廉，人们既有景仰、尊敬，又有畏惧以及委婉的批评，不过最为一致的看法是威廉的确取得了巨大的成功。而且，如果我们根据11世纪的标准进行衡量，那么除了在1069—1070年掠夺北方的行径之外，威廉的为人应当不算太过残暴。对威廉而言，暴力只不过是达到目的的手段，是一种生存方式而已，他甚至可以在"最终审判"到来的时候，"在上帝面前对自己做过的暴力行为承担责任"。但即使在战场之外，威廉的行为仍然带有暴力倾向。根据1069年的一份很著名的宪章记载，威廉在鲁昂把一份土地赐给拉特里尼泰教堂时，他拿起一把刀，作势要向院长的手上捅去，并说"这才是赐予土地的方式"。[5] 马姆斯伯里的威廉把威廉二世描写成一位威风凛凛、引人注目的国王，即使威廉在执政后期已经有点发福，但在这位编年史家的笔下，他仍然是相貌堂堂：

> 他身材适中，体格极为健壮，脸上带着一副凶狠的表情。由于有点秃顶，他的前额显得很高。他的胳膊尤其强壮，所以让人印象深刻的是：别人都拉不动他的大弓，但他自己可以一边催马快跑，一边弯弓拉弦，而且还把弓弦拽得紧绷绷的。此外，无论坐着还是站着，他都显得很有威严。[6]

在11世纪，威廉如果只有蛮力，而不具备在西欧复杂的政治、经济关系中周旋穿梭且游刃有余的能力，那他仍将一事无成。不过，威廉在历史舞台上的确算得上是一个精明而厉害的玩家，特别是在策划入侵英格兰这件事情上，他更是如此。但同时，他又是一个态度虔诚的诺曼人，一个尽心尽责的基督徒，总是关心自己领地内教会的福利和改革，这一点是所有历史学家都一致认可的。圣艾蒂安修道院和拉特里尼泰修道院就证明了威廉在这方面的性格，我们将在第五章对此详细讨论。

"征服者"威廉以及英格兰征服本来就是一个内容广阔的话题，针对这个主题的历史文献也越来越多。因此，我们对此进行的讨论也只能是浅尝辄止，但我们将重点关注威廉在诺曼底的统治以及1066年征服英格兰所引起的争议，并探讨其中几个重要而明显的特征。为此我们有必要从以下几个方面对威廉进行考察：威廉在年仅七八岁时就接任诺曼底公爵，当时他如何能够确保自己的公爵位置并进而扩大诺曼底的地盘，为何威廉会对英格兰的王位感兴趣，他是如何策划入侵英格兰的，以及征服英格兰是否就相当于创建了一个诺曼人的帝国等。

从1035至1066年：生存、巩固和扩张

"宽宏者"罗贝尔在从耶路撒冷朝圣回来的路上去世，于是威廉继承了爵位。离开诺曼底之前，罗贝尔一世根据诺曼人的习俗，指定威廉为自己的继承者，并要求手下的贵族们向这个年幼的孩子宣誓效忠。[7] 根据各种历史资料记载，罗贝尔一世之死加上威廉年幼，这两个因素导致诺曼底进入了一段政治动荡和暴力冲突时期，其中敌对的贵族们纷纷以牺牲公爵权力为代价，忙着巩固自己的地位。瑞米耶日的威廉在11世纪50年代进行写作时，统计了那些没有获得公爵允许就私自修建的城堡的数量，这些城堡可供有权有势的家族控制自己的地盘。[8] 1053—1054年完成的一份关于圣乌弗然（St Vulfran）奇迹的资料中也提到当时存在的这种混乱局面。奥德里克·维塔利斯关于威廉早期统治的记录是在12世纪前二十年中写完的，其中讲述了年幼的公爵经历的一场惊险：威廉有一名叫作奥斯本（Osbern）的侍从，当时和他睡在同一间屋子里，却被人谋杀了。奥德里克是多年之后在诺曼底南部的一个修道院内写的这个故事，他本人就因"征服者"威廉死后社会动荡不安而饱受折磨。这种经历本身很可能也在他的作品中被折射出来。不过，更多的人宁愿相信另一种说法，即当时威廉势单力薄，才是导致社会动荡的原因。

许多历史学家，其中以戴维·道格拉斯（David Douglas）为代表，一直认为威廉的性格就是在这些灾难中磨炼出来的，因为后来威廉成长为一名非常干练的军事指挥官，有着钢铁般的意志和与众不同的冷酷气质。[9] 威廉之所以能够征服英格兰，应当直接得益于他掌权之后镇压贵族叛乱所积累起来的宝贵经验。但最近几年，这种观

点受到质疑，特别是戴维·贝茨和马克·哈格尔就不相信这种说法。[10]

我们可以发现直到1042年诺曼底贵族之间仍然存在政治分裂，而那时威廉已经独掌大权，但诺曼底贵族这次是为了控制公爵而进行争斗，而不是为了铲除他或赶他下台。对这件事情进行分析的关键在于1037年鲁昂大主教罗伯特去世了。罗伯特最初由理查一世任命去管理鲁昂教区，并且自996年开始就一直致力于保证诺曼底的权力交接得以顺利完成。因此一旦罗伯特去世，诺曼底就没有人能够起到相应作用，可以把利益冲突的各方纠集在一起。后来，威廉的监护人布里翁伯爵（Count of Brionne）吉尔伯特也遭遇了与威廉的侍从奥斯本相似的命运，他在与拉尔夫·德·加塞（Ralph de Gacé，罗伯特大主教之子）的冲突中死去。贝茨认为对领土的争夺是造成这场事故的根本原因，而哈格尔则认为除此之外，拉尔夫可能还认为自己才应当被选为公爵的监护人。

图2-1　威廉二世公爵的诞生地法莱斯。现存的建筑始建于12世纪。这座圆塔是法国国王普利普二世·奥古斯都在13世纪之初修建的。

大多数现代历史学家都认为 1042 年是一个重要标志，代表着威廉从此之后就能够独立、有效地行使自己的统治权力，那么接下来我们有必要考虑这是在什么情形下发生的。根据瑞米耶日的威廉记载，威廉公爵的第一场战役发生在 1043 年，当时他在诺曼底南部从黑艾莫伊思子爵（Vicomte of Hiémois）瑟斯坦·格日（Thurstan Goz）手中夺取了法莱斯（Falaise），迫使瑟斯坦在外流亡。[11] 这场战役的起因是在阿夫尔河畔蒂利耶尔（Tillières-sur-Avre）的一座城堡被法兰西国王亨利一世拆毁并重建，这样似乎会让黑艾莫伊思的某些地区易于遭受外部攻击，于是引起争端（约 1043 年）。[12] 但在解决这个问题时，威廉公爵明显向法王让步，这引起瑟斯坦的不满，于是发动叛乱。威廉很有可能是在亨利入侵不久之后就开始独掌大权的。贝茨在提及这件事情时强调，这场争端中的决定是由"诺曼人"集体作出的，而威廉只是被描绘成一个"小毛孩子"。[13] 与之形成鲜明对比的是，威廉一听说瑟斯坦在加固城堡准备反叛，马上就集结军队包围了他的城市。对此，普瓦捷的威廉，这位最先给威廉公爵作传的编年史家，给出的解释是：在这个阶段的威廉开始学会明智地进行统治，并把过去那些给自己提供糟糕建议的家伙从宫廷中清理了出去。像平息瑟斯坦叛乱这样的果断行为，应当可以让诺曼底的贵族们认识到威廉是一个合格的首领。因此，威廉能够在 1043 年发生的这场军事行动中充当指挥，这足以证明那时威廉已经可以独立行使自己的公爵大权了。

但这并不意味着，从此威廉在自己的统治生涯中就不会再遇到任何威胁了。虽然在 11 世纪 40 年代，威廉就可以独掌大权，开始给诺曼底带来和平和秩序，但他直到 11 世纪 50 年代都还得面临反抗行为，并且常常是来自家族内部成员的叛乱。比如，他的叔叔威廉，原本是塔鲁伯爵（Count of Talou），拥有阿尔克城堡（Castle of Arques），却在 1052 年进行反叛。这样的叛乱行为可以往前一直追溯到 1047 年发生的瓦尔斯沙丘战役（Battle of Val-ès-Dunes），当时威廉的表兄弟勃艮第的盖伊（Guy of Burgundy）被证明是一个实力强劲的对手。就亲属关系而言，盖伊是阿德莉萨（Adeliza）的儿子，而阿德莉萨是短命的理查三世（"宽宏者"罗贝尔的兄长）的妹妹，又是勃艮第的雷金纳德一世（Reginald I of Burgundy）的妻子。威廉曾经把弗农（Vernon）和布里翁的城堡赐封给盖伊，但最关键的是，虽然他们曾一起在罗伯特的家庭里被抚养长大，但威廉并没有把盖伊选进对自己最忠心的智囊团。[14] 此外，威廉还得面临更广泛的来自诺曼底社会层面的反抗，其中包括威廉为了逐渐建立自己的权威，在诺曼底西部安插效忠于自己的人员，但这些人员又不一定来自本地，这就让有的诺曼人感到了威胁，甚至有的诺曼人根本就反对他这样做。这些密谋叛乱者包括科唐坦的奈杰尔（Nigel of Cotentin）、巴约子爵雷纳夫（Ranulf）以及"暴牙"海莫（Haimo "toothy"，根据普瓦捷的威廉的记载），此外还有勒普莱西格里穆尔的格里穆（Grimoult of Leplessis Grimoult）、林格威瑞斯的塞洛（Serlo of Lingèvres）以及拉尔夫·泰松（Ralph Taisson）。但是，正如哈格尔指出的那样，我们必须要记住这一点：这些人并不是为了相同的原因而造反，但他们的共同之处是都对威廉心怀不满。比如，盖伊是不满自己在公爵宫廷中的地位，海莫可能是为了支持他那在外流亡的亲戚瑟斯坦·格日，而雷纳夫则希望威廉把在格恩齐（Guernsey）的土地归还给自己。[15]

图 2-2　迪耶普附近的阿尔克城堡。当时它由威廉二世的叔父阿尔克的威廉掌管。这些沟渠和一些城墙建于 11 世纪。© 马克·哈格尔

在位于卡昂东南方向一个平原之上的瓦尔斯沙丘，威廉遇到了一支由不满自己的诺曼贵族率领的军队，其中就包括他的表兄弟盖伊。值得注意的是，威廉这次出兵获得了法兰西国王亨利一世的大力支持。事实上，除了年轻的威廉公爵之外，亨利国王应当也算这场战役中的英雄人物。此处值得一提的是，虽然那时的诺曼底是一个半独立的公国，但还是和法兰西王国保持着联系，并表示愿意效忠于法兰西国王。所以，尽管诺曼底公爵拥有强悍的权力，但还得响应国王请求支援的号召，否则就会被认为是背信弃义。这样的情形在威廉的父亲罗贝尔一世身上就出现过一次，当时他应约前去增援亨利国王。实际上，像这样的联盟关系对双方都有好处。因为加盟的贵族（主要是男性，偶尔也有女性）效忠国王之后，就可以期待国王做出回报，能够支持自己，保护领土。比如这次，亨利一世立刻就记起罗贝尔一世曾给自己提供的援助，于是决定支持威廉，并且给他调拨了一支军队，让他代表自己出征。这场战役既被普瓦捷的威廉记录在案，因为这是他给威廉立传的一个重要材料（他在书中对亨利国王所起的作用只是轻描淡写）；也被瑞米耶日的威廉收录在《诺曼公爵的事迹》之中。后来韦斯在写书给宫廷人员看时，就在他们记录资料的基础上进行了适当的改编和美化。总之，这些作品的关键在于烘托威廉的胜利，并证明其有能力巩固自己在诺曼底的统治。

瓦尔斯沙丘战役代表了诺曼底公国和法兰西北部在权力关系上的一个重要转折点，因为在后来的军事行动中，威廉的头号大敌就变成了法兰西国王，而不再是来自诺曼底公国内部的威胁。威廉在瓦尔斯沙丘战役中的胜利不但让他得以巩固自己在诺曼底的统治，还让他把关注的目光投向了诺曼底之外的地方。虽然诺曼底的扩张在理查二世统治时期就已经停止，但后来不断发生的边境摩擦让诺曼人意识到，至少在某些地方，进攻可以被理解为一种最好的防御方式。当时威廉将注意力转向了诺曼底南部的曼恩。这个野心勃勃的年轻公爵的崛起，让安茹伯爵和法兰西国王深感不安。特别是在1054年，法兰西国王与威廉发生了小冲突，结果法兰西军队在诺曼底东部的莫蒂默（Mortemer）被击败，这次事件更让他们下定决心要采取行动、遏制威廉。于是在1057年，亨利一世和安茹伯爵杰弗里一起，带领一小支军队进入诺曼底，准备击退威廉、挫其锐气。当时这支军队向北挺进。当他们行军到了迪沃河（Dives）边上的一片沼泽，准备渡河的时候，不料威廉已经带领军队绕到了他们的后面，并在瓦拉维尔（Varaville）的迪沃河口将其截断。然而还有部分士兵滞留在迪沃河的对岸，此时随着潮流不断涌动，河水越涨越高，根据那些想借此衬托威廉神勇的编年史家的描述，亨利一世只能眼睁睁地看着自己的军队被大水淹没，并冲进大海。[16]

瓦拉维尔战役是威廉二世统治期间法国军队对诺曼底的最后一次入侵。但整个11世纪50年代和60年代早期，威廉都在积极征战。比如，在11世纪50年代至60年代期间，威廉在布列塔尼打仗；在维克森，威廉经过了一场长时间的围攻之后，终于拿下了瑟莫尔克城堡（Castle of Thimert）；此外，威廉还在诺曼底南方的曼恩边界进行战斗，最终于1062年攻占此地。通过这一系列的战事，威廉把自己的势力范围延伸至诺曼底西部，并在诺曼底南部也逐渐扩张自己的领土范围。当然，如果要对抗来自安茹伯爵杰弗里（1060年去世）的威胁，同时保护自己家族的世袭财产，威廉还是很有必要采取上述措施。这在《威廉的事迹》一书的前面部分可以找到相关记载。书中为了突出威廉公爵的英勇神武，着重描述了他如何征服蛮夷之地、攻克阿朗松、栋夫龙（Domfront）这样的重要城镇，并将其纳入自己的统治之下。这是一个很典型的例子，从中我们可以了解中世纪的编年史家如何去讴歌、赞美自己的主子。这方面，一个很好的个案是普瓦捷的威廉对威廉公爵在诺曼底南部征战的描述。显然，普瓦捷的威廉在书中强调了威廉公爵面临的重重困难，因为这样才可以从克服困难的过程中烘托出他的卓越才能。比如，在讲述栋夫龙之围的时候，普瓦捷的威廉这样描述战场地形："这座坚固的城市所处的位置决定了他们绝无发动武力突袭或进行智取的可能，因为除了两条陡峭而狭窄的小道之外，到处都是粗糙坚硬的岩石，即使步兵也会望而生畏。"但即便如此，威廉公爵也能在险恶的环境下骑马自由驰骋，躲在"秘密的地方"进行侦查，从而保护自己的士兵。由于威廉公爵平时喜欢参加最能体现贵族特征的休闲娱乐活动——打猎，所以普瓦捷的威廉在书中指出，这就决定了他具有一种"在敌方领地上从容行动的潇洒和自如"。[17]

图 2-3 越过战场眺望瓦拉维尔,它位于诺曼底的滨海迪沃附近。

但威廉并不只是通过军事行动才能在诺曼底建立起自己的有效统治。他的妻子是玛蒂尔达,她不但是强大的佛兰德公爵之女,也是法兰西国王亨利一世的侄女,因此她和威廉两人可算得上是一对优势互补的天作之合。直至1083年去世以前,玛蒂尔达一直是威廉的支持者、代表者以及战场上的伴侣。这场联姻也巩固了威廉在诺曼底东部边界的统治,亦获得了周边贵族们的认可,承认他在诺曼底的统治是独立而有效的。此外,威廉还加强了自己与教会的联系。早在1047年瓦尔斯沙丘战役获胜之后,威廉就宣布在诺曼底境内实行"神谕休战"(Truce of God)。休战的目的是制约暴力,防止再出现11世纪30年代和40年代早期那种贵族之间的私人争斗。[18] 普瓦捷的威廉,这个总是积极塑造威廉完美形象的编年史作家,把威廉缔造和平的功绩进行了归纳总结。据他记载,威廉公爵拥护法律,保护孤寡弱小并缔造和平,以至于"陌生人每每看到在我们国家,骑马的人可以手无寸铁地来回逡巡,旅行的人无论走在哪条道上都平安无事,就会常常感慨,希望自己的家乡也能拥有如此的幸福"。[19] 如此看来,在1066年前夕,威廉二世就已经成为欧洲北部最为强大并拥有出色军事能力的军阀之一了。而"忏悔者"爱德华,这位没有子嗣的英格兰国王,因为公爵母亲埃玛(Emma)

的关系和威廉也沾亲带故。不过，那时的爱德华国王已经躺在病榻上奄奄一息了。

诺曼人与英格兰

在 1066 年的入侵事件发生之前，诺曼底就已经和英格兰有着政治和文化上的联系。在此，我们不能把杜多关于罗洛在埃塞尔斯坦（Æthelstan）宫廷待过的描写当真，因为地名证据告诉我们，一些诺曼底的维京人最初来自于英格兰的丹麦区①，而不是直接来自于斯堪的纳维亚。[20] 我们还可在 991 年教皇约翰十五世写的一封书信中找到这方面的证据。这封信的内容是关于诺曼底公爵与英格兰国王之间签订的一份条约。该条约旨在阻止双方人民互相伤害，内容可以解释为采取措施防止维京士兵攻击只是在诺曼人的海港遮风避雨的英格兰人。[21] 后来这份条约显然没有得到遵守，因为英格兰国王埃塞尔雷德二世（Æthelred II）在 11 世纪早期曾企图入侵诺曼底。[22] 但最值得注意的是，理查一世和贡纳（Gunnor）把女儿埃玛嫁给了埃塞尔雷德二世。埃玛其实是埃塞尔雷德二世的第二个妻子，并给他生育了两个儿子，一个是爱德华，即历史上著名的"忏悔者"；另一个是爱德华的兄弟阿尔弗雷德（Alfred）。因此，这两个孩子都因为母亲的身世而和诺曼底公爵有了血缘关系。后来丹麦国王斯维因·弗克比尔德（Swein Forkbeard）在 1013 年入侵英格兰，严重地扰乱了英格兰的政治格局，于是埃塞尔雷德二世和埃玛只好带着自己的子女逃往诺曼底。在那儿，他们受到诺曼底公爵的热情接待。埃塞尔雷德二世带着自己与第一个妻子生的儿子——"刚勇王"爱德蒙（Edmund Ironside），试图击退丹麦入侵者，但没能成功。埃塞尔雷德二世在 1014 年被杀，而他的儿子爱德蒙，尽管生前和斯维因的儿子克努特（Cnut）分享英格兰王位，也死于 1016 年。于是，埃玛要么是出于自愿，要么是迫于无奈，才嫁给了克努特［鲁道夫斯·格拉贝（Rodolfus Glaber）认为这场婚姻在理查一世和克努特

---

① 丹麦区（Danelaw area），施行丹麦法的英格兰北、中、东部地区。——编者注

之间带来了和平〕²³，而她的两个儿子则留在了诺曼底，由他们的舅舅、公爵理查二世保护，后来是"宽宏者"罗贝尔继续这个保护责任。

流亡诺曼底的这段经历，无论对爱德华还是公爵家族来说都极为重要。似乎公爵家族对爱德华期望很高，认为他才是英格兰合法的国王。在1033—1034年间有一份支持圣米歇尔山修道院（abbey of Mont-Saint-Michel）的宪章，其中提到爱德华并称其为"英格兰国王"，并且他的名字还被冠以"国王"头衔出现在证人名单之中。爱德华的名字还出现在另一份证人名单中，不过这一次是关于"宽宏者"罗贝尔支持费康的宪章，其中他还是被称为"国王"。²⁴ 瑞米耶日的威廉也在《诺曼公爵的事迹》中记载了一个有趣的细节。据他记载，罗贝尔收留了爱德华和阿尔弗雷德并把他们当成自己的兄弟，这被范·霍茨解释为结拜兄弟或结义兄弟。罗贝尔还派使者去见克努特，劝他让这对王室血脉回到英格兰。²⁵ 给威廉提供这个信息的很可能是瑞米耶日的罗伯特，他以前是修道院院长和伦敦主教，但被从英格兰驱逐了回来，因为当时爱德华被迫在自己的宫廷中重新启用强大的戈德温家族（Godwine family），其中就包括爱德华的继承者哈罗德。²⁶ 在这之前，罗伯特曾挤掉了另一个候选对手——戈德温伯爵，而被任命为坎特伯雷大主教。当这方面的外交努力失败之后，瑞米耶日的威廉告诉我们，罗贝尔公爵为了支持自己的这两个表兄弟，决定发动进攻，但他的舰队在泽西（Jersey）遇到强风阻挠，于是这个进军计划流产。这个事实也证明诺曼底公爵的确很想和英格兰建立联盟关系。

而爱德华在流亡期间已经习惯了听取诺曼人的意见。1042年，在克努特的两个儿子哈德克努特（Harthacnut）和"飞毛腿"哈罗德（Harald Harefoot）死后，爱德华最终回到英格兰，他让诺曼人和英格兰贵族一起出现在自己朝廷中，还在教会中也安插了诺曼人，最明显的就是让瑞米耶日的修道院院长罗伯特成为伦敦主教。²⁷ 此外，爱德华重建威斯敏斯特修道院时采用罗马风格，极可能是因为他在欧洲大陆——比如在瑞米耶日修道院时，见识了这种风格的建筑并深受影响。在诺曼底流亡期间，他的两个谋士，瑞米耶日的罗伯特和费康修道院院长约翰，很可能点燃了爱德华对英格兰王位的野心。[28] 但这并不是说爱德华在英格兰的统治就变成了"诺曼人"的天下——显然在爱德华主政之前，英格兰教会的人员构成就具有国际化的特征，其中主教们来自于欧洲各地——但不容否认的是，爱德华确实和自己曾经流亡的地方保持着某些联系，并且他很看重自己在那儿建立起来的人事关系。

上面这些资料都不能解释在爱德华——这个没有亲生子嗣的英格兰国王——死后，威廉一直寻找机会争夺其王位的理由。尽管已经有很多对此进行研究的学术作品，但我们不得不承认，这些解释都不全面，甚至有的还相互抵触。历史学家们对爱德华宫廷在王位继承问题上究竟发生过什么事情存在激烈的争论，比如爱德华是否许诺过要把王位传给诺曼底的威廉公爵？如果他做出过承诺，那后来这个诺言是否又因为他答应要把王位传给戈德温伯爵的儿子哈罗德而失效？这样的口头承诺在多大程度上符合诺曼底或英格兰的法律传统？还有埃德加·艾德林（Edgar ætheling），虽然在诺曼征服之时可能只有十几岁，但作为埃塞尔雷德之子"刚勇王"爱德蒙的嫡子，是否也算得上是一名合法的王位继承者？

这些讨论的核心问题就是在11世纪的英格兰，一个人怎样才能成为英格兰国王？以及想成为国王，他需要具备什么样的重要素质？长子继承制（Primogeniture），即长子才对父亲享有继承权，在那个时候还没有确立起来，当然不能得到人们的认可。虽然在社会上的确也有长子继承的事实，说明在继承问题上血缘关系确实重要，但若想获得王位还需要其他一些因素。首先王位候选人要被人们认为具有能力，而符合这个标准的人可能不止一个，这样还得从他们中间继续挑选，例如1035年克努特死后的情况就是如此。虽然英格兰王位不全靠选举产生，但要确保形势对自己有利，候选国王也要得到当时最有权势的英格兰贵族团体"贤人会议"的支持。前任国王实施的行为，比如哈罗德对盎格鲁-威尔士边界采取的巩固措施，也会在这场王位角逐中起到很大的影响作用，特别是鉴于威廉的竞争对手埃德加虽然具有皇室血脉，但却乳臭未干、未谙世事，那么情况更应当是如此。王位继承者的决定可能在某一位统治者生前就作出，这被称为"死后授予"（post obitum grant），因为继承是在前任国王死亡之后才发生的；还有一种情况，就是前任国王在临死之前把王位继承问题写在遗嘱内容里，这被称为"临终安排"（verba novissima）。[29] 这两种继承王位的方式，以及史料中对其提供的支持证据，才是我们最关心的内容。

根据诺曼人记载的文献资料，特别是瑞米耶日的威廉以及后来普瓦捷的威廉的记载，爱德华许诺把王位传给威廉公爵，是想回报流亡期间，为了帮助自己获取王位，威廉在诺曼底朝野四处奔走呼号而付出的心血和努力。普瓦捷的威廉记载了爱德华朝中的重臣们都接受了爱德华的这个决定，于是派瑞米耶日的罗伯特赶去诺曼底报信，并且还把戈德温伯爵的一个儿子和一个孙子作为人质送往诺曼底，以此保证诺言的真实性。于是在1064年稍晚一些的日子里，哈罗德开始横渡英吉利海峡，踏上了后来让他臭名昭著的那场旅程。据巴约挂毯显示，他是到诺曼底去确认威廉会继承爱德华的王位。

《盎格鲁－撒克逊编年史》D版中有一份简短的摘录，也从某个角度支持爱德华承诺要把王位传给威廉的说法。在关于1051年的一条记录中，书中是这样说的：

> 之后不久，威廉伯爵带着他的法国大军从海外赶来。于是国王带上足以符合威廉尊贵身份的众多臣子接待了他，然后又送他回去。[30]

但结果，爱德华在临终前指定哈罗德为自己的继承人。这很可能也是巴约挂毯上临终场景所描绘的内容，此外还出现在《圣爱德华生平》（Life of St Edward）的一个段落中：

> 他把手伸给哈罗德——这个既是自己的大臣，同时也是自己妻子（伊迪丝王后）兄弟的人，然后这样说道："我现在就把这个女人和我的王国都托付给你，请保护好她们。你要把她当作自己的主人和姐姐看待，当然事实也的确如此；并且保证她在有生之年，不会受到亏待，不被剥夺本应从我这儿获得的任何正当荣誉。"[31]

有意思的是，虽然这样会和他精心打造的威廉享有王位继承权的描述相抵触，但普瓦捷的威廉还是记载了爱德华在临死之前承诺把王位传给了哈罗德。

但是，如果我们留意他们记载的这些事件所发生的时间顺序，就会发觉两本著作都经不起细节上的推敲。最近乔治·加尼特（George Garnett）提出，威廉宣称享有王位继承权这件事，完全是根据卡昂的修道院院长以及后来成为坎特伯雷大主教的兰弗朗克（Lanfranc）所拼凑的一份文件而炮制出来的不实之词，其目的是获得教皇的支持，让征服英格兰的正当性经得住时间的考验。加尼特还指出威廉享有王位继承权既不符合诺曼人的传统，也不符合英格兰的做法。[32] 虽然他的这种论点颇有魅力，但不能解释为什么普瓦捷的威廉会在书中记载爱德华要在临终前把王位传给哈罗德。如果接受加尼特的观点，就意味着我们得接受这样一个事实：要么诺曼宫廷和教皇法庭里面都是一群容易上当受骗的蠢材；要么兰弗朗克和教皇亚历山大二世都认为找到了一个捞取私利的大好时机，于是不惜炮制一个纯粹子虚乌有的王位继承权。[33] 但是这个王位继承权，不管是否无稽之谈，总之造成了一场严重的流血冲突，这可决不能视而不见。1080年4月，在一封写给威廉的信中，教皇格列高利七世提到他对这场征服行动的支持（在他被选为教皇之前）如何导致别人含沙射影地指责他的"这种行为相当于允许诺曼人进行大规模的屠杀"。[34] 如果我们考虑到爱德华统治时期的历史背景，于是像斯蒂芬·巴克斯特（Stephen Baxter）和布赖恩·戈尔丁（Brian Golding）那样，承认当时的这些史料文献真实可信，那极有可能威廉和哈罗德两人都认为爱德华在某个时候给自己承诺了王位继承权。因此，只有兵戎相见，才是解决争端的唯一方法。[35] 当然，这方面早有先例，因为斯维因和克努特分别在1013年和1016年依靠武力征服英格兰，从而获得了英格兰王位。

哈罗德能够给威廉继承王位造成威胁的真正原因在于：哈罗德的父亲戈德温伯爵及其家族在11世纪中期的英格兰拥有极高的社会地位。戈德温家族在克努特统治时期就开始变得位高权重，并且在克努特死后仍然保持着显赫地位。比如，爱德华娶了戈德温的女儿伊迪丝，还提拔了戈德温的几个儿子。但是好景不长，到了1051年，戈德温家族被迫流亡，因为在这之前发生的两件事情让很多人都对他们产生了仇恨：一是瑞米耶日的罗伯特击败戈德温家族首领提名的候选人而被任命为坎特伯雷大主教；二是多佛尔的一座城堡被赐给了布洛涅的厄斯塔斯（Eustace of Boulogne）。爱德华国王从强大的戈德温伯爵的阴影中走出来之后，可能感觉自身已经足够强大，可以从其他地方找人来继承自己的王位了，于是他想到了英吉利海峡对岸的诺曼底。以上的这些解释，谁更可信？这主要是看我们对《盎格鲁－撒克逊编年史》中出现的历史证据的理解，以及看这些资料是在什么时候编写的。一些历史学家认为上面的这段引文是在英格兰征服之后才写出来的。[36] 但是，我们更重要的是要研究当时作者是在什么样的历史背景下记录这段史料。有证据显示，这本书是在约克大主教埃尔德雷德（Ealdred）的家中写出的，而埃尔德雷德本人在威廉访问英格兰时还在爱德华的宫廷服务。所以，即使这段记录是后来才加上去的，但也可以肯定是根据目击者的陈述而写成的。[37] 此外，学者们还认为，在早时诺曼底的政治形势下，威廉不可能去造访英格兰，因为他本人在诺曼底的地位还没得到稳固。但是到了当年晚秋的时候，形势大为好转，这时威廉才没有理由不到英格兰去进行访问。

当戈德温家族的权力重新恢复之后，爱德华国王感觉自己的地位被削弱，而且出现这种局面引起的连锁反应就是，威廉也感觉自己对王位的继承权受到了威胁。由于哈罗德越来越得宠，并且在威尔士边界征战的过程中，他的能力也得到了磨炼和提高，再加上其兄弟们纷纷被授予爵位，这时爱德华就想到了要在戈德温家族中找一个继承人。况且，当时爱德华很可能也别无选择。那么接下来，我们如何解释人们认为历史上所存在的那场哈罗德对诺曼底的探访行为呢？对这场哈罗德的诺曼底之行，所有史料都认为无论是对其个人来说，还是对整个英格兰而言，它都导致了灾难性的后果。爱德玛（Eadmer），是坎特伯雷大教堂本笃会修道院的一名修士，也是大主教安塞姆（Anselm）的心腹朋友，虽然他在威廉征服英格兰 50 年之后才写出关于记录英国近代历史事件的史书，但这本书给我们透露了一些这方面的线索。作为爱德华和戈德温家族和解计划的部分内容，戈德温家族的人质们被移交，并被送到诺曼底以做"抵押"。于是在 1064 年，哈罗德当面辞别了心神不安的爱德华国王，前往诺曼底去确保这些人质得以释放。接下来就是大家熟悉的老故事了：船只失事，哈罗德被蓬蒂厄的盖伊（Guy of Ponthieu）俘获，然后在威廉公爵的斡旋下被释放。爱德玛在书中记载道，释放哈罗德的亲属的附加条件是他得发誓支持威廉在爱德华死后继承王位，并且要和公爵家族通婚。1064年在诺曼底到底发生了什么样的事情，现在已经无从得知，但如果威廉真的觉得自己对王位享有继承权，那他显然可以利用哈罗德的这次来访为自己谋利，并抓住一切机会促成好事。我们只能认为爱德华的政策在他死后并没有保证王位继承的和平进行，因为出现了两个能量巨大的野心家，他们都觉得自己才是未来英格兰真正的国王。

征 服

普瓦捷的威廉是威廉公爵的传记作者，据他记载，在听到"忏悔者"爱德华去世以及王位传给了戈德温伯爵的儿子哈罗德之后，威廉公爵听取了手下的意见，决心要"用刀剑来为自己所受到的伤害复仇，用武力来实现自己对王位的继承权"。[38] 普瓦捷的威廉的言下之意是，威廉拥有对王位的合法继承权，即使动用武力手段去争取也完全是必要且正义的。虽然在诺曼底也有反对的声音，比如有些贵族认为这样做的代价太大，但普瓦捷的威廉在书中将他们的反对意见贬为"似是而非、不知所谓"。不过，虽然普瓦捷的威廉身为历史学家，但这本传记本身也存在很多问题，因为人们认为其中"充满谄媚之词，令人作呕"。[39] 显然，普瓦捷的威廉的目的是将威廉描写成一个完美人物，并且要为征服英格兰寻找一个合理的借口。但让人无法想象的是，进行一场如此大规模的军事行动，威廉公爵竟然事先没有征求大家的意见，也不做周密的安排，就匆匆上路了。而若要入侵英格兰，他首先至少得准备足够的粮草、船只和兵力，此外还得确保自己离开之后，诺曼底有可靠的人来进行管理，并且边境也不会存在安全隐患。[40]

对此，普瓦捷的威廉的观点是：由于威廉公爵手下的官员素质很高，所以诺曼底可以安枕无忧。后来他又在书中指出，佛兰德的玛蒂尔达，在博蒙特的罗杰

（Roger of Beaumont）协助下，被委以保护诺曼底安全的重任；奥德里克·维塔利斯则对协助玛蒂尔达进行管理的人员进行了补充，加进了威廉·费茨奥斯本（William fitzOsbern）和蒙哥马利的罗杰（Roger of Montgomery）——一个在诺曼底南部边境中证明了自己实力的人。瑞米耶日的威廉的记载则是，威廉和玛蒂尔达的长子罗伯特·柯索斯（Robert Curthose），奉命在威廉离开期间负责诺曼底的统治。并且威廉在入侵英格兰之前，很有可能就已经指定罗伯特·柯索斯为诺曼底未来的继承者，这样，如果自己战死沙场，可以确保诺曼底的统治大权顺利移交，就像威廉公爵自己的父亲在去朝圣之前所做的那样。诺曼底的王公贵族以及一些有权有势的教会牧师也为这场入侵提供战船，这些都可以在一份叫作"舰船名单"（Ship List）的文献中找到。其中，玛蒂尔达自己出资修建了威廉的旗舰战船——"莫拉"号（Mora）。[41] 巴约挂毯上的画面展示的是人们砍伐树木修建战船和装备，并将兵器和战马装上战舰。此外，威廉还非常渴望能够获得教会的支持。在1066年，他捐赠了位于卡昂的拉特里尼泰修道院，并把最小的女儿塞西莉亚送到教区当童养信徒。塞西莉亚长大之后成为修道院的女院

图 2-4　威廉二世公爵的"莫拉"号旗舰——创作于11世纪的巴约挂毯之细节展示。

长。威廉还寻求教皇亚历山大二世的支持，并从他那儿拿到了一面教皇旗帜，可能就是巴约挂毯上展示的插在"莫拉"号战舰上的那面战旗。[42] 我们现在还不完全清楚教皇支持威廉的动机，但可以猜测他当时非常想把坎特伯雷大主教斯蒂甘德（Stigand）赶下台，因为斯蒂甘德是一个惹是生非的人，他成为主教之后也没有交出先前在温切斯特管理的教区。这种行径是当时的教皇法庭无法接受的，因为教皇法庭里的改革派人士越来越多，他们掌握了话语权，希望铲除这种滥用权力的恶习。但教皇的支持可能确实怂恿某些人加入了这场征服行动，特别是那些居住在诺曼底之外区域的人民，所以普瓦捷的威廉记载道，哈罗德面临的大军中包括的士兵来自布列塔尼、弗莱明斯（Flemings）、阿奎忒尼（Aquitainians）和位于现在法国的一些其他地区。

在完成部署、统一意见并迎来了合适的天气（先前由于天气不好，舰队只好滞留在迪沃河口）之后，威廉的大军于9月末横渡英吉利海峡，在哈罗德的祖传领地登陆，而此时哈罗德本人还远在约克郡作战。征服英格兰的战况惨烈，士兵们在战场上血流成河，而历史学家们几乎花了同样多的笔墨来描述并分析1066年10月14日所发生的战争情况。[43] 但中世纪对战争的记载是出了名的晦涩难懂。在这些关于战争的文献资料中，你找不出哪怕一份可以被称为"准确"的历史记录。为什么会出现这种情况？因为每份资料都是从不同的角度进行记录，针对的读者对象都略有不同，并且经常缺失大量的时空（即事件发生的年代以及地理位置）信息。由于这些资料是用不同的体裁加以记录、修改和创作，这样也会影响读者对它们的理解：比如关于黑斯廷斯战役，现存的就只有一份传记、一首诗歌、一些编年史和绘画作品。现在找不出一份根据某个亲自经历这场战役的目击者的叙述而写成的历史资料，不过即使存在这样的文献，也不会产生任何区别。此外，虽然像普瓦捷的威廉——威廉公爵的传记作者——这样的历史作家，当时还是根据第一手资料进行编辑创作，但后来的编年史家则是在这些前辈作品的基础之上，进行二度创作，并在认为合适的地方加上自己的评注。

因此，研究军事的历史学家们就会发觉很难从这些历史记录中分析出当时交战各方使用的战略战术，以及找出战事发生的具体日期。比如，研究这场战役的学术论文中出现了激烈的争论，其中就涉及战事发生的时间顺序、威廉和哈罗德双方的指挥艺术、诺曼骑兵攻击英军盾墙的有效性……[44] 人们之所以对征服战役这么感兴趣，是因为这场战役本身具有重大意义，在 11 世纪历史上极为罕见。很多在当时的史料以及现代史书中被冠以"战役"字眼的事件（例如瓦拉维尔战役以及瓦尔斯沙丘战役），充其量不过是军事上的摩擦冲突，仅涉及数量不多的武装人员。当时的统治者们还是尽量避免发生像威廉和哈罗德大军之间的那种激烈战斗，因为这样的战役代价昂贵，会消耗大量的装备，更重要的是，会损失大量人员。统治者身上这种要避免不必要流血牺牲的愿望，也是一些诺曼历史学家，特别是普瓦捷的威廉，用来解释为什么威廉公爵要求单独挑战哈罗德，因为这是一种更公平的解决争端的方式。当然，据史料记载，哈罗德拒绝了威廉要求单挑的提议，这更让人们对他印象不佳，也更让诺曼将士们觉得他们的这场征服之战具有正当、合法的理由。

　　想要接近战役的真相，有一个方法就是从战役双方所使用的战场和战术开始，来整理我们所掌握的情况。威廉和哈罗德在 1066 年 10 月 14 日进行的这场大战在历史上被称为"黑斯廷斯战役"。但是，这场战役并不是就发生在那里，而极有可能是发生在现在一个叫作"巴特尔"的地方，即从威廉大军登陆的佩文西（Pevensey）往里走，大概十英里之远。就是在这个地方，后来威廉命令修建了一座修道院，用来纪念这场战役，同时也为造成交战双方大规模的人员伤亡而表示忏悔和赎罪。但这个地方在不同史料中有不同的称呼，比如被叫成"森拉克"（Senlac）或"灰苹果树"（hoar apple tree）所在之地：[45] 后面的这个名字见于《盎格鲁－撒克逊编年史》，之所以这样命名是因为哈罗德当时以这棵特别的树作为标志，来集结自己的军队。[46] 在那儿集结军队意味着英军可以占据高地进行防御，抵抗诺曼骑兵的冲击。此外，我们也能从很多史料中找到线索，了解交战双方使用的战术和武器。当时英军采取的是一种称为"盾墙"的作战阵型，也就是步兵列队排列，用盾牌挡住自己的身体。因此，只要士兵纪律严明，这种阵型是很难攻破的。相比之下，诺曼人这边既有步兵，其中包括弓箭手，此外还有骑兵。虽然交战双方都使用马匹，在地面上快速奔跑，进行备战工作，

图2-5 巴特尔修道院。越过战场可以眺望诺曼人曾经驻军的地方。

但马上作战历来是诺曼人打仗的重要方式。马匹对诺曼人的重要性在巴约挂毯中也得到了体现。巴约挂毯上描绘了在准备横渡英吉利海峡之前，诺曼人牵着自己的战马登上正在等候的舰船；而后方场景中则显示他们已经安全上船，正透过船舷朝外张望。当然，无论对于士兵，还是对于他们的马匹来说，这都不会是一场愉悦的旅行。

但是，关于这场战役的细节却非常模糊和含混，并且由于后来的编年史家通常喜欢互相抄袭，结果让情况变得更加糟糕。比如，奥德里克·维塔利斯在写到关于征服战役过程中发生的历史事件时，就极为依赖普瓦捷的威廉对威廉公爵的传记描写。不过，普瓦捷的威廉在《威廉的事迹》一书中的描写被认为是关于此战役最早的记录；此外，巴约挂毯上的绘画情节也被认为是较早的内容。在以上两种史料的基础上，我们还可加上《黑斯廷斯战役之歌》（*Carmen de Hastingae Proelio*），它是一首描写这场战役的拉丁诗歌。虽然这首诗歌的创作日期还颇具争议，不过总体而言，人们还是认为它是11世纪的作品。11世纪的英语史料，包括《盎格鲁－撒克逊编年史》，以及爱德玛在12世纪早期写的《历史》（Historia），几乎都没有涉及哈罗德死后的情况和他的死亡对英国产生的可怕后果。值得注意的是，虽然人们对于有关这场战役的大致情况没有争议，如它持续了整整一天、场面血腥、哈罗德战死等，但对于这场战役是如何具体展开的，却有很多差异。这方面的原因可能在巴约挂毯中展现得最为清楚。巴约挂毯是用线性顺序进行绘画，这就意味着可能同时发生的历史事件也会在挂毯的画面上进行先后排列。从挂毯上可以清楚地看到：战场上大量的投掷物雨点般落下，诺曼大军闯入英格兰边境，英军和诺曼人尸横遍野，其中一些尸体已经被斩首。随着战事的展开，一些强盗出现了，他们在剥取尸体上的衣服和物品；在陡峭的山坡或深沟前面，士兵们人仰马翻；弓箭手躲在低矮的地带不停地放箭……尽管采取的是漫画形式，但挂毯内容描绘的却是战场上的残酷画面，其中充斥着混乱和恐惧。

有两点最能反映战场上的这种混乱局面，也颇受人们争议：一是诺曼人佯败的次数；二是哈罗德的死亡方式。诺曼人的佯败是一种战术策略，其中诺曼骑兵假装败退，目的是引诱守卫的英军冲出阵型追击骑兵。如果他们上当，那诺曼骑兵就可能把英军分割包抄、大肆屠杀。这是因为，英军先前在高地上组成了防卫盾墙，让诺曼士兵感觉自己极难突破他们的防线。普瓦捷的威廉甚至记载，由于无法突破英军，一些诺曼士兵十分泄气，以至于当时的"一些步兵、布列塔尼骑兵和左翼的战辅人员吓得转身逃跑"。[47]布列塔尼人在11至12世纪期间一直是许多人嘲笑的对象，因为人们认为他们野蛮粗鲁、鲜廉寡耻，所以普瓦捷的威廉这样描述他们也就毫不足奇了。幸好，普瓦捷的威廉还是给了他们面子下台，因为他指出，当时诺曼士兵之所以这样做是因为他们以为威廉公爵已经战死。在这危急时刻，威廉公爵马上集结起军队，迎战追来的英军并把他们杀死。后来在这场战役中，诺曼人又玩起了这招，可能还不止一次，都取得了很好的效果。虽然当时诺曼人要继续前进，也只能先把英军从高地上引诱下来，但对于普瓦捷的威廉来说，这可是一个机会，可以通过描写威廉公爵如何化不利情况为有利条件，以充分展现他的过人之处。不同的是，亨廷登的亨利和马姆斯伯里的威廉都是在12世纪早期进行的创作，他们记载的情况则是：这次佯败虽然让另一支诺曼军队得以突破英军防线,但在另一方面,却给诺曼人自己也带来了灾难性的后果,因为这因此造成很多诺曼人掉进了"一个事先巧妙隐蔽起来的大沟"。[48] 这可能是指那场臭名昭著的"死沟"(mal fosse)事件,其中诺曼战士以及/或者英格兰士兵(取决于描述的来源)全都掉进一个深沟里,结果伤亡惨重。像前面的佯败一样,对于这场事件发生时间的描述也有不同的版本。有人认为是发生在战役中期,比如巴约挂毯所描绘的就符合这种说法;也有人认为这是发生在战役末期的某个时间。

历史文献中对哈罗德死亡的方式也各执一词。普瓦捷的威廉所著《威廉的事迹》是这方面最早的书面文献,但对哈罗德的死亡方式则描述不详。普瓦捷的威廉只是记载说哈罗德已死,但没有提供是在战役的哪个阶段以及如何死亡等进一步的信息。不过,正如马乔里·奇布诺尔(Marjorie Chibnall)在其脚注中所说的那样,这可能是因为从战场中活着回来的人中没有谁真正知道这方面的准确消息。况且,普瓦捷的威廉也无从接触真正知晓哈罗德死亡事件的目击者。其他一些编年史家们的记载则相互抵触,比如:哈罗德究竟是被一支箭射穿眼睛而死,还是被一群骑兵剁成了肉酱?最早提到弓箭的史料不是写于英格兰或诺曼底,而是在意大利南部,由蒙特卡西诺的阿马塔斯于11世纪80年代所著。后来出现在12世纪的英语史料,特别是亨廷登的亨利和马姆斯伯里的威廉的作品中,也记载了哈罗德是被一支箭射死,但更早一些的英语文献则对此保持了沉默。其他一些11世纪的史料,尤其是《黑斯廷斯战役之歌》和巴约挂毯,都给出了不同版本的描述。《黑斯廷斯战役之歌》记载的是哈罗德被四名士兵砍倒在地,其中一人割下了哈罗德的一截大腿并拖到远处。[49] 马姆斯伯里的威廉也重复了这种说法,并确定这名士兵就是布洛涅的厄斯塔斯(Eustace of Boulogne),还指出这种行径很不光彩。[50] 而巴约挂毯则给我们提供了三种版本。在一幅标题为"哈罗德遇害"(Harold interfectus est)的画面中,有一个人眼中插有一支箭,另一个人则被一名骑兵砍倒,这两个人中有一个可能就是哈罗德。当然,我们看到的可能只是同一事件的不同顺序:哈罗德先是被射,然后被砍。对这幅图的理解,由于出现了后面的事实而变得更加复杂:挂毯在漫长的历史中经历了修补,因此一些学者质疑画上

的那支箭是否是原来就有的。⁵¹

现代的史书中对前面两种说法都充满争议，每种说法都有人赞同，有人反对，这反映出人们渴望确切地知晓这位最后的"英格兰"国王身上所发生的故事。人们想要知道，哈罗德到底是英勇地战死沙场，还是诺曼人为了说明他是一个做伪证的奸诈小人，而故意在史料中给他杜撰了一种不体面的死法。

图 2-6　哈罗德之死。创作于 11 世纪的巴约挂毯之细节展示。

虽然我们能找到很多描述这场战役的史料，但却无法准确得知哈罗德死亡的真相。其实，如果我们沿着这样的思路去了解历史，那么从一开始就走上了歧路。伤败的次数多少真的就那么重要吗？这场战役是从吹响战号开始，还是从唱《罗兰之歌》①开始，抑或是从吟游诗人在两军对垒中抛耍刀剑而开始？这些真的有那么重要吗？⁵²哈罗德怎么死的真的那么重要吗？难道不同的死法会让他死亡的程度不一样吗？当然不会。并且，这些问题的答案，我们可能永远无法知晓。中世纪的战争，就像现代历

---

①《罗兰之歌》（Song of Roland），法国的英雄史诗，是 11 世纪至 14 世纪流行于法国的一种长篇故事诗——武功歌的代表作品。——编者注

史上发生的任何战争一样，总是场面混乱不堪并且充满血腥。它们只是在记载角度、产生时间和发生方式上有所不同而已。既然如此，那么我们最好怎样看待1066年10月14日所发生的这些历史事件呢？对此，爱德玛的结论简洁得令人深感佩服："他们进行了一场激烈的战斗；哈罗德在酣战中死去；威廉以征服者的身份控制了英格兰。"[53]

对于英军而言，黑斯廷斯战役是他们在两周之内打的第二场大仗，第一场是哈罗德带领他们在约克郡的斯坦福桥大败挪威国王哈拉尔德三世。而黑斯廷斯战役也是一场血战。在此很有必要强调一点，就是到1066年10月14日晚上的时候，英格兰的大多数贵族都尸横沙场或已经奄奄一息，其中包括哈罗德和他的兄弟格思（Gyrth）以及利弗温（Leofwine）。哈罗德最小的兄弟托斯蒂格（Tostig）在1065年造反失败，然后逃离英格兰，最后在斯坦福桥战役中和哈拉尔德三世同归于尽。不过诺曼人也遭受了巨大的伤亡。暴力行径并没有因为哈罗德之死就宣告结束，那些男性亲属已死于战场的英格兰妇女，不得不逃往女修道院，以免遭到强奸或被迫嫁人。[54]此外，威廉还得不断采取军事行动镇压英格兰各地的反叛，这些地方包括英格兰西南部、威尔士边界、东部地区的沼泽地，以及叛乱特别厉害的北部地区。这种情况一致持续到1071年。巩固征服成果的过程则缓慢得多，因为要把土地从英格兰贵族手里转移给诺曼贵族，此外，教会的高级神职人员也被威廉安插的亲信所取代，其中一些人会在后面的章节中进行介绍。在本章剩下的内容里，我们要集中讨论在威廉取胜之后，人们是如何理解和解释这场征服行动的，以及这次征服事件是否就促成了诺曼帝国的崛起。

战后影响

无论从哪方面来看，黑斯廷斯战役都是一次重大的历史事件，所以，那些在11世纪和12世纪进行历史创作与编写的作家们必须找出某种方法对其加以解释。因为这个事件不只是对英格兰和诺曼底产生了影响，而且还对整个欧洲产生了广泛的影响，然而这种影响的作用有时在现代讨论威廉统治的学术中被忽视了。在本节中，我们将考察那些从不同角度创作的历史学家们是如何评价和记录诺曼人的这次征服事件。其中很重要的一点是要注意到中世纪人们写史的目的，他们是为了给世人提供一个值得仿效或应当摒弃的行为榜样，并且宣扬神意思想。我们将看到，神意思想在理解或解释这场征服活动中起了很大的作用。

在诺曼人自己的资料中，特别是普瓦捷的威廉所著《威廉的事迹》，热衷于强调威廉入侵并征服英格兰的根本原因是哈罗德在"忏悔者"爱德华死后背信弃义、使用卑鄙手段夺取了王位。言外之意，哈罗德从来都算不上是一个合法的英格兰国王。这一点在《末日审判书》（*Domesday Book*）中表现得非常明显，因为书中进行统计的参考点是爱德华国王在位时间（1065年），完全忽略了哈罗德的统治时期。哈罗德是一个背信弃义者，正是由于这个原因，他和他的军队才遭到了诺曼人的武力惩罚。同样的主题还在那首拉丁诗歌《黑斯廷斯战役之歌》中再次出现，其中高潮之处是关于哈罗德葬礼的描写，他不是被自己的母亲葬在教堂旁边，而是被埋在了黑斯廷斯附近的悬崖之巅。[55] 巴约挂毯也把哈罗德描绘成一个不值得信任的人。我们看到他先是面对圣物发誓，接下来却坐在王位上接受加冕，不过，给他加冕的并非像一些英语文献上记载的那样是由约克主教埃尔德雷德主持的，而是斯蒂甘德——一个因兼管数座教堂、破坏教规而被历任教皇革出教门的人。既然哈罗德对王位的继承被认为是篡权，那么威廉征服英格兰就应当正当合法。巴约挂毯上描绘在哈罗德接受加冕礼时天上出现了哈雷彗星，这就预示着他的王位必被替代，这一点在其他一些史书中也有提及。因为在古代，彗星和其他一些天文现象被视为代表发生变化的先兆，并且往往带有政治方面的含义。比如，关于第一次十字军东征的一些史料中，在描述十字军战士离开欧洲时，也提到出现了这样的天文现象。

虽然11世纪涌现出大量记载诺曼人活动的文献资料，但当时的英语资料中却鲜有内容提及发生在1066年的这些历史事件，以及这场征服事件所产生的社会后果。

历史学家们熟悉的《盎格鲁－撒克逊编年史》是用英语写的，其中虽然记载了这段历史，不过从史料分析的角度来看，其内容简略，并且也是事后补上的。《盎格鲁－撒克逊编年史》的 D 版本，主要是从北欧人的视角看待历史。据其记载，幸存下来的英格兰贵族和埃尔德雷德大主教向威廉一世投降后，这位新任的国王就在英格兰进行了征税，然后坐船回到诺曼底去了，留下奥多和威廉·费茨奥斯本共同掌管英格兰。而这两个人"在当地以及全国上下大兴土木、修建城堡，弄得老百姓苦不堪言。而在这种情况下，效果往往都适得其反，形势变得更为糟糕"。[56] 在这方面，我们还有另一个重要的参考资料，是用拉丁文写成，它就是爱德华国王的王后伊迪丝请人写的《圣爱德华传》(*Vita Edwardi*)。《圣爱德华传》写于 1065 至 1067 年之间，书中把这些历史事件发生的地点定在巴特尔。伊迪丝在那一年失去了四个兄弟，他们不是死在巴特尔就是在斯坦福桥。但是，正如范·霍茨所提醒的那样，这部作品"只是暗示自己描述的是这场（黑斯廷斯）战役"。[57] 此外，我们在整个死亡人员名单中也没有找到关于修道院的记录。范·霍茨对此的观点是："之所以出现这样的沉默，或人们仅仅蜻蜓点水式地提到这些历史事件，根本原因在于他们还没有从这场战役引起的巨大震惊和创伤中走出来。"当时的编年史家没有撰写或分析这方面的历史，是因为他们还不能这么做，他们还需要更多的时间来面对眼前发生的一切。直到 12 世纪，那些在英格兰的编年史家才开始触及这段关于诺曼征服的历史，比如，马姆斯伯里的威廉和亨廷登的亨利等人才开始了他们的历史创作。在这些作品中，我们强烈地感受到它们宣扬的主题是：威廉和他的军队就是上帝派去惩罚罪孽深重的英格兰人。其中，马姆斯伯里记载大战前一天晚上，英格兰人还在"彻夜饮酒歌唱"；后面就更加露骨地批判英格兰贵族们的道德堕落。[58] 此外，虽然奥德里克·维塔利斯当时在诺曼底的一个修道院写作，他也在作品中对这段历史的说教意义进行了阐释。不过，同时他也在书中批判了那些把自己的财富建立在百姓痛苦基础之上的人们，特别是对威廉在北方的暴力行径进行了谴责。[59]

因此，如上所述，1066 年发生的英格兰征服事件对欧洲产生了广泛的影响，这在诺曼底和英格兰以外的史书中都有论述。威廉，作为一个公爵，成功地入侵另一个国家，并夺取了这个国家的王位，也因此在历史上引起了人们的广泛兴趣。而根据欧洲的文献资料显示，他的威名已经远播海外。为了更广泛地研究人们对这场征服事件的接受情况，范·霍茨还分析了来自德意志帝国、佛兰德、法国、意大利和斯堪的纳维亚的历史资料。[60] 结果发现，我们前面所说到的一些主题也出现在这些史料之中，特别是关于哈罗德所扮演的背信弃义角色，以及神意思想的重要性。这些欧洲文献中也记载了征服活动中表现出的暴力程度。虽然一些欧洲历史学家也赞扬威廉和他的诺曼底军队所取得的军事成就，或他对教会所做的改革措施，但也有历史学家批判他这样做给人民带来了痛苦和灾难，其中就包括马格德堡城的弗鲁托尔夫（Frutolf of Magdeburg）。[61] 除此之外，可能最有意思的史料是来自斯堪的纳维亚的记载。威廉统治的大部分时间，都面临着外来侵扰的威胁，其中尤其是来自丹麦人的威胁。不过在经过了1069年的叛乱之后，丹麦人的威胁再也没能变成现实。但在1085年，丹麦人的威胁发展到相当严重的程度，以至于威廉似乎都做好了安排，准备对付驻扎在英格兰的丹麦雇佣军。事实上，也正是在这种形势下，《末日审判书》的勘察编撰工作才开始进行。当时的丹麦国王斯文·艾斯瑞斯森（Sven Estrithson）是哈拉尔德三世的亲戚，也是克努特的侄子，可能早已对英格兰垂涎三尺。坎特伯雷的阿尔诺斯（Aelnoth of Canterbury），是流亡丹麦的一名英格兰修士，大约在1112年左右开始对这段历史进行记载，他指出，斯文曾计划入侵英格兰，为哈拉尔德之死复仇。他还记载道，英格兰人在"诺曼人和法国人的暴政"统治下生活得水深火热，简直是民不聊生。[62] 在这方面的所有作品中，可能吟游诗人索基尔·斯嘎拉森（Thorkill Skallason）写的诗歌是最为尖锐刻薄的。索基尔原本服务于瓦尔塞奥夫伯爵（Earl Waltheof），而这个伯爵是为数不多的几个在1066年之后幸存下来的英格兰贵族之一，他娶了威廉公爵的侄女朱迪思（Judith）为妻。后来，即使像奥德里克等编年史家都记载道，是瓦尔塞奥夫伯爵自己把叛乱的消息透露给了威廉国王，但他还是因为被认为参与了1075年的那场叛乱而遭到处决。索基尔在诗歌中用了这样的词句："英格兰的屠杀才开始/漫漫长夜何时休。"（it is true that killing in England / will be a long time ending）⁶³ 后来英格兰的发展情形也的确印证了他的这个预言。

诺曼帝国

过去，从中世纪史权威哈斯金斯（Haskins）开始，就有历史学家提出历史上存在一个从苏格兰延伸到西西里岛的"诺曼世界"（Norman world）或"诺曼帝国"。⁶⁴ 和这种说法相应的观点是认为诺曼人是一个战无不胜、攻无不克的民族，他们尤其喜欢在军事领域取得胜利：在建立诺曼底之后，诺曼人继续征战并在意大利南部殖民，他们征服西西里岛，征服英格兰，接着又把注意力投向了威尔士、苏格兰和爱尔兰。通过参加第一次十字军东征，他们还建立了安条克公国①。更为常见的情况是，"诺曼帝国"这种说法被用来指代包括诺曼底和英格兰的这片盎格鲁－诺曼领域。帝国论的主要支持者是约翰·勒帕图雷尔（John Le Patourel），他写的《诺曼帝国》（*The Norman Empire*）在1976年就出版了，并给后来的大部分讨论定下了基调。勒帕图雷尔认为诺曼人的扩张是一个连续的过程，始于罗洛在塞纳河谷的殖民活动，但诺曼帝国是依靠英格兰和诺曼底之间的联系才建立起来的。因此，只有当英格兰和诺曼底都归属于同一个人统治时，诺曼帝国才可能成立。同样，亨利一世之死以及随后盎格鲁－诺曼领域在斯蒂芬和玛蒂尔达之间的内战中分裂，就意味着诺曼帝国走到了尽头。⁶⁵ 诺曼帝国的存在被一些当代历史学家想当然地接受，根本就没有思考首先应当如何对它进行定义，结果造成这种说法极为泛滥，甚至是谬种流传。⁶⁶ 出现这种现象的部分原因是人们在编撰诺曼人历史时只是着眼于描述他们所取得的"成就"和"征服"。

---

① 安条克公国（the principality of Antioch）存在于1098-1268年，是第一次十字军东征时欧洲封建主、诺曼首领博希蒙德（Bohemond）在亚洲建立的一个十字军国家，其领土包括现在的土耳其及叙利亚的各一部分，都城在西亚著名古城安条克（遗址在今土耳其伊斯帕尔塔省亚尔瓦齐附近）。1098年，博希蒙德获得安条克的统治权，自封为安条克亲王。为了保持安条克的独立，博希蒙德拒绝接受拜占庭帝国的任何封号。1268年，埃及苏丹拜巴尔征服了安条克，安条克公国至此灭亡。——编者注

然而，无论"诺曼人"还是"帝国"这些字眼，都没有一成不变的定义。其实正好相反，这些字眼的定义都是见仁见智、极富争议的。我们后面还将讨论成为诺曼人到底意味着什么，不过现在我们先来考察一下关于帝国的定义。

最近戴维·贝茨为了研究诺曼帝国这个问题，把帝国这个概念纳入了更大的一个历史框架，让它可以跨越时间、不受朝代限制。他以勒帕图雷尔的作品以及他自己在 1986 年发表的一篇论文作为研究起点，[67] 得出的核心结论就是：一个帝国必须拥有一个"最终的唯一权威"（single ultimate source of authority）和一个中心地带——在本例中就是"征服者"威廉和诺曼底公国。据他分析，威廉征服英格兰以及随后的努力、他的儿子亨利一世以及曾孙亨利二世统治诺曼底、英格兰和逐渐扩大的盎格鲁-诺曼领域——这些事实加在一起，不应当被看成是在统治一个统一的王国，而应当把它们看成是隶属于一个更大政体的不同领土之间的组合。换句话说，国王在极不相同的众多领土上行使自己的统治霸权，但同时也会照顾到这些领土存在的个体差异。从这个意义上，贝茨更倾向于采用"诺曼人的帝国"（empire of the Normans）这种说法。在贝茨看来，这个帝国之所以存在，是因为它从一开始就是建立在英吉利海峡两岸的联系纽带上，这反映在威廉赐给手下的财产、两岸的贸易来往，以及像修道院和教堂之间的人员交流之中。这些联系纽带的存在，使得这个帝国挺过了内战时期，特别是挺过了 12 世纪中叶，因为不同的机构和个人在海峡两岸都存在利益。这个帝国建立的关键因素是威廉本人、他行使权力的能力，以及诺曼底要成为一个主要的政治焦点和强大的中心城市，这样才可以统治其他领地。

研究这个问题有两种方法：其一，是寻找证据，证明 11 至 12 世纪的人们，是通过发现自己身边发生的事件和过去时代发生的事件之间所存在的联系来理解帝国的概念；其二，是研究中央机构行使权力的表现形式。1066 年对英格兰的征服以及随后对这场征服的巩固行为都充斥着暴力，虽然学者们承认威廉对暴力的使用方式还是符合 11 世纪的社会规范，但肯定也有历史学家对他在某些场合使用暴力的激烈程度持有异议。比如奥德里克，虽然是在 12 世纪早期进行写作，但在 1075—1085 年期间，他是在英格兰的什罗普郡（Shropshire）长大的，因此对威廉对北方的镇压行径特别反感。在书中，虽然先前奥德里克还较为克制，没有对威廉的暴力行径直接进行批判，但后来他实在忍不住，开始严厉谴责威廉在这方面的暴行。因为在掠夺北方的过程中，暴力行径如此残酷、如此极端，以至于奥德里克觉得找不出任何理由或借口可以为其开脱，只能"交由上帝来审判威廉的暴行"。[68] 马姆斯伯里的威廉也以这样的文字来描绘北方沦为一片废墟的情景：

> 这些城市曾经如此有名，大楼的塔尖高耸入云，田野里牧草青青、羊肥马壮，有江河之水源源不断地进行灌溉。但如今面对战后的情景，如果是陌生人，会忍不住仰天长叹；如果是幸免于难的当地人，则根本认不出它们原来的样子了。[69]

当时约克郡的大部分地区在《末日审判书》中被形容为"一片荒芜"，其实这可能只是说那些土地不能带来收益，因此不值得再去耕种。[70] 伊夫舍姆（Evesham）的编年史家记载道很多难民忍饥挨饿，成群结队地来到他所住的修道院。[71] 但据奥德里克记载，就是在这样一片狼藉的背景下，威廉让人去取来自己的皇家服饰，然后戴着王冠坐在约克大教堂的废墟之上。正如安·威廉斯（Ann Williams）指出的那样，威廉这样做的目的是让人们清楚无误地明白：谁才是英格兰的国王。[72] 从那以后，从1066年事件中幸存下来的英格兰伯爵就被诺曼人取代了。这被贝茨用社会学的语言概括为"硬权力"（hard power）——因为它是直接的、可以看得见的，是一种"不需要取得别人同意就可以直接行使的权力"。[73] 诺曼人在建立帝国和行使权威的过程中，还通过一种"软权力"（soft power）的方式向人们宣扬什么才是高贵的上流生活。在这一点上，诺曼人除了带来饮食习惯和宫廷礼仪方面的改变之外，他们还在修建教堂时加上新的形式或补充新的礼拜仪式。从这个意义上看，威廉是把宗教活动改成了国王行使权力的方式，比如规定在圣诞节、复活节和圣灵降临节（Pentecost）上要戴上庆祝专用的王冠；或者，在这些场合举行诸如"进堂咏"（Laudes regiae）等圣餐仪式时要唱节日歌曲……以上这些都可以看作是"软权力"的具体表现形式，其目的是要创建一种社会文化环境，让人们更容易接受和认可硬权力（实施暴力）。[74]

和过去时代建立联系以及关于帝国的概念，在史书编撰和建筑元素两方面体现得尤为明显。中世纪的作家们显然从对罗马的了解以及阅读古典作品的过程之中，形成了自己关于"帝国"的概念。像马姆斯伯里的威廉这样的历史学家，还对比德①了解得较为深入，他们详细地阐述了英格兰和罗马之间的紧密联系，特别是介绍了在诺曼入侵之前，英格兰教会和罗马教会之间的密切关系。威廉和亨廷登的亨利都在作品中记载了大量的地理细节，内容涉及英格兰自古罗马时代就遭受的各种入侵情况。在他们的作品中，诺曼人被描述成是上帝遣来的最后一批人群，要对英格兰人过去所造的罪孽进行惩罚。正如我们前面讨论的那样，"上帝之怒"（divine anger）是人们为了将1066年以来的历史事件合理化而找出的原因之一。在把威廉和尤里乌斯·恺撒进行比较的时候，普瓦捷的威廉详细地阐述了"征服者"威廉和罗马之间的联系。诺曼人在1069—1070年"掠夺北方"之后，挥师南下，踏上归途。但他们在柴郡（Cheshire）和什罗普郡艰难跋涉的时候，士兵们不禁满腹牢骚，抱怨地形不好、天气糟糕、伙食太差、敌人狡猾，这时只有威廉自己"保持着一种堪比恺撒大帝的平静姿态"。[75] 值得注意的是，关于威廉的此类描述并不仅限于一篇英语文献。此外，在描写诺曼底的时候，人们也找出了诺曼人和罗马帝国之间存在的紧密联系。这方面特别明显的例子是：范·霍茨最近在研究鲁昂的斯蒂芬（stephen of Rouen）和一位不知名作家写的两首诗歌时，发现人们把鲁昂比作罗马，或干脆把诺曼底公国的这个首都当成一个新的罗马。[76]

征服英格兰之后的建筑发展情况也显示出诺曼人具有了帝国的观念。比如，征服事件之后，在英格兰和威尔士最初修建的一些城堡，就折射出了这一特征。科尔切斯特（Colchester）的城堡建在克劳迪厄斯修道院（the temple of Claudius）附近，其

---

① 比德（Bede，673-735），英格兰学者、历史家及神学家，被尊为英国史学之父，享有"可尊敬的"称号。——译者注

中就使用罗马的建筑材料并借鉴了罗马的修建方法。诺曼征服发生之前献给圣海伦娜（St Helena）的小教堂也能体现这一特征，圣海伦娜一说是君士坦丁大帝的母亲，但也有人认为她是科尔切斯特的创建者、传奇国王科尔［库诺贝林（Cunobelin）］的女儿。威廉在伦敦的城堡主楼——白塔，就位于罗马城墙的拐角里面。在这片新到手的领土边境，威廉宣布把自己的亲密谋臣威廉·费茨奥斯本任命为赫里福德伯爵（earl of Hereford）。后来，费茨奥斯本凭借自己的伯爵身份，在切普斯托修建了一座城堡（但根据某些推算的城堡日期来判断，实际上应当是国王下令修建的），它的大楼就建在原罗马建筑遗址上，并装饰有精细的雕刻图案。[77] 但我们不应当只把目光看向罗马，也应当关注诺曼底本身以及欧洲的其他地方。就建筑而言，在征服事件之后，诺曼贵族们就把卡昂出产的大量石料运进英格兰，因为这是一种较软的奶油色石灰石，易于雕刻。这种石料大量地用于装饰城堡和教堂的表面，并用在窗户、门口周围以及廊柱之上雕刻精细的图案细节。当时，这种石料显然价格十分昂贵，因为人们只能从遥远

图2-7　科尔切斯特城堡。11世纪它建于了克劳迪厄斯的罗马基督教堂遗址之上。ⓒ迈克尔·宾特利（Michael Bintley）

图 2-8 始建于 11 世纪的切普斯托城堡的大堂外部。

的地方将其运进英格兰。用来修建城堡和教堂的这种风格也类似于北欧其他地方的建筑传统，比如卡洛林风格以及奥托风格，而这两种风格都体现了帝国的观念。所以，就我们所看到的而言，诺曼征服之后的这些建筑直接反映了诺曼人与过去及当前的帝国概念之间所存在的一种联系纽带。

从我们对上述材料所做的这些分析来看，诺曼人显然具有了与帝国相关的一些概念。但这并不是说，比如像那些研究罗马帝国或大英帝国并进行这方面创作的学者们，也必然会持这样的观点。此外，并不仅仅只有诺曼人才会从罗马的历史中借鉴想法。如上所述，在英语史料中，已经出现了一种很强的写作趋势，要把英格兰人和罗马联系起来。在其他的中世纪社会，特别是查理曼统治之下卡洛林时代的法兰克，或者奥托时代的德意志，国王采用皇帝的称号是出于各种原因，其中包括要加强统治者和教皇之间的联系，或者给新王朝寻找存在的合法性。贝茨强调在创建一个盎格鲁-诺曼现实世界的时候，征服者的个人素质以及诺曼底的中心地位具有重要作用，这种观点当然正确。但在威廉死后，贝茨关于帝国的定义在多大程度上仍然适用，却是一个值得考虑的问题。不过，这个帝国是建立在行使暴力的基础之上，虽然这有时是赤裸裸的表现，有时则是采取较为隐蔽的方式，但从来都没有远离暴力的本质。此外，它的领土只限于英吉利海峡的两岸。任何可能存在的诺曼人帝国都绝不会包括诺曼人在意大利南部和西西里岛夺得的土地，也不会包括自 11 世纪 90 年代之后在圣地建立的安条克公国。说到这些地区的诺曼人，我们应当使用"大移居"这种说法，并且尽量考察其中诺曼人经历的差异所在，而不仅仅是相同之处。因为他们背井离乡的原因各异，社会地位也不显赫，并且显然在意大利南部这个例子中，诺曼人占领这个地方并非出于事先的军事安排。我们在下一章将继续关注诺曼人的这种"大移居"现象。

注 释

A Short History of the Normans

1 The most recent biography of William is that by M. Hagger, *William: King and Conqueror*（London: I.B.Tauris, 2012）. For contrasting views see D. Bates, *William the Conqueror*（Stroud: Tempus, 1989）and D. C. Douglas, *William the Conqueror: the Norman Impact upon England*, rev. edn（New Haven: Yale University Press, 1999）.

2 Wace, *Roman de Rou*, p. 123. William's mother was actually the daughter of an undertaker with connections to the ducal court and was called Herleva. See E. van Houts, 'The Origins of Herleva, Mother of William the Conqueror', *English Historical Review* 101（1986）, pp. 399–404.

3 *Gesta Normannorum ducum*, vol. 2, pp. 124–5

4 Orderic, *Ecclesiastical History*, vol. 4, pp. 106–7

5 *Regesta regum Anglo-Normannorum: the Acta of William I（1066–1087）*, ed. D. Bates（Oxford: Clarendon Press, 1998）, no. 232 and discussed in D. Bates, *The Normans and Empire*（Oxford: Oxford University Press, 2013）, p. 67.

6 William of Malmesbury, *Gesta regum*, vol. 1, p. 509.

7 For the problems and processes of ducal succession see G. Garnett, '"Ducal" Succession in Early Normandy', in *Law and Government in Medieval England and Normandy: Essays in Honour of Sir James Holt*, ed. G. Garnett and J. Hudson（Cambridge: Cambridge University Press, 1994）, pp. 80–111.

8 See for example J. Yver, 'Les chateâux forts en Normandie jusqu'au milieu du XIIe siècle', *Bulletin de la Société des Antiquaires de Normandie* 53（1955）, 28–121; Bauduin, *La première Normandie*, passim.

9 Douglas, *William the Conqueror*, pp. 53–80.

10 D. Bates, 'The Conqueror's Adolescence', *Anglo-Norman Studies* 25（2003）, pp. 1–18; M. Hagger 'How the West was Won: the Norman Dukes and the Cotentin, c. 987–1087', *Journal of Medieval History* 38（2012）, pp. 20–55.

11 For vicomtes see M. Hagger, 'The Norman Vicomte, c. 1035–1135: What did he do?', *Anglo-Norman Studies*, 29（2007）, pp. 65–83.

12 Bauduin, *La première Normandie*, pp. 178–85; *Gesta Normannorum ducum*, vol. 2, pp. 22–9, 100–3.

13 Bates, 'Conqueror's Adolescence', p. 3.

14 Searle, *Predatory Kinship*, pp. 156, 198.

15 Hagger, 'How the West was Won', pp. 37–40.

16 For a discussion of the accounts see L. V. Hicks, 'Coming and Going: the Use of Outdoor Space in Norman and Anglo-Norman Chronicles', *Anglo-Norman Studies* 32（2010）, pp. 40–56（pp. 49–52）.

17 William of Poitiers, *Gesta Guillelmi*, pp. 24–25; L. V. Hicks, 'The Concept of the Frontier in Norman Chronicles: A Comparative Approach', in *Norman Expansion: Connections, Continuities, and Contrasts*, ed. K. Stringer and A. Jotischky（Farnham: Ashgate, 2013）, pp. 143–64（pp. 153–4）.

18 For the Truce of God see D. Barthélemy, 'The Peace of God and Bishops at War in the Gallic Lands from the Late Tenth to the Early Twelfth Century', *Anglo-Norman Studies* 32（2010）pp. 1–24. For Normandy in particular, M. de Boüard, 'Sur les origines de la trêve de Dieu en Normandie', *Annales de Normandie* 9（1958）, pp. 169–89; Bates, *Normandy before 1066*, pp. 163–4.

19 William of Poitiers, *Gesta Guillelmi*, pp. 80–1, 96–7.

20 G. Fellows-Jensen, 'Les relations entre la Normandie et les colonies Scandinaves', in *Les fondations scandinaves en Occident et les débuts du duché de Normandie*, ed. P. Bauduin（Caen: Publications de CRAHM, 2005）, pp. 225–39.

21 *English Historical Documents: vol. 1 500–1042*, ed. Dorothy Whitelock, 2nd edn（London: Eyre Methuen, 1979）, no. 230. See also L. Abrams, 'England, Normandy and Scandinavia' in *A Companion to the Anglo-Norman World*, ed. C. Harper-Bill and E. van Houts（Woodbridge: Boydell, 2002）, pp. 43–62,（p. 45）.

22 Æthelred's invasion was recorded by William of Jumièges in the *Gesta Normannorum ducum*, vol. 2, pp. 10–15.

23 Rodolfus Glaber, *Historiarum libri quinque*, ed. J. France（Oxford: Clarendon Press, 1989）, pp. 54–7. See also S. Keynes, 'The Æthelings in Normandy', *Anglo-Norman Studies* 13（1991）, pp. 173–205（p. 182）. Rodolfus Glaber was writing in Burgundy in c. 1030.

24 M. Fauroux, *Recueil des actes des ducs de Normandie（911–1066）*, MSAN, 36（Caen: Caron, 1961）, nos 69 and 76.

25 *Gesta Normannorum ducumm*, vol. 2, pp. 76–7; E. van Houts, 'The Political Relations between Normandy and England According to the Gesta *Normannorum Ducum*', in E. van Houts, *History and Family Traditions in England and on the Continent*（Aldershot: Ashgate, 1999）, essay v. See also Keynes, 'The Æthelings in Normandy'.

26 For the Godwine family see F. Barlow, *The Godwins: The Rise and Fall of a Noble Dynasty*（Harlow:

Longman, 2002); E. Mason, *The House of Godwine: The History of a Dynasty* (London: Hambledon, 2004).

27 C. P. Lewis, 'The Normans in England', *Anglo-Norman Studies* 17 (1994), pp. 123–44.

28 E. van Houts, 'Edward and Normandy', in *Edward the Confessor: the Man and the Legend*, ed. R. Mortimer (Woodbridge: Boydell, 2007), pp. 63–76; Hagger, *William*, p. 34.

29 For detailed discussion on late Saxon succession see A. Williams, 'Some Notes and Considerations on Problems Connected with the English Royal Succession, 860–1066', *Anglo-Norman Studies* 1 (1979), pp. 144–67.

30 *Anglo-Saxon Chronicle*, trans. Swanton, D version, p. 176.

31 *The Life of King Edward who Rests at Westminster*, ed. F. Barlow, 2nd edn (Oxford: Clarendon Press, 1992), p. 123.

32 This argument is explained fully in G. Garnett, *Conquered England: Kingship, Succession, and Tenure, 1066–1166* (Oxford: Oxford University Press, 2007), Ch. 1. An introduction to the argument can be found in G. Garnett, *The Norman Conquest: A Very Short Introduction* (Oxford: Oxford University Press, 2009), Chs 1 and 2.

33 S. Vaughn discusses the possibility that Alexander II was a student of Lanfranc's at the abbey of Bec, though this is by no means conclusive: *Anselm of Canterbury and Robert of Meulan: the Innocence of the Dove and the Wisdom of the Serpent* (Berkeley, University of California Press, 1987), p. 33.

34 *English Historical Documents, vol.* 2: 1042–1189, ed. D. C. Douglas, 2nd edn (London: Eyre Methuen, 1981), no. 99.

35 S. Baxter, 'Edward the Confessor and the Succession Question', in *Edward the Confessor: the Man and the Legend*, ed. R. Mortimer (Woodbridge: Boydell, 2007), pp. 77–118; B. Golding, *Conquest and Colonisation: the Normans in Britain, 1066-1100*, 2nd edn (Basingstoke: Palgrave, 2013), pp. 15–24.

36 Baxter, 'Edward the Confessor', p. 92.

37 Ibid., pp. 91–2.

38 William of Poitiers, *Gesta Guillelmi*, pp. 100–1.

39 J. Gillingham, 'William the Bastard at War', in *Studies in Medieval History Presented to R. Allen Brown*, ed. C. Harper-Bill et al. (Woodbridge: Boydell, 1989), pp. 141–58 (p. 141).

40 For preparation see C. Gilmor, 'Naval Logistics of the Cross-Channel Operation, 1066', *Anglo-Norman Studies* 7 (1985), pp. 105–31.

41 E. van Houts, 'The Ship List of William the Conqueror', *Anglo-Norman Studies* 10 (1988), pp. 159–83.

42 Not all historians accept this. See C. Morton, 'Pope Alexander II and the Norman Conquest',

Latomus 34（1975）, pp. 362–82.

43 To provide another account here seems redundant, but my editor insists that no book on the Normans is complete without a description of archers, trumpets, feigned flights and arrows in eyes.

44 Several of these papers are reprinted in *The Battle of Hastings*, ed. S. Morillo（Woodbridge: Boydell, 1996）, including R. Glover, 'English Warfare in 1066', pp. 173–88; B. Bachrach, 'The Feigned Retreat at Hastings', pp. 189–93; R. A. Brown, 'The Battle of Hastings', pp. 194–218; S. Morillo, 'Hastings: an Unusual Battle', pp. 219–27. The most recent and detailed account is M. K. Lawson, *The Battle of Hastings 1066*（Stroud: Tempus, 2003）.

45 Orderic, *Ecclesiastical History*, vol. 2, pp. 172–3; *Anglo-Saxon Chronicle, trans. Swanton*, D version. p. 199.

46 M. Bintley, *Trees in the Religions of Early Medieval England*（Woodbridge: Boydell, 2015）, p. 78.

47 William of Poitiers, *Gesta Guillelmi*, p. 128–9.

48 Quote from Henry of Huntingdon: *Normans in Europe,* ed. van Houts, no. 45. See also William of Malmesbury, *Gesta regum*, vol. 1, pp. 454–5.

49 *The Carmen de Hastingae Proelio of Guy Bishop of Amiens*, ed. And trans. F. Barlow（Oxford: Clarendon Press, 1999）, pp. 32–3.

50 William of Malmesbury, *Gesta regum*, vol. 1, pp. 456–7.

51 M. Foys, 'Pulling the Arrow Out: The Legend of Harold's Death and the Bayeux Tapestry', in *The Bayeux Tapestry: New Interpretations*, ed. M. Foys, K. Overby and D. Terkla（Woodbridge: Boydell, 2009）, pp. 158–75.

52 William of Poitiers, Gesta Guillelmi, pp. 128–9; William of Malmesbury, *Gesta regum*, vol. 1, pp. 454–5; *Carmen*, pp. 24–5; Wace, *History of the Normans*, p. 181.

53 Eadmer, *History of Recent Events in England*, trans. G. Bosanquet（London: Cresset Press, 1964）, p. 9.

54 *The Letters of Lanfranc, Archbishop of Canterbury*, ed. and trans. H. Clover and M. Gibson（Oxford: Clarendon Press, 1979）, no. 53.

55 *Carmen*, pp. 34–5.

56 *Anglo-Saxon Chronicle*, trans. Swanton, D version, p. 200.

57 E. van Houts, *Memory and Gender in Medieval Europe 900–1200*（Basingstoke: Macmillan, 1999）, p. 129.

58 William of Malmesbury, *Gesta regum*, vol. 1, pp. 452–55, 456–61.

59 Orderic, *Ecclesiastical History*, vol. 2, pp. 232–3, 266–7.

60 E. van Houts, 'The Norman Conquest through European Eyes', *English Historical Review,* 110（1995）, pp. 832–53.

61 *Normans in Europe*, ed. van Houts, no. 38.

62 Cited in van Houts, 'The Norman Conquest', p. 837.

63 See discussion in van Houts, 'The Norman Conquest', pp. 835–6.

64 Bates, *Normans and Empire*, p. 2 notes that Haskins was almost certainly the first to use the term.

65 J. Le Patourel, *The Norman Empire* (Oxford: Clarendon Press, 1976), pp. 89–117.

66 N. J. Sykes, *The Norman Conquest: A Zooarchaeological Perspective* (Oxford: Archaeopress, 2007), p. 1; M. Sartore, 'Eleventh- and Twelfth-Century Similarities in the Norman Influence, Contact and "Conquests" of Sicily, Southern Italy and England', *Al-Masaq* 25 (2013), pp. 184–203.

67 D. Bates, 'Normandy and England After 1066', *English Historical Review* 104 (1989), pp. 851–80.

68 Orderic, *Ecclesiastical History*, vol. 2, pp. 232–3.

69 William of Malmesbury, *Gesta regum*, vol. 1, pp. 462–5. See also his *Gesta pontificum*, vol. 1, pp. 324–5.

70 D. M. Palliser, 'Domesday Book and the "Harrying of the North"', *Northern History* 29 (1993), pp. 1–23.

71 Thomas of Marlborough, *History of the Abbey of Evesham*, ed. and trans. J. Sayers and L. Watkiss (Oxford: Clarendon Press, 2003), pp.166–7.

72 A. Williams, *The English and the Norman Conquest* (Woodbridge: Boydell, 1995), p. 38.

73 Bates, *Normans and Empire*, p. 4

74 H. E. J. Cowdrey, 'The Anglo-Norman Laudes Regiae', *Viator* 12 (1981), pp. 37–78; M. Hare, 'Kings, Crowns and Festivals: the Origins of Gloucester as a Royal Ceremonial Centre', *Transactions of the Bristol and Gloucester Archaeological Society* 115 (1997), pp. 41–78; J. Nelson, 'The Rites of the Conqueror', *Anglo-Norman Studies* 4 (1982), pp. 117–32.

75 Orderic, *Ecclesiastical History,* vol. 2, pp. 234–5.

76 E. van Houts, 'Rouen as Another Rome in the Twelfth Century', in *Society and Culture in Medieval Rouen, 911–1300*, ed. L. V. Hicks and E. Brenner (Turnhout: Brepols, 2013), pp. 101–24.

77 *Chepstow Castle: Its History and Buildings*, ed. R. Turner and A. Johnson (Almeley: Logaston, 2006).

第三章
地中海的诺曼人

A Short History of the Normans

蒙特卡西诺的阿马塔斯在 11 世纪 80 年代进行历史创作时，指出诺曼人是在 11 世纪早期离开诺曼底，然后移居到世界的其他地方。

放弃眼前的小利是为了得到更多的东西，这些诺曼人当时怀着这样的想法离开了自己的家乡。但他们没有像许多其他人那样，周游世界，为别人服务；而是像古代的勇士一样，渴望征服世界，把别人都踩在自己的脚下。于是，他们拿起武器，打破和平格局，创建了一支由步兵和骑士组成的大军。[1]

当然，阿马塔斯能够这样写，也只是得益于事后写作的优势，因为当时诺曼人不仅统治了意大利南方的部分地区和西西里岛，而且还征服了英格兰。历史虽然证明诺曼人的确不愧于享有自己的名声，但也没有完全按照阿马塔斯的描述发展下去。意大利南部的诺曼人的名声也出现在 12 世纪编年史家——马姆斯伯里的威廉的作品里面。据他记载，"征服者"威廉常常用罗伯特·吉斯卡尔的事迹来鞭策自己，决心一定要建立起诺曼人的统治，"他说吉斯卡尔的地位比自己低贱得多，因此如果自己表现得没有他那样勇敢，简直让人羞耻"。[2] 关于英格兰征服，后来历史上涌现出大量作品，试图解释威廉为何以及如何能在战场上杀死哈罗德并夺取英格兰王位。同样，诺曼人在地中海的活动，特别是他们征服意大利南部和西西里岛的事迹，也给众多的历史学家提供了写作素材。在这方面,有三本单独的历史著作流传下来,它们是从诺曼人的角度来描述这段历史,或者说这些书中的历史就是写给诺曼人看的,其作者分别是蒙特卡西诺的阿马塔斯、杰弗里·马拉特拉以及阿普利亚的威廉。

不过,诺曼人占领英格兰和占领意大利南部分别是两个历史事件,在许多方面有着重要的差别,尤其是其中涉及的人物地位完全不一样,这一点可以参考马姆斯伯里的威廉对威廉公爵和罗伯特·吉斯卡尔所进行的对比。此外,1066年入侵英格兰是诺曼底公爵自己发起的军事行动;而在意大利南部殖民则只是更广泛的贵族大移居的一个组成部分,进行移居的诺曼人只是希望在社会中找到自身角色和地位。[3] 本章重点关注的是欧特维尔家族。虽然这个家族成员只是迁移出来的诺曼人中的一小群而已,但只有像罗伯特·吉斯卡尔和罗杰这样的诺曼人,才能够利用各个派系之间的争斗和分裂以达到掌控书写历史权力的目的。杰弗里·马拉特拉通过描写这些诺曼人抛在身后的家乡环境,来暗示他们创造的这个朝代起点卑微:

> 在那个地方(诺曼底),有一个城镇库唐斯,附近有一个叫作欧特维尔的庄园。我们猜想这个庄园名字之所以包含"高"(haute)的意思,不是因为它位于坡顶一个显眼的地方,而是因为这象征了将要继承它的人会取得丰功伟绩。[4]

这些来自于诺曼底一个偏远地方的诺曼人以及他们的子孙们,将继续前进,并建立阿普利亚公国①、西西里王国②以及安条克公国。然而直到12世纪中期,克莱沃的伯纳德(Bernard of Clairvaux),这位伟大的西多会修道院院长,仍然轻蔑地将国

---

① 阿普利亚公国,1059年由诺曼人罗伯特·吉斯卡尔建立。11世纪末诺曼人征服了西西里后,巴勒莫取代了梅尔菲(Melfi,现阿普利亚西部)成为诺曼人统治的中心,之后阿普利亚只是起初的西西里王国和接着的那不勒斯王国的一个省份。——编者注
② 1127年欧特维尔的罗杰二世接管了阿普利亚,他于1130年圣诞节正式加冕为西西里王国国王。1194年,霍亨斯陶芬王朝(Hohenstaufen dynasty)的亨利六世和康斯坦丝(Constance)分别加冕为西西里国王和女王,西西里王国的诺曼王朝就此灭亡。不过,通过康斯坦丝,欧特维尔家族的血脉传给了神圣罗马帝腓特烈二世。——编者注

王罗杰（罗伯特·吉斯卡尔的侄子）称为"暴发户"（upstart，原意为自命不凡的家伙）。⁵我们猜想这种侮辱性的称呼其实有双重意思，不仅说明了罗杰王位的来历情况，也代表他的祖先出身卑微。

征服意大利南部

对意大利南部的征服与对英格兰的征服常常被人相提并论，并在写作中用"诺曼人扩张"这样的字眼加以描述。但使用相同的思维方式来看待这两个历史事件其实是不正确的。"征服者"威廉领导之下的英格兰征服是一场有计划的、独立的历史事件，其主要目的只有一个：夺取英格兰的王位。我们在第二章曾指出，威廉获得了广泛的外交拥护和教皇的支持，说服手下跟着他一起，踏上了危险重重的渡海征服之旅。但征服意大利南部则用了好几十年的时间，没有一个唯一的领袖。此外，更重要的是缺乏一个得到认可并执行的总体计划，可以作为行动纲领、领导诺曼人征服这片区域。并且在殖民的早期阶段，也没有迹象表明欧特维尔家族就会脱颖而出。这些诺曼人，事实上还包括从法兰克其他地方来的寻宝之人，组成的是一个个松散的群体，主要是为各个争权夺利的派系服务，而派系纷争正是当时梅索兹阿诺（Mezzogiorno）一地的政治特色。⁶欧特维尔家族实际上不是第一批来到意大利南部的诺曼人，在这方面，虽然史料中不能完全确定，但仍有迹象表明：诺曼人和意大利南部之间的接触在 10 世纪与 11 世纪之交就开始了，因为那时踏上返程之路的诺曼朝圣者变成了伦巴第王公的雇佣军。

诺曼人在意大利南部之所以能够如此成功，原因就在于中世纪早期这一地区的政治格局极不稳定，并且派系林立。在 9 至 10 世纪早期，当斯堪的纳维亚人来侵袭的时候，诺曼底的居民主要是法兰克人，但与此不同的是，意大利南部的人口由不同的种族、政治和宗教团体组成。我们可以认为意大利和罗马帝国的历史有根深蒂固的联系，但阿普利亚和卡拉布里亚却在文化上和语言上都保持着鲜明的希腊传统。在西方的罗马帝国垮台之后，这些地方变成了拜占庭帝国的组成部分，接受君士坦丁堡的统治。而拜占庭帝国认为自己就是位于东方的真正的罗马王朝。意大利西部的沿海地区，被称为坎帕尼亚（Campania），由伦巴第人的后裔统治，他们从568年——罗马帝国垮台后就来到了这一地区。[7] 这一地区后来进一步分裂为三个公国，分别以贝内文托（Benevento）、卡普亚（Capua）和萨勒诺（Salerno）为中心。此外意大利还有那不勒斯公国和许多城邦政权。于是在这些争权夺利的贵族之中，诺曼人找到了自己的雇主和盟友。[8] 但西西里岛情况就不一样，它从827年开始就被阿拉伯人征服，然后一直处于伊斯兰政权统治之下。意大利的各个地区本身内部差异就很大，再加上宗教、民族和语言等因素就更不统一了。西西里岛当时可能是接受伊斯兰政权统治，但岛上很多人口说的是希腊语，他们皈依东正教会或是追随忠于罗马的拉丁基督徒。所有这一切在意大利形成了一个脆弱的社会混合体，而诺曼人的到来可以帮助那些最初只是对拜占庭统治心存不满的人们争取自己的独立地位。

但关于诺曼人和意大利南部居民之间接触的历史是一笔糊涂账。据书面材料记载，诺曼人是出于不同的原因来到意大利的。比如，杰弗里·马拉特拉认为，贫穷以及对土地的需求是诺曼人迁移的主要原因。根据蒙特卡西诺的阿马塔斯和阿普利亚的威廉的看法，诺曼人和伦巴第人最初是在朝圣中开始接触的。阿马塔斯记载了极有可能发生于公元1000年左右的一个事件。大约有40名朝圣者一同从耶路撒冷返回，途经萨勒诺，在那儿他们主动帮助夬玛亲王（Prince Guaimar）打退了一群穆斯林的袭击。这些诺曼人如此厉害，以至于夬玛央求他们留下来。虽然这群诺曼人拒绝了他的请求，但他们把贵重的礼物带回了家，其中包括柑橘、坚果、紫色布料和各种各样的马具，以此鼓励他们的同胞们南下意大利。[9] 阿普利亚的威廉对此的讲述只是细节不同。他记载这群诺曼人朝拜的地方是在加尔加诺（Gargano）的大天使米迦勒①的圣祠。在那

---

① 大天使米迦勒（Archangel Michael），《圣经》中提到的一位天使，是神所指定的伊甸园的守护神，也是唯一提到的具有天使长头衔的灵体。——编者注

儿，他们被一个叫作梅洛（Melus）的伦巴第人雇用，去和希腊人打仗。[10] 据载，这场战斗发生在1017年，但当时诺曼人应当已经到其他地方打仗去了。[11] 在这个版本中，这些诺曼人也是先回家去了，但后来带着帮手又回到了意大利。朝圣显然很有说服力，可以解释11世纪早期诺曼人在意大利半岛出现的原因。虽然诺曼人后来在那儿成为了雇佣军，但根据格雷厄姆·劳德（Grahan Loud）的观点，史书中对他们在这方面的表现可能渲染过度，有点言过其实。[12] 鉴于自10世纪晚期以来西方对耶路撒冷的兴趣大增，以及在加尔加诺出现了大天使米迦勒的圣祠，而大天使米迦勒是诺曼人尤其崇拜的对象，这两个因素加在一起，就让诺曼人在意大利的出现显得合情合理了。[13]

虽然朝圣是一个吸引因素，能够把诺曼人引到了意大利南部，但也有一些诺曼人是被迫背井离乡，或者像坦克雷德（Tancred）的儿子们一样，是怀着寻找财富的梦想出去的。在这方面，坦克雷德家的兄弟们的例子是很有启发性的。欧特维尔家族的族长是坦克雷德，一个中等贵族，拥有的土地不是很多。在描写他的身世时，杰弗里·马拉特拉由于具有事后写作的优势，同时也为了讨好自己苛刻的赞助人，在作品中竟然说他出身"显赫"。虽然坦克雷德的儿子们的确干出了一番大事业，但这主要是由于时势造英雄，而不是由于他们出身的政治背景高贵。当时坦克雷德拥有一个大家族：他和第一个妻子穆瑞娜（Muriella）生了五个儿子：威廉、德罗戈（Drogo）、汉弗莱（Humphrey）、杰弗里和塞洛，又和第二个妻子福瑞森达（Fresenda）至少生了七个儿子，包括罗伯特·吉斯卡尔、罗杰和一个女儿，也叫福瑞森达，后来嫁给了卡普亚的约尔丹（Jordan of Capua）。但是坦克雷德的封地很少。由于在11世纪早期，分割继承制（partible inheritance）是社会习俗，于是马拉特拉告诉我们，坦克雷德家的兄弟们决定他们中的一些人必须离开诺曼底，到其他地方去寻求财富，这样才能避免出现家产被分割到不够养活一家人的状况。[14]

这次流亡的过程值得我们花费一点笔墨进行探讨，因为它能够说明从理查二世公爵统治时期开始，一些诺曼人迁移到意大利南部只是出于无奈，属于一种权宜之计，这样才能突出诺曼人在意大利南部的殖民事件并非一场事先就规划好了的行为。流亡在外，其实是一种惩罚，要么是诺曼底公爵为了排挤不安定分子，要么是人们为了躲避进一步的惩罚而自愿做出的选择。换言之，流亡是人们由于害怕权威而选择逃跑的一种自愿的或被迫的过程。勃艮第的编年史家鲁道夫斯·格拉贝（Rodolfus Glaber）是在11世纪30年代和40年代进行写作的，他给出了一个这方面的例子，据他记载，由于理查二世公爵雷霆大怒，诺曼人罗杜尔弗（Rodulf）只得选择逃跑。结果他一直跑到了罗马，被本笃八世教皇雇用，参加了对希腊人的战争。[15] 而奥德里克给出的是休·比内尔（Hugh Bunel）的例子，此人谋杀了贝莱姆（Bellême）臭名昭著的玛贝尔（Mabel），因为后者夺取了他的土地，而后在公爵派人抓他之前就逃跑了。[16] 同这两个例子中的描述不同，威廉公爵在其他一些流亡事件中发挥了更主动的作用，特别是在1058年，他剥夺了埃绍富的阿诺德（Arnold of Echauffour）和格兰德梅什尼尔的于格（Hugh of Grandmesnil）两人的继承权，迫使他们暂时流亡在外。

关于这些流亡的绝大多数信息，是由12世纪的编年史家奥德里克·维塔利斯在他的两部作品中给我们提供的。其中一本是对瑞米耶日的威廉写的《诺曼公爵的事迹》进行的补充，另一本就是《宗教史》。这些流亡事件之中，一些是和圣·埃弗雷特修道院紧密相关。尤安·约翰逊指出，奥德里克之所以要把这些故事写进自己的书里，是因为他想"尽力解释"自己所在的修道院以及整个诺曼底公国的"过去和现在"，而这些故事是其中的重要内容。[17] 阿诺德和于格都是创建圣·埃弗雷特修道院社区的家族中的成员。更让现代人惊奇的是，他们的亲戚罗伯特是圣·埃弗雷特修道院的院长，也逃离了诺曼底，同时还带走了一群修士和他的两个妹妹：朱迪思和埃玛。对一些人来说，逃亡只是一种暂时的选择，因此总有这样的可能性，只要政治局面稍有好转，他们就会回到自己的家乡。比如，阿诺德和于格就属于这种情况。但与他们不同的是，罗伯特院长一直都没有再回到诺曼底。即使后来在1077年，他和威廉的关系都已经和解，罗伯特也没有回去。不过在那个时候，他已经成为位于卡拉布里亚的圣欧费米娅（Sant'Eufemia）的一座新建修道院的院长了，而他的妹妹朱迪思已经嫁给了罗杰伯爵。前面提到的休·比内尔则在意大利住了一段时间，然后去了耶路撒冷。

在那儿，奥德里克告诉我们，他成了十字军战士的翻译人员。[18] 不过就像约翰逊记载的那样，流亡对一些人则意味着失去一切，而这就意味着他们不可能再回到诺曼底了。[19] 这种情况下，他们的情形就和坦克雷德的儿子们类似，已经没有什么可以再失去，但却可以获得任何东西，于是他们就在意大利半岛上成了家，置了地。

在此有必要强调的是：前文曾经指出，第一批来到意大利南部的诺曼人主要是靠服务于伦巴第王公们以及教皇，从而在当时的政治格局中留下了自己的印记。这就意味着他们不是一个统一的群体。实际上，诺曼人由于在不同的雇主手下当差，有时甚至会和自己人打仗。比如，伦巴第王公们相互之间发生冲突时，热衷于雇佣诺曼人作战。诺曼人在意大利南部的第一个基地位于阿韦尔萨（Aversa），是在雷努夫（Rainulf）领导下建立的。据阿马塔斯记载，1030年，在和卡普亚的潘道夫四世（Pandulf IV of Capua）发生冲突之后，那不勒斯公爵瑟吉厄斯（Sergius）把这座城镇赐给了雷努夫，并且雷努夫还娶了瑟吉厄斯的妹妹。但在她死后，雷努夫却跟瑟吉厄斯翻了脸，转而支持潘道夫四世。我们找不出关于雷努夫的详细资料，但他可能是流亡在外的诺曼人吉尔伯特·布阿特勒（Gilbert Buatère）的兄弟。[20] 雷努夫还帮助萨勒诺亲王夬玛夺取了索伦托（Sorrento）。但是，正如格雷厄姆·劳德指出的那样，其他的一些诺曼人却惹出了麻烦。当时，潘道夫四世已经把一些诺曼人安置在一片属于蒙特卡西诺修道院的土地上，但这些诺曼人在那儿进行掠夺，损害了当地的经济利益。[21] 于是夬玛利用拜占庭帝国要求征兵去西西里岛参战的机会剪除异己，把300名诺曼人打发走了，其中包括"铁臂"威廉（William Iron Arm）和欧特维尔的德罗戈。[22]

但就是在这段时间前后，即公元11世纪30年代，坦克雷德家年龄稍大些的儿子们已经开始在意大利半岛崭露头角。当年，这些欧特维尔的弟兄们选择来的地方就是意大利南部的阿普利亚。"铁臂"威廉和德罗戈是这批兄弟中最先到达这里的，他们先是为卡普亚王公服务，后来给萨勒诺亲王夬玛当差。在这些过程中，他们都表现良好。诺曼人对意大利土地的占领是缓慢而零散的，但在11世纪40年代之后，这个过程就加速了。后来，诺曼人越来越强大，逐渐可以自己挑选服务的主子，其中尤以

"铁臂"威廉和阿韦尔萨的雷努夫为典型代表。据阿马塔斯记载,在1043年,雷努夫领导诺曼人完成对阿普利亚的征战之后,他们曾计划瓜分领土:

> 不过在瓜分(领土)之前,他们先小心翼翼地把夺取的一部分土地孝敬给雷努夫伯爵……夺取的土地中剩下的那部分,以及计划要夺取的那些土地,则被这群诺曼人本着友善、和平与和谐的原则进行了分配。以这种方式,威廉得到了阿斯科利(Ascoli);德罗戈得到了韦诺萨(Venosa);阿诺林(Arnolin)得到了拉韦洛(Lavello);休图巴乌(Hugh Toutebove)得到了莫诺波利(Monopoli);罗杜尔弗得到了卡纳(Canne);瓦尔特[Walter,阿米克斯(Amicus)之子]得到了奇维塔特(Civitate);彼得(阿米克斯之子)得到了特拉尼(Trani);罗杜尔弗[贝倍那(Bebena)之子]得到了圣阿尔坎杰洛(Sant'Arcangelo);特里斯坦(Tristan)得到了蒙特佩洛索(Montepeloso);赫维(Hervey)得到了格鲁蒙特(Grumento);阿斯克乐廷(Asclettin)得到了阿切伦扎(Acerenza);瑞恩弗罗伊(Rainfroi)得到了马拉滨(Malarbine)。[23]

虽然阿马塔斯所列出的这些地方在瓜分时并非都在这群诺曼人手中,但在11世纪40年代和50年代,为了掠夺新的领地和巩固已有地盘,诺曼人的确更频繁地发起战争,他们把战场纵深推进,向北已经进入伦巴第公国,向南则触及卡拉布里亚。这段时期,诺曼人的渗入给这些区域带来了巨大变化。虽然直到此时,诺曼人作为个体主要还是给伦巴第王公服务,但还是有新的诺曼人不断到来,加入他们在这儿已经争得一席之地的亲戚和同胞。据杰弗里·马拉特拉记载,留在欧特维尔的年轻人听说兄长们在意大利"通过英勇的行为已经取得了荣誉和统治地位",[24] 不禁心痒难耐,于是他们一旦年龄足够大,也会启程到意大利南部去,其中就包括罗伯特·吉斯卡尔,他在大约公元1046年或1047年到达那儿,此外还有罗杰。

但那时的诺曼人还是不团结。鉴于这样的背景,阿马塔斯上面那份瓜分土地的名单就值得我们研究了。这是基于以下几方面的原因。首先是因为这份名单不仅说明威廉和欧特维尔的德罗戈已经出人头地，同样崭露头角的还有瓦尔特和彼得兄弟，他们都是阿米克斯的儿子，并逐渐成长为势力日渐庞大的欧特维尔家族内部势均力敌的对手。比如，在威廉死后，他们就挑战德罗戈对威廉领地的继承权。其次，欧特维尔家族人员众多，这也仍是一个值得考虑的重要因素。汉弗莱死后，罗伯特·吉斯卡尔就剥夺了汉弗莱的儿子阿伯拉尔（Abelard）的继承权。于是阿伯拉尔等到年龄稍长，就联合瓦尔特的儿子阿米克斯，誓要重新夺回父亲遗留给自己的财产。从这些例子可以看出，那时的亲戚关系绝对不能保证人与人之间的彼此忠诚。

阿马塔斯和杰弗里在史书中详细地记载了诺曼人征服意大利南部的过程，这在他们描述雷努夫征战阿维桑（Aversan），以及罗伯特·吉斯卡尔和他的兄弟罗杰一起远征卡拉布里亚的记录中，表现得尤其明显。我们曾经提到，普瓦捷的威廉在写作中特意强调威廉二世公爵在巩固诺曼底南部的边境所遇到的重重困难，以及他在克服这些困难中展现的过人能力，从而突出威廉公爵具有作为领袖的优秀素质。杰弗里在描述卡拉布里亚之战时，采取了和普瓦捷的威廉相似的手法。据他记载，罗杰在许多方面都试图证明自己能像兄长们一样，具有征服和统治领土的能力。杰弗里指出，罗杰只带着60名骑士，尽管如此，他仍能通过巧妙地利用地形来取得胜利。比如，在维博拉（Vibona）征战时，他选择在高地搭建营地和构建防御工事，从而降低士兵生病的概率；此外，当他和兄弟罗伯特因争夺资源反目成仇之后，罗杰利用自己在斯卡莱亚（Scalea）周边地区的影响，给罗伯特不断制造麻烦。总之，阿马塔斯和杰弗里两人在书中都精心地描写这些战役的发展情节，逐个列出被诺曼人征服的城市名单，从而给读者提供一份完整的征服过程图。[25] 这些描述也突出了雷努夫、罗伯特和罗杰等人所取得的成就。

诺曼人力量的逐渐强大，以及他们对他人土地的掠夺行为，导致伦巴第人、教皇以及德意志皇帝之间出现联盟，因为他们全都对这片可能因诺曼人的种种侵袭而遭受破坏的意大利区域颇感兴趣。值得注意的是，即使到了这个时候，诺曼人之间仍不是特别团结。他们只是在形势需要时就进行合作，而在其他时候则都忙于巩固自己的地盘。欧特维尔兄弟们之间甚至还会出现内讧。他们之间的这种不团结行为，很可能加剧了当地的暴力程度，让阿普利亚和卡拉布里亚两地的居民深受其害。阿马塔斯的《历史》以及蒙特卡西诺的编年史等文献资料，加上从宪章中找到的证据，都反映了在诺曼人的统治下老百姓被残酷剥夺的剧烈程度。比如，修道院院长里歇尔（Richer）试图把诺曼人从蒙特卡西诺地区驱赶出去，因为"他们给穷人们带来了深重灾难"。[26] 当时，贝内文托城不但让伦巴第人、教皇和德意志皇帝之间的紧张关系不断升级；另一方面也导致诺曼人之间的关系日益恶化。1047年，德意志皇帝亨利三世取得了最高霸权，为了对付不臣服于自己的意大利王公，他怂恿教皇克雷芒二世（Clement II）开除贝内文托的教籍，并允许诺曼人继续攻打这座城市。到了1051年，贝内文托城的百姓向新教皇利奥九世宣布投降，于是新教皇极力希望贝内文托能够与诺曼人达成和解。

> 当然，他最希望看到的是贝内文托的人民和诺曼人之间能够和谐相处，虽然贝内文托的贵族们最初欢迎诺曼人来帮助自己对抗外来势力，但发现他们在自己地盘胆大妄为、肆意掳掠之后，自然无法再容忍下去。[27]

尽管如此，诺曼人仍然继续进攻贝内文托，这不仅导致德罗戈和其他几个诺曼首领被人谋杀，也让打这座城市主意的其他势力意识到：他们必须采取某些措施来阻止诺曼人继续攻城略地。

据劳德记载，利奥九世联合亨利皇帝和伦巴第公国的力量，发起的这场战役，是"在意大利南部唯一一次旨在击败诺曼人的联合行动"。[28] 于是，诺曼人面临着一个强大的挑战联盟，如果对方取胜，很可能诺曼人独霸此地的野心将就此终结。但这个联盟反而促使诺曼人之间达成了一定程度的团结，虽然只是暂时性的团结。诺曼人的军队由阿普利亚伯爵汉弗莱（欧特维尔家族的老三，"铁臂"威廉和德罗戈的弟弟）指挥，其中不仅包括欧特维尔家的兄弟，也包括阿米克斯的儿子和阿韦尔萨伯爵理查德。但这绝不意味着战争已经无法避免。当时诺曼人缺少粮食，因此想与对方和解，但谈判没有取得成效。在1053年6月17日，双方军队在奇维塔特相遇，诺曼人在此战中取得决定性的胜利，其中罗伯特·吉斯卡尔起到了最主要的作用。[29] 在这次大战中，他们还俘虏了教皇利奥九世。这场胜利，奠定了诺曼人迅速攻占其他更多领土的基础，特别是为罗伯特·吉斯卡尔征服卡拉布里亚，以及为阿韦尔萨的理查德夺取伦巴第公国铺平了道路。虽然诺曼人还得继续面临诸多问题，特别是饥荒、疾病和反抗等，但和争取该地霸权的主要对手、教皇以及德意志皇帝比较起来，他们已经成为一股比对方强大得多的政治力量。1056年，亨利三世去世，继承王位的是一个未谙世事的孩子；而1054年教皇利奥九世的逝世，则标志着教会统治进入了一个不稳定时期。到了1059年，诺曼人已经变得十分强大，足以让教皇尼古拉二世也认可其征服成果：理查德被认可为卡普亚亲王，后来还成为梅尔菲宗教会议的首领；罗伯特则成为阿普利亚公爵。作为交换，罗伯特宣布向教皇效忠。尤其值得注意的是，罗伯特还以西西里岛未来公爵的身份，宣誓要忠于教皇。但诺曼人为了巩固自己的统治，还得继续在卡拉布里亚和阿普利亚征战，并且还要镇压当地人们的起义，其中包括不满看到罗伯特霸权日盛的其他诺曼人的反叛行为。此外，在墨西拿海峡（the Straits of Messina）对岸，又有一片新的领土在等待他们去征服。[30]

征服西西里岛

从公元827年开始，西西里岛的部分地区就处于穆斯林的统治之下，虽然他们征服这个地区的过程缓慢，比如最后征服的罗梅塔（Rometta），是在10世纪60年代中期才被攻陷。这样漫长的征战过程意味着西西里岛的部分地区，特别是西部地区，显然要比东部地区更容易被穆斯林征服和控制。于是西西里岛的民族、文化和宗教形式就这样变得复杂起来。到了11世纪早期，由于北非兹里德王朝（Zirid dynasty）的崛起引起伊斯兰的内部混乱，穆斯林对西西里岛的统治开始解体。1038年，拜占庭帝国想从这种动荡局势中谋利，于是在马尼阿克斯（Maniakes）将军的带领下，开始进攻西西里岛，而这支征战的队伍中就有诺曼雇佣军。[31] 虽然这次远征没有成功，但教皇以及罗伯特·吉斯卡尔后来似乎都从中看出西西里岛是可以征服的。至于对西西里岛的征服事件该怎么解释，则在历史学家中引起了极大的争议，特别是关于将西西里征服理解为诺曼人历史的一部分是否合适，以及在多大程度上可以将其理解成一次改革运动，更是众说纷纭。

如上所述，罗伯特·吉斯卡尔在1059年曾以西西里岛未来公爵的身份向教皇宣誓效忠。这就意味着，在诺曼人领导下远征西西里岛的想法，至少在1061年第一次入侵该岛的好几年之前就被讨论过了。这种观点和杰弗里·马拉特拉的记载完全相反。他记载是在1060年，罗杰看到西西里岛处于穆斯林而非基督徒的统治之下后，才提出的这个构想：

> 得知西西里岛还处于异教徒的统治之下，并且注意到把它与卡拉布里亚之间相隔的海峡如此之窄，罗杰，这位原本就一直热衷于征服和统治的冒险家，立即升腾起要夺取该岛的雄心。[32]

当然，杰弗里是在撰写一部关于罗杰的宫廷历史，他的目的是想强调这位伯爵在征服事件中所起的作用，于是把征服西西里岛的最初构想归功于罗杰。我们在读到他书中的这段记载时，必须考虑上面的这个因素。随后发生的历史事件也证明，虽然罗伯特是名义上的最高统帅，但显然罗杰才是征服西西里岛的真正推动力量。尽管第一次征服战役发生在1061年，但诺曼人还是直到11世纪90年代才完成对西西里岛的征服。其中有以下几方面的原因。首先，诺曼首领们可能还得让自己的征服成果得到教皇和意大利南部的其他政治势力的认可，并且即使得到了这些人的承认，也并不意味着反对他们占领西西里的所有活动都会在1059年宣告结束。比如，罗伯特·吉斯卡尔的统治就面临大量反抗，这些反叛活动有的来自于伦巴第人，有的来自于诺曼人内部，因为他们对他的统治心怀不满，不想承认他的霸主地位，或认为他夺取土地的行为不正当。其中甚至包括他自己的侄子们，汉弗莱之子阿伯拉尔以及孔韦尔萨诺的杰弗里（Geoffrey of Conversano）。其他一些势力组织则等待时机，以找准机会夺取吉斯卡尔的领地，其中尤其以卡普亚亲王，以及阿韦尔萨的雷努夫的后裔为代表。

这样一来，罗伯特也不能总是可以支援自己兄弟在西西里岛的征战活动，因为意大利本土这边有时局势变化，需要他来坐镇和管理。此外，同意大利南部的形势一样，西西里岛本身也由于内部矛盾，加上穆斯林和非穆斯林之间，以及阿拉伯统治者相互之间的利益冲突，而导致领土四分五裂。这种混乱的局面对诺曼人夺取该岛既起着推动作用，也起着阻碍作用。据亚历克斯·梅特卡夫（Alex Metcalfe）记载，起初的征战主要是岛上的内战引起的。1061年，罗伯特、罗杰与心怀不满的西西里的统治者伊本·桑那（Ibn Thumna）结盟，后者当时已经夺取了在锡拉库萨（Syracuse）的权力。[33] 考虑到当时诺曼人在意大利本土的军队数量有限，所以他们和伊斯兰派系的结盟极有可能提高了诺曼人成功征服西西里岛的胜算。[34] 不过，有时罗杰又得向基督徒开战，特别是要打击驻扎在特罗伊纳（Troina）的希腊人。据马拉特拉记载，该城的市民们反感驻扎军队等活动带来的军事负担，并且担心这些士兵会和当地女人发生奸情。于是当罗杰在其他地方征战时，市民们就想趁机推翻诺曼人的卫戍部队，而当时罗杰的妻子朱迪思正在这支部队里。所以当罗杰回来之后，却发现自己人在大冬天已被人围困了四个月之久。[35]

杰弗里·马拉特拉在《罗杰伯爵的事迹》一书中记载还有其他一些因素，也推迟了西西里岛的臣服。这些因素是关于诺曼人征战中所遇到的地形和动物。其中一个骇人听闻的事件发生在1064年，当时诺曼人在巴勒莫外面的一个山坡扎营，结果发现那儿是一群狼蛛的老巢，这"给诺曼士兵们带来了相当大的干扰"。从后面的内容看来，马拉特拉可能不太了解这些蜘蛛的生活习性，因为他在记载中指出，诺曼士兵被狼蛛咬了之后，身上就肿了；只有放屁之后症状才可以缓解。[36] 这个故事不仅仅是在当时具有喜剧效果，因为据马拉特拉记载，那些当时"逃得足够远而没有被狼蛛蛰到"的诺曼士兵却从中找到了"取乐别人的笑料"。毫无疑问，几十年之后，这些老兵回忆起当年为罗杰伯爵打仗过程中出现的这一插曲，仍然会开心地取笑对方。但他们遭遇的极端天气情况就没有这么有趣了。马拉特拉告诉我们，罗杰在盛夏的酷热中不得不宣布中断行军，而冬天山区的气温则会非常寒冷。1063年，罗杰率军返回意大利本土，因为"酷热……让他的骑兵不能进行任何掠夺行为"。[37] 就像他和阿马塔斯赞扬诺曼人在意大利本土战场上对地形的巧妙利用一样，杰弗里还用这些事例来突出罗杰及其同伴身上所具有的优秀品质，认为克服重重困难的这些过程足以证明他们具有征服和统治这片土地的能力。

前文曾提到，虽然教皇在1059年对诺曼人的征服成果给予认可，但这并不意味着在意大利本土针对他们统治地位的反抗活动会就此结束。同样，1091年诺曼人完成了对西西里岛的征服也不会代表他们可以顺利地建立未来的王国。由于罗伯特·吉斯卡尔要把主要精力用于统治意大利本土，加上他只不过是西西里岛名义上的统治者，这就让西西里岛伯爵实际上成了岛上的另一派独立势力。1085年，罗伯特去世，他的孙子罗杰·博尔萨（Roger Borsa）继任，而博尔萨是罗伯特的儿子与第二任妻子——萨勒诺的斯克尔格塔（Sichelgaita of Salerno）所生。后来，西西里岛伯爵罗杰也在1101年去世，留下一些年龄尚幼的儿子作为继承人选。从此西西里岛进入了一段充满动荡和叛乱的时期。结果，后来的罗杰二世用了好多年的时间和努力才控制住局面，最终成为西西里岛国王。1127年，在罗杰·博尔萨之子威廉去世之后，罗杰二世成为意大利本土领地的继承者。于是，罗杰二世能够把意大利的这些领土统一起来的确算是取得了一种非凡的成就——虽然只是非常短暂的一段时间——因为到1194年，西西里岛已经落在德意志皇帝的手中。关于这个王国的性质，特别是能否用一种有意义的方式，将其描述成诺曼人的国家，我们会在后面的章节中进行讨论。

教会的卷入，特别是教皇的认可，以及其中所具有宗教因素，使得一些历史学家将征服西西里视作一场十字军运动或某种形式的圣战。[38] 此外，1095年发动的第一次十字军东征，和描写西西里岛征服的两部主要历史著作在时间上非常接近。其中，阿普利亚的威廉的作品可以追溯到1096至1099之间。杰弗里·马拉特拉也是在11世纪90年代末进行的写作，因此，他很有可能受到了某些十字军理论宣传的影响。比如，保罗·切维登（Paul Cheveden）在马拉特拉的史书中发现了一些写作元素，和后来描述十字军东征的资料在风格上有相似之处。比如，罗杰在人生的某些阶段，获得了教皇授予的一面旗帜，这就代表他获得了教皇的青睐——就像我们前面看到教皇亚历山大支持威廉入侵并征服英格兰的情形一样。马拉特拉还在记录军事活动时加入了一些对超自然现象或奇迹的描述，比如1063年在切拉米（Cerami），圣乔治①下来帮助诺曼军队作战，或天空中出现某些异象。[39] 和这个故事最接近的例子是当十字军战士拼命脱困时，圣者灵军（ghostly army of saints）在安条克［现在的安塔基亚（Antakya）］城外出现，后者见于《法兰克的故事》（Gesta Francorum），编者匿名，但第一次十字军东征时他在意大利南部军团服役，这倒可以解释后面这个故事和前面故事相似的原因。[40] 杰弗里和《法兰克的故事》的作者都是独立进行创作，但这两个故事在内容上的相似程度让人吃惊。此外，杰弗里认为教皇还赐给十字军战士赦免权。这种赦免一般都适用于宗教圣战，据说这样一来，参与战争的士兵所犯的罪孽就会被清除。[41] 作为历史学家，在把这些内容和十字军东征联系起来时，我们所遇到的问题是，由于对这些材料的理解受限于对第一次十字军东征的了解，而我们所了解的第一次十字军东征，是1095年由教皇乌尔班二世发起，并在1099年以十字军战士包围并占领耶路撒冷为标志而达到高潮。可能很多资料中都能找到关于圣战的元素，但在这方面需要注意到的是，神意思想，或者说人类活动是实现"上帝在人间计划的思想"，构成了绝大多数中世纪史书的重要内容。我们前面还指出，征服英格兰被认为是"上帝对罪孽行为的一种惩罚"。而记载诺曼人迁徙到意大利的文献中把意大利半岛比作"幸福乐土"，这和《出埃及记》中描写古代以色列人的流亡生活何其相似！[42] 在1095年，也就是开始宣扬十字军东征的几年之前，阿马塔斯就开始写作并在作品中大量引用《圣经》，认为诺曼人之所以成功是因为他们"获得了上帝的认可"。[43] 杰弗里·马拉特拉在写作中有些内容的确和记载十字军东征的资料相似，但他主要是想为罗杰伯爵写一部宫廷历史，并且力求"用词朴素、浅显且易于理解"。[44] 他虽然也承认神意

---

① 圣乔治（St George），天主教的著名圣人，经常以屠龙英雄的形象出现在西方文学、雕塑、绘画等领域。——编者注

思想所起的作用，但更想强调的是诺曼人身上具有的品质和特征（渴望拥有土地和权力），而并非仅仅讨论一下圣战的优点。[45]阿普利亚的威廉的写作主要针对的则是罗伯特公爵的事迹，他明确地提到了远征圣地的行为，并评论道"高卢民族……希望打开通往圣墓之路"。[46]埃米莉·阿尔布（Emily Albu）以这段文字作为证据，说明征服西西里岛带有圣战性质。[47]显然在关于西西里岛的例子中，诺曼人的主要敌人是伊斯兰的统治者，但有时，他们也要和岛上的其他基督徒作战，这时就需要借助和穆斯林的联盟，来达到取胜的目的。就像梅特卡夫指出的那样，诺曼人显然不是因为对方是穆斯林才和他们交战。[48]从广义上讲，可能只有把西西里岛和英格兰进行对比，才可能更有助于我们去理解。威廉征服英格兰的行动不能被称为"十字军战争"，但他仍然获得了教皇赠与的旗帜，并且，至少从教皇的角度看来，这是一场具有改良性质的战役。如果把对意大利南部的征服活动说成是进行一场十字军战争，或是带有十字军战争的原始特征，那就没有正确理解它的产生背景，或至少是夸大了发生在1095至1099年期间的这些历史事件中的某些因素。征服西西里岛的故事更多地反映了欧特维尔家族的政治野心，而不是更符合西欧对圣战定义的特征。

诺曼人与十字军东征

历史学家们一直以来长篇累牍地讨论研究为何西方拉丁基督教世界会有成千上万的人们响应教皇乌尔班二世的号召，踏上那条艰苦、危险，并且很多时候还会带来性命之忧的东进之旅，朝着耶路撒冷和宗教圣地前进。几乎没人会相信这么复杂的一场现象用单一的原因就可以解释清楚。在20世纪末期和21世纪早期，西方社会的世俗本质让一些学者怀疑那些十字军战士是否对宗教具有虔诚态度。比如约翰·弗朗斯（John France）就认为，十字军战士身上具有的宗教虔诚比不上他们对土地、财富以及社会地位的渴求，而这些东西在当时西欧盛行的贵族权力和恩惠施舍的社会框架中是不可能获得的。[49]其他学者，特别是乔纳森·赖利-史密斯（Jonathan Riley-

Smith），仔细分析了史书和宪章之后，强调除了其他一些因素之外，许多十字军战士身上的确具有虔诚和宗教热情。[50] 虽然西欧人民心里都对耶路撒冷十分熟悉，但距它毕竟路途遥远，中间还得穿过不太友好的异族领地。因此，当这些十字军战士带着圣战的想法出发时，他们先要给自己以及追随者们提供装备，为一旦进入穆斯林主宰的区域可能发生的冲突做好准备。这样，十字军东征就变成了一件花费昂贵的事业——很多时候，其参与者只得变卖或抵押土地才能凑齐出征的资本——所以，如果他们主要是怀着获取财富和土地的心理去参加这场运动，那么十字军东征就变成了一种风险极大的赌博活动了。[51]

不过，十字军战士仍会在宗教虔诚和渴望财富的两种选择之间感到十分纠结。这一点通过博希蒙德和他的侄子坦克雷德两人在十字军东征中的不同表现，展示得淋漓尽致。博希蒙德是罗伯特·吉斯卡尔和第一个诺曼妻子阿尔贝拉达（Alberada）所生的儿子。后来，罗伯特又娶了伦巴第公主斯克尔格塔，他们的儿子罗杰·博尔萨成为卡拉布里亚和阿普利亚领土的继承人。这就相当于博希蒙德被剥夺了继承权。于是，博希蒙德只能遵循先例，特别是像他的父亲以及几个叔叔一样，开辟属于自己的土地。在1095年发动十字军运动之前，罗伯特和博希蒙德已经对拜占庭人发动了好几场战争，希望借此把自己的地盘扩张到亚得里亚海对岸，但这些战争都以失败告终。以当时的情况来看，诺曼人的领土似乎注定只能扩张到意大利的亚得里亚海岸。[52] 在这种背景下，对于渴望开创自己一番事业的博希蒙德而言，参加十字军的号召来得恰逢其时。

根据《法兰克的故事》一书的描述，博希蒙德是在围攻阿马尔菲（Amalfi）的时候听说了教皇的号召，他对参加十字军的行为应该是进行了深思熟虑，可能还经过精心安排。作为对参战的回应，博希蒙德拿来他最好的斗篷，将其用十字架的形状切成很多份，然后分发给自己的随从。接着他离开围城部队，集结自己的队伍，向东航行，朝着拜占庭帝国前进。[53] 当时，亚历克修斯皇帝对所有这些来到君士坦丁堡的法兰克人（西方史料中这样称呼十字军战士）心怀疑虑，不清楚他们的到来是否会危及自己的统治地位和帝国的领土安全。根据后来安娜·康内娜给自己的父皇所写的传记记载，亚历克修斯对十字军战士的到来怀有戒心，特别是考虑到其中还有来自意大利南部的诺曼人，因为这些人曾积极地向他开战。人们认为安娜的传记写于12世纪中期，虽然她欣赏博希蒙德健壮的体格，但总体上对诺曼人持否定的态度。[54] 显然，诺曼人先前在拜占庭帝国的活动让当时的政治格局变得更加复杂。[55] 许多关于十字军东征的史料都提到，亚历克修斯曾急于要求十字军首领们向他发誓：以前属于拜占庭帝国的任何领土，比如叙利亚等，被他们夺取之后，新的统治者必须忠于自己。换句话说，亚历克修斯希望限制十字军战士在以前属于拜占庭帝国的地盘上建立独立政权的范围。据《法兰克的故事》的作者记载，为了拿到安条克以外的土地，博希蒙德像其他十字军首领一样，向亚历克修斯宣誓效忠。对此，作者在书中提出这样的疑问："但这些英勇坚定的战士为何会做出这样的事情？"因为后来发生的历史证明，如果博希蒙德当时真的发过这样的誓言，他也肯定没有恪守自己的誓言。[56] 我们现在不可能知道古人的真实想法，但短期之内，十字军战士还需要拜占庭帝国皇帝的支持，因此任何这样的宣誓肯定都只是权宜之计。

在通过位于今天的土耳其和叙利亚地区的整个行军过程之中，博希蒙德，以及其他一些诺曼人，其中包括坦克雷德、罗伯特·柯索斯（"征服者"威廉的长子，后来也成为诺曼底公爵），在各种军事行动中，都取得了不错的表现。[57] 但十字军战士在安条克遭遇了一场危机。一开始他们包围了这座城市，后来却发现自己反而陷入了前来救援的穆斯林士兵的包围之中。安条克固若金汤，既有人造堡垒，又有险要地形，其中还有一座城堡高高地矗立在奥龙特斯河（Orontes）上游的土丘之上。在围攻这座城市的时候，十字军战士陷入了困境。这个攻城计划之所以能够成功，完全是因为博希蒙德成功地说服了一个守城士兵（《法兰克的故事》记载他名为菲鲁兹），叫他放下一些梯子，从而让十字军战士爬了进去。博希蒙德曾告诉其他十字军首领，说只要他们听从他的指挥，他就能拿出攻城的方法。但这些十字军首领不但防备着穆斯林士兵，而且彼此之间也一直在密切监督，严防部队中有人变得过于强大。于是，由谁来统治安条克这个战略要地，就成了一个重要且棘手问题。十字军首领们最初拒绝了博希蒙德的建议。但博希蒙德坚持要他们执行自己的行动计划，并在晚上的时候，让菲鲁兹把十字军战士放进了这座坚固之城。十字军战士刚刚进城，就反被一群穆斯林援军包围，陷入了巨大的困境之中，直到好几个月之后才最终脱困。据史料记载，他们当时获得了一群由圣者组成的灵军的帮助，但脱困之后已经饥饿难当，可能还处于半疯狂状态。而博希蒙德就是在这个时候选择离开十字军，不再前往耶路撒冷。但他绝不是第一个这样做的人：一些十字军首领，包括布卢瓦的斯蒂芬（Stephen of Blois，娶了"征服者"威廉的女儿阿德拉为妻），在围困安条克的战役中也逃跑了，其中，布洛涅伯爵鲍德温（Baldwin）还成为埃德萨（Edessa）的统治者。于是，在攻占安条克之后，博希蒙德获得了他一直追求的土地，并建立了安条克公国。

但坦克雷德和博希蒙德不一样，他选择继续前进，并在围攻和夺取耶路撒冷的时候起到了重要作用。最早描写十字军东征的人是《法兰克的故事》的匿名作者，但他很可能不是一个基督教徒，这在当时的编年史家中可很罕见。此人本是博希蒙德的手下，不过后来改为投奔坦克雷德，因为在他看来，坦克雷德决心实现十字军战士的誓言，是一个更值得追随的首领。但在那个时候，坦克雷德由于把钱用光了，已经加入了图卢兹伯爵雷蒙德（Raymond）的部队。我们手里还有一份资料，是由卡昂的拉尔夫（Ralph of Caen）在事情发生之后的某个时期创作的，其中详细记载了坦克雷德在十字军东征中的事迹。[58] 拉尔夫描绘的坦克雷德是一个虔诚的年轻贵族，这一点和他贪婪的叔叔博希蒙德形成鲜明对比。据他记载，作为一个年轻人，坦克雷德为基督精神与军事行为的要求彼此冲突而深感苦恼：

> 但是，随着时间的推移，清醒的灵魂让他发现了问题，并使其陷入了极大的苦恼之中。似乎他的军事生涯和上帝的要求正好相悖。上帝告诉我们：一个人打了你的左脸，你应当把右脸也给他打。但人世间的军事原则是：即使亲人侵犯了自己也不可饶恕。[59]

于是他在书中通过坦克雷德发出这样的疑问：一个人怎么可能同时既是虔诚的

基督教徒，又是杀人如麻的英勇骑士？但十字军东征就给他们找到了一个两全其美的出路。历史学家认为十字军东征给虔诚的世人提供了机会，因为他们虽然不适合神职工作，但却渴望自我拯救。在教会看来，十字军东征让这些人可以用自己的军事能力为上帝服务。坦克雷德，至少在拉尔夫的记载中，就这样成了具有基督教精神的骑士代表。这并没有阻止他在围攻并占领耶路撒冷时采取极为残忍的暴力行为甚至杀人放火，但他的事迹的确反映了人们参加十字军东征出自不同的原因，并且在东征的过程中有着不同的表现。坦克雷德参加十字军东征也并非没有获得物质回报，因为他后来实际上继承了他叔叔在安条克的领土。

诺曼人参加十字军东征的问题引发了很多关于身份认同的讨论，尤其是罗伯特·柯索、博希蒙德和坦克雷德带领的部队在多大程度上带有可以辨别的诺曼人特征，而不是把他们仅仅看成一个规模较大的"法兰克"十字军部队？这个问题将在第七章中进行详细探讨。但在这儿，有必要考虑一下安条克是否具有诺曼人社会的特征。艾伦·默里（Alan Murray）在作品中使用了"群体学分析法"（prosopographical methods），即通过研究名字的变化，来评价诺曼的安条克实际上到底具有多少诺曼人特征，他的这种研究应当对我们在此的讨论有借鉴作用。[60] 在这之前，莱昂-罗伯特·梅纳热（Léon-Robert Ménager）也曾进行过相关的考察，但他没有联系法兰克王国的其他地方，而是单独考察迁徙到意大利南部多远的距离能够被认为是带有诺曼人的特征。于是艾伦·默里在自己的书中就借用了梅纳热所考察的诺曼人特征，这些特征包括具有斯堪的纳维亚起源的名字；诺曼底名字源研究学（地名）、姓氏、源于父名的姓或名字；描述人们的种族区别时使用的"诺曼表达"；最后还包括描述特定个体是否具有诺曼起源的判断标准。对于意大利南部，梅纳热研究宪章证据时发现：在移民的起初阶段，三分之二至四分之三到意大利南部的移民是来自于诺曼底。[61] 默里的研究揭示安条克完全不具备最后两个特征：那里的人们并未被描述成诺曼人或具有诺曼起源。此外，文献中很少发现有斯堪的纳维亚起源的名字。从维京人出现在塞纳河谷到第一次十字军东征开始，中间已经相隔200年的时间了。在这期间，诺曼人，特别是生活在意大利南部的诺曼人，长时间受法兰克人命名习惯的影响，因此在 11 世纪之后，他们与诺曼底的联系肯定已经在很大程度上被弱化了，这很可能导致斯堪的纳维亚起源的名字越来越少。但由于许多诺曼地名和法语地名相似，因此很难准确判断某人到底来自何处。这个事实让地名字源研究变得复杂起来。默里以苏尔德瓦家族（Sourdeval）作为例子进行了研究。他认为这个地名来源于法兰克芝什省的"Sourdeval-la-Barre"，而不是许多也叫作苏尔德瓦的其他某个地方。[62] 我们的确知道安条克公国最初的四位统治者都是罗伯特·吉斯卡尔的后裔。他们分别是：博希蒙德、坦克雷德、萨勒诺的罗杰——后者是普瑞恩瑟培特的理查德（Richard of the principate）之子（罗伯特·吉斯卡尔的侄子、"铁臂"威廉的儿子）——最后一位是博希蒙德的儿子，也叫博希蒙德。这个例子说明当时在安条克继承人的血统，而非种族，才是重要的影响因素。

种族的相对次要性也在安条克的管理方式中反映出来。虽然有一些证据表明当地的王室管理官类似于诺曼贵族家庭的管理人员，但博希蒙德和坦克雷德遇到的是安条克城市，其中的人口种族背景复杂。为了进行有效统治，诺曼人需要采取一种能够适应这种背景的治理措施，特别是使用了一些从拜占庭帝国衍变下来的管理方式。[63] 拜占庭帝国是帮助我们理解安条克公国发展情况的关键所在。安条克以前是拜占庭帝国的一个组成部分，亚历克修斯和后来的统治者们急于通过把以前的领土重新收归自己统治之下，从而确定自己可以从十字军战士的活动中谋利。事实上，安条克分别在 1137 年、1145 年和 1158 至 1159 年被迫接受拜占庭的霸权统治。因此，建立和管理安条克公国应当放在这样一个复杂的政治背景中进行考察。这就修正了以前人们认为安条克公国主要是诺曼人建立起来的看法。比如，哈斯金斯，一名生活在 20 世纪早期的诺曼历史学家，在著作中认为安条克就制度和统治而言，具有鲜明的诺曼特征；只是这种特征持续的时间短暂，在坦克雷德死后就消失不见了。[64] 而道格拉斯主要研究的是诺曼人迁徙过程的军事方面，他认为安条克是由博希蒙德和坦克雷德完成的"第三次诺曼征服"（third Norman conquest）。[65] 由于有了前面的证据，我们很难接受道格拉斯的这个观点，甚至也不能接受哈斯金斯的说法。

对意大利南部和西西里岛的征服以及安条克公国的建立，让诺曼人得以向南和向东挺进，进一步远离了曾经殖民诺曼底的祖先们位于斯堪的纳维亚的家园。如果要把欧洲一个地方的诺曼人和另一个地方的诺曼人进行对比，那么诺曼人在意大利的活动可以和他们最初在诺曼底的殖民行为进行比较。他们在这儿发现了一个政治关系足够复杂、社会结构足够分裂的地方，可以充分利用，开疆拓土，并最终建立一个新的王国。就统计数字而言，意大利南部诺曼移民数量不足几千人，并且是经过了很长一段时间才逐渐来到这里。正如梅纳热指出的那样，在征服意大利的过程中，三分之一到四分之一的人不是来自于诺曼底，而是来自于法兰克地区。[66] 因此，不管是西西里王国还是安条克公国，它们在多大程度上具有诺曼人的特征，还值得我们进一步商榷。梅特卡夫和保罗·奥德菲尔德（Paul Oldfield）都认为这种说法没有多大意义。因为这种说法把历史学家引入了一个以西欧范式为中心的思维定式，并且忽略了它和以前社会结构之间的连续性，还由于把"诺曼特征"置于其他标识符之前，从而带上了扬此抑彼的危险。[67] 我们将在下一章中继续讨论这些话题，并且从讨论社会开始，从而凸显诺曼人在欧洲各个地方的不同特点。

注 释

1 Amatus, *History of the Normans*, p. 46.

2 William of Malmesbury, *Gesta regum*, vol. 1 pp. 484–5.

3 R. Bartlett, *The Making of Europe: Conquest, Colonization and Cultural Change* (London: Penguin, 1994), Ch. 2.

4 Malaterra, *Deeds of Count Roger*, p. 52.

5 H. Houben, *Roger II of Sicliy: A Ruler between East and West*, trans.G. A. Loud and D. Milburn (Cambridge: Cambridge University Press,2002), p. 4.

6 For the composition of migrants to southern Italy see G. A. Loud, 'How "Norman" was the Norman Conquest of Southern Italy', in G. A.Loud, *Conquerors and Churchmen in Norman Italy* (Aldershot: Ashgate,1999), essay II; L.-R. Ménager, 'Pesanteur et etiologie de la colonisation Normande de l'Italie' and 'Inventaire des familles normandes et franques émigrées en Italie méridionale et en Sicilie, XIe-XIIe siècles', in *Roberto il Guiscardo e il suo tempo: Relazioni e communicazioni nelle primegiornate normanno-sveve*, Bari, 28–29 maggio 1973 (Rome: Il centro di ricerca, 1975), pp. 203–30, 259–390; repr. in Léon-Robert Ménager, *Hommes et institutions de l'Italie Normande* (London: Variorum Reprints,1981), essays iv and v.

7 The Lombards were one of the many groups of people who carved out new territories in the former Roman Empire. The Lombard principalities of the south were, however, independent from the Lombard kingdom in the north.

8 B. M. Kreuz, *Before the Normans: Southern Italy in the Ninth and Tenth Centuries* (Philadelphia: University of Pennsylvania Press, 1991); G. A.Loud, *The Age of Robert Guiscard: Southern Italy and the Norman Conquest* (Harlow: Longman, 2000), pp. 12–59. See also P. Skinner, 'The Tyrrhenian Coastal Cities Under the Normans', in *The Society of Norman Italy*, ed. G. A. Loud and A. Metcalfe (Leiden: Brill, 2002), pp. 75–96.

9 Amatus, *History of the Normans*, p. 50.

10 William of Apulia, *Gesta Roberti Wiscardi*, book I, lines 11–54.

11 In contrast J. France, 'The Occasion of the Coming of the Normans to Southern Italy', *Journal*

of *Medieval History* 17（1991）, pp. 185–205 argues that the 1017 campaign marks the first appearance of the Normans in Italy.

12 Loud, *The Age of Robert Guiscard*, p. 65.

13 See the papers in *Culte et pèlerinages à Saint Michel en Occident: les trois monts dédiés à l'archange*, ed. P. Bouet, G. Otranto and A. Vauchez（Rome: Ecole française de Rome, 2003）.

14 Malaterra, *Deeds of Count Roger*, p. 54.

15 *Normans in Europe*, ed. van Houts, no. 69. See also E. Joranson, 'The Inception of the Career of the Normans in Italy – Legend and History', *Speculum* 23（1948）, pp. 353–96 for the importance of papal involvement in Norman activity in southern Italy.

16 Orderic, *Ecclesiastical History*, vol. 5, pp. 156–9.

17 E. Johnson, 'The Process of Exile into Southern Italy', in *Exile in the Middle Ages*, ed. L. Napran and E. van Houts（Turnhout, 2004）, pp. 29–38（p. 32）.

18 Orderic, *Ecclesiastical History*, vol. 5, pp. 158–9.

19 Johnson, 'Exile', p. 38.

20 Amatus, *History of the Normans*, p. 60 and n. 66 for discussion of Rainulf's identity.

21 Loud, *Age of Robert Guiscard*, p. 77.

22 Malterra, *Deeds of Count Roger*, p. 55; Loud, *Age of Robert Guiscard*, p. 77.

23 Amatus, *History of the Normans*, pp. 76–7. As Loud highlights in n. 52, it is impossible to identify all the individual Normans.

24 Malaterra, *Deeds of Count Roger*, p. 59.

25 Discussed in L. V. Hicks, 'Journeys and Landscapes of Conquest: Normans Travelling to and in Southern Italy and Sicily', in *Journeying Along Medieval Routes*, ed. A. L. Gascogine, L. V. Hicks and M. O'Doherty（Turnhout: Brepols, 2016）pp. 115–42.

26 Amatus, *History of the Normans*, p. 83.

27 'The Life of Pope Leo IX', in *The Papal Reform of the Eleventh Century:Lives of Pope Leo IX and Gregory VII*, trans. I. S. Robinson（Manchester:Manchester University Press, 2004）, p. 141.

28 Loud, *Age of Robert Guiscard*, p. 118.

29 For accounts of the battle see Amatus, *History of the Normans*, pp. 100–1; Malaterra, *Deeds of Count Roger* pp. 61–2; William of Apulia, *Gesta Roberti Wiscardi*, book II. 'The Life of Pope Leo', trans. Robinson, pp. 149–50 provides a different slant in which the pope voluntarily accompanied the Normans to Benevento.

30 Loud, *Age of Robert Guiscard*, p. 130–45.

31 For Sicily before the Normans and the initial stages of the conquest see A. Metcalfe, *Muslims and Christians in Norman Sicily: Arabic Speakers and the End of Islam*（London: Routledge, 2003）, pp.

1–29; Loud, *Age of Robert Guiscard*, pp. 146–85.

32 Malaterra, *Deeds of Court Roger*, p. 85. See also Loud, *Age of Robert Guiscard*, p. 146.

33 Metcalfe, *Muslims and Christians in Norman Sicily*, pp. 25–6.

34 Loud, *Age of Robert Guiscard*, p. 149.

35 Malaterra, *Deeds of Count Roger*, pp. 102–4.

36 Ibid., p. 114. For Normans and farting as humour in the twelfth century see Hagger, *William: King and Conqueror*, p. 61（Roger I farts in response to bad counsel as recounted by Ibn al-Athir）and p. 147（Daniel Beccles counsels against 'farting for fun' in the lord's hall）.

37 Malaterra, *Deeds of Count Roger*, p. 112.

38 Loud, *Age of Robert Guiscard*, pp. 163–5.

39 Malaterra, *Deeds of Count Roger*, pp. 109–10.

40 *Gesta Francorum*, p. 69.

41 P. Chevedden, ' "A Crusade from the First" : the Norman Conquest of Islamic Sicily, 1060–91' , *Al-Masaq* 22（2010）, pp. 191–225.

42 Bouet, 'Les normands: le nouveau peuple élu' , in *Les normands en Méditerranée dans le sillage des Tancrède*, ed. Pierre Bouet and François Neveux（Caen, 1994）, pp. 239–52.

43 Loud, 'Introduction' , in Amatus, *History of the Normans*, pp. 24–6.

44 Malaterra, *Deeds of Count Roger*, p. 42.

45 See Woolf, 'Introduction' , in Malaterra, *Deeds of Count Roger* and also *Making History*, pp. 143–61.

46 William of Apulia, *Gesta Roberti Wiscardi*, book III, lines 100–5.

47 Albu, *The Normans in their Histories*, p. 131.

48 A. Metcalfe, *The Muslims of Medieval Italy*（Edinburgh, 2009）, p. 88.

49 J. France, 'Patronage and the Appeal of the First Crusade' , in *The First Crusade: Origins and Impact*, ed. J. Philips（Manchester: Manchester University Press, 1997）, pp. 5–20.

50 J. Riley-Smith, *The First Crusaders*（Cambridge: Cambridge University Press, 1997）, chs 3–4.

51 J. Riley-Smith, *What were the Crusades?* 4th edn（Basingstoke: Palgrave Macmillan, 2009）, pp. 72–3.

52 William of Apulia provides the fullest account: *Gesta Roberti Wiscardi*, books IV and V.

53 Ralph of Caen, *Gesta Francorum*, p. 7.

54 Anna Comnena, *The Alexiad*, trans. E. R. A. Sewter（London: Penguin,1969）, p. 319. Anna refers to the crusaders as 'Kelts' . The war with the Normans is described in books IV–VI and the description of Bohemond is at p. 422.

55 For the Normans in Byzantium see W. McQueen, 'Relations between Normans and Byzantium,

1071–1112', *Byzantion* 56（1986）, pp. 427–76.

56 Ralph of Cear, *Gesta Francorum*, p. 12.

57 For Robert Curthose see W. M. Aird, *Robert Curthose: Duke of Normandy*（c.1050–1134）（Woodbridge: Boydell, 2008）, pp. 153–90.

58 For Ralph of Caen and the character of the Norman crusaders see N.Hodgson, 'Reinventing Normans as Crusaders? Ralph of Caen's *Gesta Tancredi*', *Anglo-Norman Studies* 30（2008）, pp. 117–32.

59 Ralph of Caen, *Gesta Tancredi*, p. 22.

60 A. Murray, 'How Norman was the Principality of Antioch? Prolegomena to a study of the Origins of the Nobility of a Crusader State', in *Family Trees and the Roots of Politics: the Prosopography of Britain and France, from the Tenth to the Twelfth Century*, ed. K. S. B. Keats-Rohan（Woodbridge: Boydell, 1997）, pp. 349–59.

61 Ménager, 'Inventaire des familles normandes et franques émigrées'.

62 Murray, 'How Norman was the Principality of Antioch', p. 356.

63 T. S. Asbridge, *The Creation of the Norman Principality of Antioch*（Woodbridge: Boydell, 2000）, pp. 181–94; M. Bennett, 'The Normans in the Mediterranean', in *A Companion to the Anglo-Norman World*,ed. C. Harper-Bill and E. van Houts（Woodbridge: Boydell, 2002）,pp. 87–102（pp. 93–6）.

64 C. H. Haskins, *The Normans in European History*（New York: Houghton Mifflin, 1915; repr. Ungar, 1966）, pp. 215–16.

65 D. C. Douglas, *The Norman Fate 1100–1154*（London: Eyre Methuen,1976）, p. 172.

66 See note 6.

67 Metcalfe, *Muslims of Medieval Italy*, p. 89; P. Oldfield, 'Problems and Patterns of Medieval Migration: the Case of Southern Italy', in *Journeying Along Medieval Routes in Europe and the Middle East*, ed.A. L. Gascoigne, L. V. Hicks and M. O'Doherty（Turnhout: Brepols,2016）pp. 89–113.

第四章
诺曼人与诺曼社会

A Short History of the Normans

在废墟中，宅院由于修建城堡而被拆毁。[1]

  获胜的公爵（罗伯特·吉斯卡尔）带着一大群骑兵和步兵来到特罗亚（Troia）。他包围了该城，并在四周搭建了围城城堡和帐篷。特罗亚市民采取了对抗措施，尽管他们并没有拒绝每年给他进贡，甚至还答应增加黄金和一些从希腊运来的马匹。但是，公爵对此表示蔑视，因为他想占有该城的制高点，用它修建一座牢固的城堡，从而可以统治全城的百姓。[2]

  这些来自英格兰和意大利南部的例子表明，诺曼人能够并且的确在他们征服和殖民的社会中产生了巨大影响。这些史料强调诺曼人在和他人打交道时经常表现出一种喜欢使用暴力的本性。但如果用"诺曼社会"这样的字眼或认为诺曼人带来的影响是相同的，则有把一个原本复杂的话题过度简化的危险，可能会掩盖其中的变化和差别。此外，"征服者"威廉在英格兰面对的情形和意大利南部的情形并不一样。因为1066年前夕的英格兰是一个相对统一的地区，而早期的诺曼殖民者在梅索兹阿诺面对的则是几种不同的传统、语言和宗教。大规模的经济或农业变化对这些地方产生影响的方式也不一样。鉴于社会是一个广泛的话题，因此我们在这里不可能覆盖社会问题的方方面面。相反，我们只集中讨论几个方面的问题，因为关于它们，我们可以找到可供比较的中世纪史料,并且这些问题在现代历史编纂学中也引起了人们的激烈争论,即:诺曼人对城堡的使用、土地所有权的变更,以及把联姻作为巩固征服成果或社会同化的工具。

城 堡

在人们心目中,城堡总是和诺曼人联系在一起,它们成了诺曼人在欧洲留下的一种最明显的标志。也正因为如此,历史学家和考古学家才在书面材料之外,有幸拥有遗留下来的建筑和场所,进而得以深入了解关于城堡结构的复杂情况。人们曾激烈地争论关于城堡的确切定义,讨论如何使用城堡以及谁会使用城堡。在1977年,皇家考古研究所把城堡定义为"一种加固的贵族住宅",该定义同时强调了城堡的防卫和居住功能。最近,查尔斯·库尔森(Charles Coulson)、琼·梅斯基(Jean Mesqui)以及其他一些人则强调城堡的象征作用,他们指出:首先,建造如此一个庞然大物所需花费的巨大资源,本身就凸显了贵族的身份、权力和财富。[3] 然而,我们的确很难给城堡下一个准确的定义。这些关于城堡的现代定义能够包括围城城堡(siege castles)吗?就是一种可以平叠起来、运送到特定地点并进行装配的临时结构。此外,我们怎样解释这个事实,即有的城堡并不一定是建造在周围地势里最好防御的地方,即地面的最高部分?例如12世纪中期建于诺福克的赖辛堡(Castle Rising)便是如此。如果试图直接给城堡下一个定义,则意味着我们可能会忽视这样一个事实,即城堡在中世纪所扮演的角色是丰富多样的。从诺曼人的角度来看,城堡的迷人之处在于它可以用来巩固征服成果,以及折射关于上流社会的概念。

毫无疑问,城堡在中世纪发挥了重要作用,这表现在1066年黑斯廷斯战役之后,它可以用来加强军事力量并被用于管理被征服后的英格兰。此外,城堡在占领意大利南部那缓慢得多的过程中,尤其是在罗伯特·吉斯卡尔及其兄弟罗杰领导下的征战活动中,也扮演了重要角色。鉴于这种背景,我们需要着重考虑的问题是诺曼人使用城堡的方式在哪种程度上具有创新意义。据年代稍远的学术著作记载，城堡丘陵（motte）和城堡外墙（bailey）这些结构最先是在诺曼底发展起来的，然后作为征服工具引进到其他地方，特别是引进到了英格兰。但是，根据这片大陆上出土的考古证据显示，城堡丘陵（上面建有堡垒或栅栏的人造土丘）实际上是后来才在诺曼底出现的。[4] 所谓的"堡垒"（Fortification），并不是我们所熟悉的城堡，它在诺曼人到来之前就存在于英格兰和意大利。后来关于堡垒本身所发生的变化可能只是它们的形状、数量和规模，以及这些建筑和外面社会之间的关系。现代的中世纪历史学家认为意大利出现过一种被称为"城堡化"（incastallamento）的过程。提出这种说法并不是意味着在公元1000年之前，人们就四处建造我们现在认为是城堡（castle）的那种结构；而是指创建一种新型的管理单位"卡斯泰利"①的过程，并将其应用于开发农业和其他资源。卡斯泰利的主人拥有管辖权，并且这种建筑的外面要用树篱或木栅加固，从而起到防卫作用。在意大利南部区域，这方面最有名的例子可以在圣温琴佐沃尔图诺修道院（monastery of San Vincenzo al Volturno）里面找到，这座修道院把修建卡斯泰利作为重新定居和发展经济的一种手段。虽然上面说的是卡斯泰利在意大利半岛的使用情况，并且和其他地方之间应当具有地区差异，但可能意大利南部的人们使用卡斯泰利的主要原因至少同样是为了防卫目的，而非用于经济开发。[5] 在英格兰，只有少量的城堡丘陵可能出现在1066年之前，其中位于赫勒福德郡（Herefordshire）不太稳定的边界地区的厄瓦亚斯·哈罗德（Ewyas Harold）是这方面最典型的例子。像在意大利的情况一样，英格兰修建的是山丘堡垒，并且更具社区特色，虽然也有人认为，当时英格兰骑士们在自己领地上修建的堡垒可能更接近于诺曼贵族修建的城堡，但这方面我们能找到的资料有限，所以不能进一步确定。[6] 作为城堡的堡垒，无论是在外形还是它们给诺曼人提供的系统用途方面，英格兰的情况和意大利的情况显然会存在差别。但对于12世纪的编年史家奥德里克·维塔利斯来说，出现在自己家乡什罗普郡和其

---

① 卡斯泰利（castelli），意大利语，意为城堡。——译者注

他地方的这些城堡,显然是一种让人感到新奇和骇人的事物。"这种被诺曼人叫作城堡的堡垒在英格兰各地都鲜为人知,因此尽管英格兰人热爱战争、勇气非凡,也无法对这些诺曼敌人进行有效的还击。"[7] 在意大利南部,诺曼人没有继续照搬他们巩固殖民地的传统做法,而是通常把城堡修建在领地边缘,这样显得独立而又威严。[8] 但无论采取哪种形式,城堡的功能要么是军事中心,要么是当地的管理基地,并且都会被修建在显眼的地方。

图 4-1　位于厄瓦亚斯·哈罗德的城堡丘陵。© 马克·哈格尔

1066 年威廉登陆佩文西,他在保证自己舰船安全之后做的第一件事情,就是加固古老的罗马-撒克逊海岸要塞,其遗迹至今可见。威廉还在黑斯廷斯修建了一座小城堡,这件事还被描绘在巴约挂毯的图画里。但巴约挂毯是一种极具艺术风格的手工作品,它更多地体现了当时的艺术传统,而不是精确描绘 11 世纪的历史情况。这样一来,挂毯所提供的信息可能会误导我们。但在城堡丘陵地址进行的考古发掘,证实了这座小城堡的存在,因为研究人员在那里发现了一种土丘结构,和上面记载的黑斯廷斯的城堡相似,也是由放在木栅上面的土层组成。[9] 可能威廉修建这座城堡用的是

从诺曼底带来的材料，但如果不是这样，那他当时肯定派人在周围地带搜寻必要的原材料，然后逼迫当地百姓帮着修建。佩文西和黑斯廷斯的堡垒给威廉提供了一个相当安全的作战基地，使他可以通过掠夺哈罗德·戈德温森的祖传领地，从而养活自己的军队，并保护他们免受当地百姓发动的攻击。依靠城堡提供的这种军事作用，威廉在诺曼底设计了一些效果良好的作战策略，比如在围攻栋夫龙的时候，他就修建了很多的围城城堡，既可保护自己军队，又能伺机骚扰守城士兵，因为他们必须出城收集食物和饮水。直到1070年，威廉为了平息叛乱，在北方和西南方征战期间也修建了一些重要的城堡来巩固自己夺取的领地。[10]

  一些学者认为，在意大利南部，人们把城堡作为征服工具，这种情况可能一直持续到罗杰二世（1130—1154）统治时期。[11] 最早的城堡是在阿普利亚发生的战役中修建的：1030年左右先是在阿韦尔萨修建城堡；接着在梅尔菲修建城堡，不过后者是在以前希腊人留下的巩固工事的基础之上进行的；然后到了约1044年，"铁臂"威廉又在斯奎拉切（Squillace）修建了城堡。这些早期城堡以及后来罗伯特·吉斯卡尔征服卡拉布里亚时所修建的城堡，很可能采取的都是土木结构，这和1066年之后英格兰战场上出现的城堡相似，只是在修建时会根据气候和现有的建筑材料而出现一些差别。修建坚固堡垒的重要性可以从后面这件事中得到印证：罗伯特·吉斯卡尔在征服西西里岛的战役中夺取了墨西拿，此后他花了整整一个星期的时间来重新加固城内原有的工事。因为这是渡过墨西拿海峡之后登陆的主要地点，所以很有必要确保诺曼士兵能够保护好这座桥头堡。随着征服战役的推进，诺曼人占领了一些城市，他们一方面利用现存的城墙，但另一方面也更重要的是，他们在接近城边的地方而非城市中心修建了城堡。城堡的这种发展很可能是为了抵御城内发生的叛乱：因为诺曼人可以在出现危机时撤退到这种坚固的据点里面。同样，可能城内地方狭小、面积不够，也让他们不能再修建新的城堡。此外，要根据新来的统治者意图设计城堡结构，可能也得考虑空间面积等一些实际因素。随着战事的开展，征服之后进入巩固阶段，此时修建的城堡开始具有了和诺曼底以及英格兰的城堡类似的特征，在用途上也基本趋于一致。罗杰二世国王也意识到城堡在巩固其对于西西里岛和意大利南部统治中的重要作用。于是在意大利本土，罗杰二世不但在 1130 年重新修建了位于特罗亚和梅尔菲的城堡，而且还控制了萨勒诺的城塔。在 1132 年或 1133 年，他在巴里的郊区修建了一座新的城堡，从而可以同时控制巴里城市和周边乡村，而且也降低了诺曼人被城内市民围攻的风险。[12]

到目前为止，我们主要是围绕军事力量和征服战役两方面对城堡进行讨论。城堡设计上的灵活性使得它可以很快被修建完成，成为一种巩固领土的有效方式。不过除此之外，这些城堡还具有展现贵族身份以及行使管理职能等多种作用。威廉、罗伯特和罗杰在战争中修建的城堡固然可以表明他们是如何善于征服领土，但贵族们修建的城堡也可能反映了当时某个首领的统治力量虚弱，或表明邻近贵族之间的关系发生了改变。在这方面，诺曼底给我们提供了一些具有启发性的例子。

政治气候的改变以及邻近贵族之间的争端，在很大程度上决定了人们看待和使用城堡的方式。瑞米耶日的威廉记载的关于德勒的城堡历史，以及位于诺曼底边境埃维瑞森的阿夫尔河畔蒂利耶尔城堡就是这方面的一个例子。瑞米耶日的威廉特别熟悉这个地区的历史，因为他所在的瑞米耶日修道院在这片地区有很多土地，所以，尽管他编写的史书中个别地名可能并不准确，但基本史实还是可以信赖的。瑞米耶日的威廉描述了理查二世公爵及其近邻布卢瓦－沙特尔的奥多伯爵在阿夫尔河领域发生的一场领土争端。奥多在 1003 年左右娶了理查公爵的妹妹玛蒂尔达，而德勒城堡所在的领土，也组成了她嫁妆的一部分。但在 1013 年至 1014 年，玛蒂尔达去世，没有留下任何子女，奥多却没有依照当时的习俗把土地归还给理查。于是理查采取报复措施，在蒂利耶尔修建了一座新的城堡，从而可以不断骚扰对方。随后的一段时期，双方经常越过边界袭击对方。理查先后在德勒和蒂利耶尔修建城堡的行为都被纳入他要统治诺曼底边境的规划之中。在 11 世纪早期，诺曼底公爵为了巩固领土、加强边境，以及在形势允许时扩张领土，开始了沿着自己控制的领土边界修建城堡的过程。后来这些城堡变成了必争之地，因为当时的诺曼底边界并不固定，而是经常变动，也反映出

第四章·诺曼人与诺曼社会

图4-2　位于阿夫尔河畔蒂利耶尔的阿夫尔河，曾是诺曼底（左）和法兰西（右）之间的分界线。

这一地区存在的利益冲突。比如，后来发生于阿夫尔河畔蒂利耶尔的历史表明：由于法兰西国王的势力越来越强大，这儿的城堡被夺取并摧毁，后来在原来的地方又建了一个新的城堡。因此，通过城堡的修建和摧毁，我们可以发现诺曼底边境迅速从一个非军事地带转变成足以威胁公爵统治的敌方阵地。[13] 同样，如果诺曼底公爵变得足够强大，边界情况就会发生相反的变化。

历史证明：一位统治者的去世，以及随后发生的权力更替，会使人们对城堡的使用和理解方式产生巨大的影响。据奥德里克·维塔利斯记载，当贝莱姆的罗伯特前往鲁昂探望卧病在床的"征服者"威廉时，他在路上听说威廉去世了。于是罗伯特没有继续前往鲁昂，而是立即骑马转身，赶回自己位于诺曼底南部的领土，赶走守卫士兵，加固自己的城堡，希望从威廉的儿子继承王位时出现的权力真空中谋取利益。[14] 此外，普瓦捷的威廉也指出，当威廉公爵势单力薄时，诺曼贵族们就未经许可擅自建立并占有城堡。那些被赐封领地的贵族，其中包括公爵家族内部成员，比如他的叔叔阿尔克

图 4-3　从阿夫尔河畔蒂利耶尔城堡（现在被一所19世纪修建的建筑取代）可以看见的景色。

的威廉，也加固城堡反对他，甚至还煽动叛乱。[15]而罗伯特·吉斯卡尔在意大利南部修建的一些城堡，也在他去世之后形成的混乱局势中被拆毁了。1135年亨利一世去世之后英格兰开始内战，这一时期也出现了一些未经许可就修建出来的城堡，被称为"私建城堡"（adulterine castles）。当然，对于像贝莱姆的罗伯特这些修建城堡的人来说，他们的活动也算是合法的，因为这可视为他们在保护领土，或可能想把自己的权力扩大到某些地方；换言之，他们这样做只是在尽力保护自己的利益。

贝莱姆的罗伯特的这种行为引发了关于城堡研究和讨论中出现的一种最新趋势，并且这种趋势对我们研究诺曼社会如何理解城堡也产生了重要影响，即：城堡是一种身份象征，反映了贵族统治的概念。就像其他用于描述中世纪的字眼一样，贵族统治（lordship）这种说法也是似是而非、难以理解。就像城堡一样，贵族统治虽然在今天的现实生活中难以重构，但它和人们日常生活之间的关系要比任何史书和宪章中的正式描述都更密切。就本书的内容而言，贵族统治就是一种统治方式，一种对特定领地或特定人群行使权力的方法，无论这种统治是针对大到一个王国，或小到一个家族和像欧特维尔的坦克雷德那样的小贵族的领地，以及基于权威而得以建立并延续的社会合体，并且这些社会合体既可以是横向的，也可以是纵向的。此外，任何特定的个体——其中包括女性，因为她们也可以像男性一样进行贵族统治——能够在多大程度上行使权力取决于很多情形，包括个人魅力、各个社会群体的配合程度以及更广泛的政治气候。

我们曾经在本书第二章讨论过包括科尔切斯特、白塔和切普斯托在内的城堡所具有的帝国象征意义。这些建筑的选址以及装饰特征是特意让人联想起罗马帝国，从而让人们接受威廉和诺曼贵族的统治。重新使用罗马遗址和建筑材料可能完全是出于方便考虑，但在受过教育的教会人员和世俗人士中间，肯定有人能够轻易地解读出其中的象征意义。[16]比如查尔斯·库尔森就在作品中极为清楚地表达了把城堡作为地位象征的思想，它认为城堡主要是一种显示贵族身份的视觉标志。对他而言，城堡存在这个事实本身就是为了保证和平。[17]库尔森和其他一些学者，其中特别是罗伯特·利迪亚德（Robert Liddiard），指出城堡不需要位于一个最易于防御的场所，而更重要的是考虑如何保证它处于一个显眼的位置，从而可以展示一个贵族的财富和权力。[18]在意大利南部和西西里岛，诺曼人最初采用的是和诺曼底差不多的修建方案——毕竟那才是他们所熟悉的东西。虽然像欧特维尔的坦克雷德这样的人可能不希望用石头修建一个结实的城堡主楼（通常是方形塔状），但他在意大利的后裔们肯定使用的是这种类型的城堡。那么，有趣的是，这些修建城堡的场所是如何同后来建立西西里王国的地区一起度过巩固时期并进入12世纪的呢？起初，修建城堡采取传统的方形城堡主楼，城堡里面用横墙分出一个大厅和教堂，就像我们在阿德拉诺（Adrano）看到的那种样子。后来，随着诺曼人更好地适应并融入了他们所征服的社会，他们修建的城堡也就变得越来越精致。例如，位于巴勒莫的拉齐萨城堡（La zisa），建于1162年，展现了拜占庭的遗风，但同时也体现了受到伊斯兰风格的影响，因为城堡中还有果园

图4-4　位于巴勒莫的拉齐萨城堡，在西西里还处于威廉一世统治的时期就已开始修建。
© 本杰明·波尔（Benjamin pohl）

图4-5 位于巴勒莫的拉齐萨城堡大厅中的喷泉。© 本杰明·波尔

和水文要素的加入，同宏伟的堡塔融为一体。[19] 这些影响痕迹在其他建筑发展过程中也有体现，对此我们将在第六章做进一步讨论。

象征主义的体现不仅仅局限于城堡的外部，也通过城堡的内部布置，反映在它作为住宅、行政和庆典中心所扮演的重要角色上。大厅的内部以及相关建筑物就凸显出了它们在体现城堡主人的权力和权威方面的重要性。当然，无论是用木料还是石头制造的城堡，它们也都具备一般城堡共有的元素。在11世纪，人们的日常生活主要属于社区性质，因此城堡以大厅为中心，大厅是一个家庭——上至主人，下至仆从——聚集的地方。在格里姆博斯（Grimbosq）和诺曼底的米尔维莱（Mirville）等地的考古发掘中，人们在城墙周围找到了赌博器具和条凳的痕迹，这些都表明了城堡大厅具有社区功能。[20] 幸存下来的一些建筑，例如大型的方形城堡主楼，其中包括亨利一世在法莱斯修建的那一座，也都具备宽广的大厅。根据菲力普·狄克逊（Philip Dixon）的研究显示，后来在英格兰出现的城堡主楼是通过自身的内部结构来反映主人的权力，例如将门窗安置在很高的地方，或迫使参观者要爬上去才见得到城堡的主人，而赖辛堡就属于后面这种情况。[21] 大多数用石头修建的城堡主楼都把起居室设在楼上。这样做的部分原因是便于防卫，另外是为了采光，以及用这种直观的物理形式显示自己的优越性。这在诺曼底、英格兰、威尔士和意大利南部十分常见。

这些证据也突显了占据家庭中心位置的城堡，是如何为主人及其家人提供住宅功能的。奥德里克的《宗教史》提供了一些重要资料，让我们得以了解那些与修道院或其赞助人保持联系的诺曼贵族的家庭生活。不过与奥德里克写作背景的真实性比起来，其所记载内容的真实性就显得没那么重要了。当时他所在修道院的许多修士，以及到修道院的香客，都很熟悉城堡的性质以及贵族家庭的世俗生活。虽然书中一些内容在细节上可能和真实情况有所出入，但读者还是能够分辨出这些记载出现的历史背景，以及其中发生的历史事件。例如，他描绘孔谢的伊莎贝拉（Isabella of Conches）坐在城堡的大厅里面，倾听骑士们谈论自己的梦想。奥德里克的描述措辞让人强烈地感到伊莎贝拉经常做这样的事情。[22] 书中有一段不太可信的逸闻，是关于格尔罗伊

（Giroie）的儿子罗伯特之死。其中奥德里克告诉我们，那是在一个冬天的晚上，罗伯特和妻子阿德莱德（Adelaide）坐在火炉边取暖时，他抓起放在阿德莱德腿上的一个苹果吃了，结果毒发身亡。[23] 书中还有其他一些信息，也让我们有机会熟悉城堡里面的家庭生活，大致了解了在其他情况下和我们隔绝的人们，比如下面这个例子中关于孩子们的情况。书中有一篇名为"圣伍范的发现与奇迹"的故事，讲述一个小女孩在阿斯内贝克城堡的院子里面玩耍时突然发病，她的母亲赶紧冲出来把女儿抱回屋内，并发愿要点上一支和女儿同样高的蜡烛献给圣者，这样之后小女孩就苏醒过来了。[24] 上面这些故事让历史学家们意识到，当时人们的家庭生活也是和政治生活间杂在一起的。然而，正是在像城堡这样的建筑里面，家庭生活和政治生活才有了交融的机会，也让我们有机会，可以至少粗略地了解到一些在其他情况下看不到的事情。

土地与徭役

在中世纪中期，持有土地的代价就是得提供徭役。由于欧洲在 11 世纪还主要处于一个武士社会，因此提供的徭役之中就包括——但不限于——兵役。这些徭役的具体细节现在已经非常模糊，而历史学家用来描述这些徭役内容的说法又彼此抵触，比如在理解封建主义（feudalism）上就是这样。[25] 显然历史上不可能存在一个泾渭分明的"封建制度"（feudal system），其中土地租期可以划上清晰的竖线，并且贵族统治已经牢固建立起来。事实上，不同地区有不同的习俗，比如在诺曼底形成的土地租期和意大利南部形成的土地租期就不相同，而在英格兰，诺曼征服则给土地的使用方式带来了巨大改变。

历史学家们在很多的材料——包括记录文献和叙事资料——中寻找相关证据，研究关于土地租期和提供徭役的条件。宪章在某些方面显得特别有用，因为它会记载土地从某个个体或机构向其他个体或机构转移的情况，但它们很少提供细节信息。比如在诺曼底，宪章中可能记载土地的转让情况，但很少涉及佃户为换取土地应当提供的徭役种类。在这方面,埃米莉·塔比托(Emily Tabuteau)曾提供了一张佃户义务清单,上面包括主要徭役、守卫城堡和参加护送等具体内容。但对徭役做出最清楚表述的是一份宪章上的内容,它记载了圣米歇尔山修道院院长和威廉·佩内尔(William paynel)之间达成的一份协议,发生于约1070至1081年之间。这个威廉持有修道院的土地,该土地的佃户们要履行的徭役包括在战争期间要提供"为期40天的日夜守卫",以及给部队提供粮草。塔比托指出这是至今为止,历史学家获得的最详细的关于兵役的记录,似乎出自当时诺曼底公爵为威廉的婚礼而做出的安排。威廉由于这次婚姻而获得了这些土地,由于他本人对徭役的具体内容一无所知,所以让人起草了这份协议。[26] 另一份12世纪早期的史料也让我们可以一窥土地租期的大致内容。勒贝克修道院(monastery of Le Bec)院长伊尔林(Herluin)的生平,是由吉尔伯特·克里斯平(Gilbert Crispin)在公元1109至1117年期间记载的。吉尔伯特当时已经是威斯敏斯特教堂的院长,但之前曾是勒贝克的一名修士。除了描写伊尔林如何逐渐皈依修道院的生活,吉尔伯特还提到他在"宽宏者"罗贝尔统治时期曾为布里奥讷伯爵吉尔伯特效力。于是,除了要在伯爵的宫廷露面和参加军事活动之外,伊尔林还在必要的时候,担任吉尔伯特和罗伯特公爵之间的信使。例如,他曾提起一份诉讼:

> 由于他的一个同乡遭受了足以导致灭亡的重大损失,吉尔伯特伯爵给伊尔林分派了一个任务,让他到诺曼底公爵罗伯特那儿去讨个说法,因为罗伯特在这件事上的任何表态都关系重大,同时他还让伊尔林对涉及此案的当事人提出控告。[27]

吉尔伯特·克里斯平之所以记载这个故事,并非因为他对封建土地租期的复杂性感兴趣,而是因为伊尔林后来拒绝提起不公正的诉讼,表明了他宁愿不完成伯爵交代的任务,也要向上帝保持忠心。从上面这个零散的叙述中,我们看出11世纪诺曼底的土地租期的确切情况显然是富于变化、难以捉摸的。

在英格兰,诺曼征服引起全国上下的土地所有方式发生了巨大变化,因为英格兰贵族和骑士们的土地被剥夺了,转而赐给了威廉的追随者们。[28] 这个过程在《末日审判书》中有迹可循，因为在 1085 年，威廉为了搞清楚自己统治下的土地和财富而发起了一场大规模的调查运动，然后根据统计结果编制了此书。正如罗宾·弗莱明（Robin Fleming）指出的那样，威廉把大块的盎格鲁－撒克逊地产进行了分解，然后重新分配，结果王室领地——国王直接控制的土地——较先前大为增加。[29] 以前在爱德华国王统治期间，戈德温家族是最大的地主，拥有的土地比国王都多。但 1066 年哈罗德死于巴特尔战场，这就意味着威廉不但夺取了他的王位，还占有了他的土地。根据布赖恩·戈尔丁的统计，那时的王室领地面积是 1065 年时的两倍。[30]

1066 年许多贵族战死沙场，意味着威廉手里控制了大量土地，可以立刻重新分配给自己的手下。其中有些人是他自己的家族成员，比如巴约主教奥多分到了肯特的土地，而莫尔坦伯爵罗伯特，他的主要地产集中在康沃尔郡，也分到了苏塞克斯和哈福德郡。其他分到土地的个人也是在诺曼底就有偌大的家产，但像罗杰·德·莫布雷（Roger de Mowbray）和威廉·德·布里尤兹（William de Briouze）等一些人则出身贫寒，由于在征服战役中表现突出才获得晋升。[31] 此外，我们还有必要指出，不是所有新出现的地主都是诺曼人。1066 年，威廉的军队中拥有包括来自布列塔尼、阿基坦、曼恩和佛兰德的士兵，他们也获得了封赏，其中特别是伯爵艾伦，他获得了北约克郡的里士满。但是，也有一些英格兰贵族在征服战争之后保住了自己的地产，其中的代表人物是埃德温伯爵（Earls Edwin）、莫卡（Morcar）和瓦尔塞奥夫（Waltheof），虽然后来在发生多次叛乱并且在这些人死亡之后，他们的土地也被分给了别人。相比之下，1066 年之后，那些中等贵族更能保住自己的土地，这些人中就包括英格兰的领主，或者说是盎格鲁－撒克逊英格兰的战斗人员。在英格兰，若想获得大乡绅①地位，除了参加军事服役之外，还必须持有特定面积的土地——至少 5 海蒂斯②。因此，如果

---

① 大乡绅（thegn），盎格鲁－撒克逊时代英格兰的贵族阶层成员，级别在郡长之下，其身份可以世袭，以提供某些服役而获得国王和其他贵族所封的土地。——编者注
② 海蒂斯（hides），一种土地面积单位，当时在英格兰能够养活一家人的土地面积，约为 60—120 英亩，相当于 364—728 亩。——译者注

一个人没有了相应面积的土地，那他就不能成为大乡绅。[32] 此外，虽然很多英格兰人继续持有土地，但他们持有土地的条件在威廉国王统治期间不断恶化。

关于诺曼征服之后，人们持有土地的方式问题引起了学者们的争论，他们争论的主要问题之一是关于骑士服役（knight service）和它在实际生活中到底意味着什么。这场争议最初是 J. H. 朗德（J. H. Round）提出的，他认为威廉创立了一种配额供给士兵口粮的制度，这个制度和以前英格兰大乡绅——即盎格鲁-撒克逊英格兰的战斗人员——的组织和装备方式几乎没有关联。[33] 朗德这个观点的问题在于，他本来使用的是源于公元 12 世纪的证据，但又用它分析公元 11 世纪的情况。就像诺曼底的情况一样，记载英格兰军事服务的资料零散、模糊，并且大多数是关于士兵从修道院地产中获得的粮食供应，几乎找不到记载持有土地的世俗人员该怎样供给士兵粮食的资料。但 12 世纪记载兵役的文献逐渐增多，我们得以更清晰地了解这个现象，而这个过程也是从 1066 年之后开始的。和这个现象也有可能同时发生的是诺曼底通过诸如 1133 年的"巴约宣誓调查"（Bayeux Inquest）等公文，对这方面的类似安排做出了清晰的规定。总之，由于诺曼征服以及随后需要保卫英吉利海峡两岸土地的现实需要，逐渐出现了更多的规定，用于阐明兵役的具体内容。[34]

不过，刚到意大利南部的诺曼人面临的情况又不一样。虽然在 11 世纪晚期，罗伯特·吉斯卡尔和他的直系亲人可能是最有权势的诺曼统治者，但当时还有其他一些重要人物不容忽视，其中包括在萨勒诺的普瑞恩瑟培特的罗伯特（Robert of Principate），洛瑞特罗伯爵（Count of Loritello）罗伯特，后者在意大利北部边缘——阿伯鲁瑞（Abbruzi）——的诺曼人行动中变得日益活跃。此外，还有孔韦尔萨诺的杰弗里（Geoffrey of Conversano），他的主要兴趣集中在阿普利亚南部。上述所有人都是吉斯卡尔的侄子。在这份名单上，我们还可加上：卡普亚的理查德一世（Richard I of Capua）家族，阿米克斯的儿子们，以及博纳尔贝尔戈的杰勒德（Gerard of Buonalbergo）的后裔，他们是阿利亚诺（Ariano）的伯爵，最后又成为博亚诺（Boiano）的伯爵。最后这两组人对贝内文托周围的这片区域颇感兴趣。因此，罗伯特·吉斯卡尔和他的后代们不能像"征服者"威廉那样，调动起那么多的资源和力量。他们夺取权力，显然要对付更多的对手。此外，许多拥有土地的伦巴第人和希腊人也据守着自己的地盘。正如我们前面指出的那样，在法律、习俗和徭役等方面，意大利具有许多不同的传统。任何一种换取土地的徭役资料都很罕见，并且，正像劳德指出的那样，只有到了1130年，在西西里岛王国建立之后，才存在真正意义上有关这方面的记录。[35]

农 民

最近几年，关于农民的研究开始增多，这种情况让人欣慰。但如同前面讨论土地所有模式以及兵役内容一样，这方面的史料证据是模糊的，并且内容让人生疑。使用农民这个措辞本身就是出于方便考虑，因为它实际涵盖了在自由和不自由程度各不相同的条件下耕种土地的所有人口。通过苛求劳役，农民被迫给贵族修建城堡并从事其他建筑工程，而这些例子让历史学家们了解到一些关于当时的社会结构和社会组织方面的知识。这些发展让人联想起"封建革命"（feudal revolution），这是法国历史学家们发明的一个术语，专门用来指代1000年左右，贵族和佃户之间的关系所发生的变化。其中一个重要的话题是关于贵族统治的暴力和剥削本质。[36] 在这方面，历史学家可以找到很多资料，揭露实行劳役的不公正性，比如奥德里克·维塔利斯就在作品中如此描述自己修道院的佃户们所遭受的痛苦：

> 圣·埃弗雷特的人们……绝不屈服于他（贝莱姆的罗伯特）的统治……他用武力强迫圣父在圣·埃弗雷特的子民们帮他修建自己的城堡，夺取敢于抗命的人的财产，甚至残忍地威胁要拆毁这座修道院。[37]

在罗伯特·柯索斯作为公爵统治期间，社会动荡不安，拉特里尼泰修道院的修女们也抱怨说当地的男性全部被迫去给公爵修建城堡了。[38]

但是，12世纪之前关于诺曼底农民的情况不是很好理解，部分原因在于流传下来的资料稀少。马蒂厄·阿诺（Mathieu Arnoux）指出，早期史料中提到农民问题时，基本上只是象征性地谈论一下，有时甚至完全略过，这种情况就像我们在第一章讨论塞纳河谷人口减少时所看到的那样。[39] 关于诺曼底农民的记载主要集中在两部重要的作品之中：一是杜多记载的故事"丢失的犁铧"；二是瑞米耶日的威廉记载的一次农民起义。关于农民的其他资料偶尔也出现在后来的史书或宪章里面。杜多在《诺曼人的历史》中记叙了一个关于保护农具的情节。[40] 据他记载，当时公爵告诉人们：如果他们的农具丢失或被偷，自己保证会提供补偿。一个农民的妻子以为从中找到了赚钱的机会，于是就把丈夫的农具藏了起来。这个农民就到公爵那儿领取了补偿，但回来之后他妻子又把犁铧还给了他。他被妻子的欺骗行为吓坏了，赶紧向公爵坦白了事情的真相。于是公爵决定把这个农民连同他的妻子一起吊死，并说："吊死这个妻子是因为她偷了犁铧，吊死她的丈夫是因为他本应从过去的经验中知道自己的妻子有偷盗的习惯。"这个故事本意不是讲述农民，而是强调确保土地得以充分耕种是成为优秀统治者的表现之一。此外，它更多地体现了统治者在编年史家心目中的印象。最重要的是，从这个故事中我们可以看出公爵所具有的权威。

另外还有一个极其有名的故事，讲述的是有关诺曼人如何对待农民，可能编年史家也是用它来反映贵族统治的概念。这就是瑞米耶日的威廉记载的发生于996年的一次起义活动，主要由于对在徭役和生活条件方面所发生的改变不满而产生的抵抗。

> 在诺曼底的各个地方，农民都不约而同地组成了许多集会，决定按照自己的意愿生活，比如在树林中抄近路，以及通过河流时，只要没有事先设立的标志物挡在路上，他们就可以按自己的方式行事。[41]

最近，伯纳德·高尔斯（Bernard Gowers）就对这场事件进行了分析。[42] 他认为这次起义具有卡洛林王朝的集会政治的痕迹，因为农民可以通过集会来捍卫自己的权利。这并不是直接照搬传统，而是回应早期的做法，保护农村的社会状况不会受到负面变化的影响。但瑞米耶日的威廉强调的则是这场起义是如何被残酷镇压下去的——理查二世的叔叔拉乌尔·伊夫里（Raoul d'Ivry）下令残忍地肢解了起义者。所以，对于早期诺曼底农民的社会状况，我们只能获得如此有限的认识。公爵有保护农民的责任，因此农民要向贵族们提供徭役，并且服从公爵的权威。或许当时的社会状况已经发生了改变，尽管不一定是朝着好的方向改变。遗憾的是，虽然诺曼底的社会制度可能已经被完整地引进到了英格兰和意大利南部，但关键是上面的资料中没有提供关于这种制度的详细信息。

据戈尔丁指出，"征服者"威廉和他的继任者威廉·鲁弗斯（William Rufus）在英格兰建立并巩固诺曼人的统治期间，也经历了极端天气、粮食歉收以及瘟疫暴发等重重考验。虽然英格兰出现饥馑也不能说全是由诺曼征服引起的，但加上连年战乱，11世纪后半叶的日子不仅对于农民，即使对于普通家庭来说，也变得特别艰难。[43] 1066年之后土地的重新分配深刻改变了社会关系以及大小佃户持有土地的条件，这在《末日审判书》中都有迹可循。如前所述，当时威廉掌握的土地资源比1066年之前要多得多。[44] 但英格兰上下的变化并不一致，还存在着较大的地区差别。以前可以免费持有土地的个体现在成为农奴，这种身份迫使他们必须缴纳租金和服徭役，从而和贵族的土地绑在一起。农奴除了耕种自己租来的土地，还要给贵族种地，维护和修建城堡、桥梁和道路，以及上缴各种各样的租金和罚款。因此农奴丧失了自由，这在英格兰北部和东部尤为明显。比如，据罗莎蒙德·费丝（Rosamond Faith）统计，剑桥郡在1066年的记载中有900个自由民，但到了1086年这个数字就下降到了177。而在约克郡，1086年就只有西莱丁（West Riding）还有这种自由民。[45]

《末日审判书》记载了征服者们通过损毁房屋和设施来修建自己的城堡和其他一些建筑（正如本章开头的引文描绘的那样）。征服者们还对已有设施进行改建。其中最有名的就是在汉普郡修建了新森林（New Forest）作为王室猎场。由于要建猎场给国王养鹿，就拆毁了很多教堂，这让编年史家们极为愤慨。我们已经提到在1069至1170年掠夺期间，北方很多设施遭到破坏，不过后来又逐渐规划和发展出来一批新的设施。虽然这个过程和意大利南部的城堡化运动（incastallamento）不一样，但部分后果是相同的。由于村庄的规划和设施的集中，贵族们就可以更好地榨取土地和佃户身上的油水。费丝举的例子是一个叫伊尔贝·德·莱西（Ilbert de Lacy）的贵族，他的封地在西约克郡的庞蒂弗拉克特（Pontefract）。以此为中心，他在英格兰北部和中部拥有大量地产。这样，为了适应贵族统治的需要而创建出一种农业单位，于是就造成了农民的迁居，即农民要带着他们的家庭和农具从一个地区迁移到另一个更集中的地点。[46] 在这一点上，农民以及他们的家人就和自己的耕牛一样，没有选择的余地。

11世纪早期在意大利南部和西西里岛，经济和农业的发展是在诺曼人到来之前就已经开始了。琼－玛丽·马丁（Jean-Marie Martin）认为，城堡化导致"出现了贵族庄园，把持有土地和公共权力结合在一起"。[47] 换言之，贵族和人民之间的联系变得更为明显。但是，必须要注意到的是，梅索兹阿诺存在复杂的法律和习俗背景。这就意味着诺曼人，比如在伦巴第公国，面临的形势就和在卡拉布里亚遇到的形势完全不同。这个王国北部和西部地区更多地采用法令来规定徭役内容，其方式和英格兰的做法相似，但不是完全一样。在以前拜占庭帝国统治的地方，诺曼人直接拥有更多土地；但伦巴第公国的多数土地还掌握在伦巴第人手中。与此相应，这些地方的农民的待遇也有极大的差异。就像帕特里夏·斯金纳（Patricia Skinner）指出的那样，诺曼人在意大利南部引起的变化，要比他们在英格兰带来的变化缓慢得多。其中的部分原因在于获取土地的方式不一样。征服英格兰是在一个人领导下完成的有计划的行动；而诺曼人征服意大利则是零散进行的，是一个逐步的过程，具有机会主义的特征。早期来到意大利的诺曼人不是以征服者的身份，而是"先作为仆人，然后成为统治阶级的联盟者"。[48]

婚与嫁

在前面讨论城堡的时候，我们考虑了位于德勒的城堡所具有的重要性，并指出该城堡可能因为联姻关系而改变所有权。从这个事例中，我们可以看出婚姻关系在11世纪的贵族社会中是多么重要。如果城堡是一种展示权力并在必要时候行使武力的方式，那通婚就是上流家族巩固联盟并建立政治关系的一种手段。从长远来看，贵族通婚还可以和当地人民建立联系并融入当地人口，从而形成一些社区。

关于诺曼底早期统治者婚姻状况的资料非常稀缺。这方面最主要的资料是杜多的记录，但在婚姻问题上，他提供的信息并不完全可靠，虽然他对公爵与法兰克夫人以及斯堪的纳维亚嫔妃关系的描述本身还是非常有趣。杜多似乎特意对公爵的配偶进行了区分，首先是法兰克妇女，她们是正室夫人，其作用是使丈夫在诺曼底的统治合法化；其次是斯堪的纳维亚或本地妇女，她们是侧室，与丈夫所生的子女可以继承爵位。比如，据杜多记载，签订《圣克莱尔·埃普特条约》的一个附加条件是罗洛娶吉斯拉为妻，她是国王"糊涂"查理的女儿。我们曾在第一章讨论过，发现这场婚姻的存在缺乏其他证据，很可能是杜多从维京领袖戈德福瑞德的事迹中得到启发之后杜撰出来的，因为此人和一个叫作吉斯拉的法兰克女人结了婚。但不管杜多讲述这个故事是出于哪种原因，吉斯拉都不可能是"长剑"威廉的生母。[49] 不过，杜多在介绍罗洛的两个妻子——一个丹麦人和一个法兰克人——时，表达了一个得到现代历史学家认可的观点，即维京首领实行两种婚姻方式：一种符合基督教特征，是与法兰克女人和丹麦女人的结合；另一种是采取纳妾的形式。我们可以在两名诺曼首领的婚姻关系上见证这一点：一是"长剑"威廉，他娶的是韦尔芒杜瓦的利亚德；二是理查一世，他娶的是"伟大的于格"的女儿埃玛。虽然这些都是具有政治意义的联姻，但杜多还是明确指出，只有他们和斯堪的纳维亚妇女所生的孩子才能继承爵位，例如威廉的妻子斯普柔塔（Sprota）、理查一世的妻子贡纳。实际上，杜多为了让自己的叙述符合逻辑，在这里隐去了斯普柔塔的布列塔尼身份。瑟尔猜测这是鲁昂伯爵们精心设计的政策，规定只有具有斯堪的纳维亚血统的后代才有资格继承父亲的土地和头衔。他们的法兰克妻子要么是本身没有生育，要么是杜多为了扫清"丹麦"孩子继位的障碍，而故意忽视了"法兰克"子女的存在。[50] 我们也许还要注意一点，即杜多在书中对诺曼人婚姻的这种区分，其实在10世纪的诺曼宫廷里也没表现得这么明显。

这儿一个有趣的例子是关于贡纳——一个特别长寿的女人，她可能在威廉二世还是一个婴儿时仍然健在。因此贡纳成为诺曼宫廷一个举足轻重的人物。[51] 她的一个儿子是理查二世，继承了诺曼底爵位；而另一个儿子罗伯特，则成为了鲁昂大主教。她的女儿们的婚姻也进一步巩固了诺曼底公爵王朝的利益，比如埃玛嫁入了英格兰权势家族；玛蒂尔达，如前所述，嫁给了布卢瓦-沙特尔的奥多二世；而哈德薇思（Hadvis）嫁给了旁边布列塔尼的雷恩的杰弗里（Geoffrey of Rennes）。托瑞格尼的罗伯特（Robert of Torigni），虽然是在一个世纪之后开始写作，但使用的资料来源可靠。据他记载，贡纳的家族成员又继续在诺曼底全境建立重要的联姻关系，结果等到威廉二世继承爵位时，许多贵族家庭都成了他的亲戚。[52] 贡纳出生于诺曼底西部一个斯堪的纳维亚家族，她和理查一世的结合，让理查一世有机会把公爵的权势和土地扩展到科唐坦和阿夫朗钦。与威廉和斯普柔塔之间关系不同的是，理查一世依照基督教仪式和贡纳正式成了亲。托瑞格尼的罗伯特还在 12 世纪一份对《诺曼公爵的事迹》进行补充编撰的资料中记载道，后来诺曼底出现了这样一种习俗：理查一世夫妇和孩子们一起罩在一个斗篷下面，这样可以让自己婚外所生的子女也被视为是合法后代。[53] 如果理查一世计划让自己的儿子罗伯特成为鲁昂大主教，那就得首先保证他是自己的合法子女。此外，理查一世还把土地赐给自己和其他女人生育的孩子，因此，他同贡纳结婚可以让他们的子女更具有资格继承诺曼底爵位。理查一世和贡纳的婚姻极具政治意义，不仅在于可以提供爵位继承人，还在于这样可以巩固理查一世在诺曼底的统治，并同周边贵族保持良好关系。

对于诺曼人在英格兰和意大利南部的联姻问题的讨论，主要集中于在多大程度上他们算异族通婚，即一个诺曼人（通常为男性）和一个本地人（通常为女性）结婚，以及这种婚姻在多大程度上有助于诺曼军事精英融入他们所征服的那个社会。通婚，就像修建城堡或分配领土一样，成为一种巩固征服成果的方式：诺曼人异族通婚的重要程度引起了激烈讨论，但至今为止，人们对此达成的共识只是承认它是一个漫长的过程。当然，这个话题也突出了诺曼妇女在征服和殖民过程中所起的重要作用。

凯瑟琳·海盖特（Catherine Heygate）通过在史书和宪章中寻找证据，研究了 11 世纪意大利南部诺曼人的通婚策略，并得出了一些有趣的结论。[54] 她研究了 100 对婚姻或婚约，发现其中 70 对和种族成分有关。在这些婚姻中，只有 28 对涉及一名诺曼人和一名意大利人：其中 23 对是关于一名诺曼男性和一名意大利女性，剩下的 5 对涉及的女性都是诺曼父母所生。从这些量化的证据当中，海盖特得出的推论是：异族通婚是一个性别化的现象，其中多数会涉及当地女性。换言之，这些统计数字表明女性起到了重要作用，她们既是帮助沟通的中间人，又在新到意大利南部的诺曼人融入当地社会的过程中扮演了重要角色。包括蒙特卡西诺的阿马塔斯在内的历史学家们都认为出现这种情况具有积极意义。但是，这些数字还不能代表所有情况，我们还需要从史料中找出一些具有重要意义的例子来加以补充。通过对包括罗伯特·吉斯卡尔婚姻在内的诸多例子的讨论，我们看到人们对婚姻的态度，特别是在谁才适合作为结婚对象这个问题上，显然有了变化。这儿很有意思的是先考察一下来到意大利半岛上的诺曼男人，什么时候是和诺曼女人结婚，什么时候又变成和意大利南部的本土家庭联姻。

　　罗伯特·吉斯卡尔第一次结婚娶的是阿尔贝拉达，她是博纳尔贝尔戈的杰勒德（Gerard of Buonalbergo）的姨母，一个具有诺曼血统的女人。[55] 阿马塔斯告诉我们，杰弗里把阿尔贝拉达嫁给罗伯特，是作为一种联盟手段，也代表他对罗伯特征战卡拉布里亚的一种支持。从罗伯特同父异母的兄弟德罗戈伯爵对这桩婚姻的反对当中，我们可以看出其中隐含的重要政治意义。这桩婚事会让坦克雷德的这个小儿子在意大利南部拥有一个更好的发展基础，从而可以进一步扩大自己的权力。后来，罗伯特宣布与阿尔贝拉达断绝关系，表面上是因为两人是亲缘关系，而根据基督教会的规定，他们之间的亲属关系太近了，因此不适合成为夫妻。不过，正如斯金纳和其他一些学者指出的那样，这个说法只是一个借口而已，因为罗伯特的第二任妻子就和他同父异母的两个兄弟的妻子都有亲属关系。[56] 劳德指出，阿马塔斯告诉我们杰弗里一直忠于罗伯特，即使在他再婚之后也是如此，这说明——虽然找不出证实这种猜测的证据——杰弗里和罗伯特之间的关系是通过欧特维尔的坦克雷德的第二任妻子建立起来的。如果这个说法成立，那当初杰弗里把阿尔贝拉达嫁给罗伯特，只能看成是增强他和罗伯特之间原本存在的联系而已。罗伯特的兄弟，罗杰，也娶了一个来自诺曼底的女人。罗杰的第一个妻子是朱迪思，她的哥哥是格兰德梅什尼尔的罗伯特（Robert of Grandmesnil），他在被"征服者"威廉赶出去流亡之前，曾是奥德里克所在的圣·埃弗雷特修道院的院长。罗杰的第二任妻子也是一个诺曼人，她就是莫尔坦的艾闰博噶（Eremberga of Mortain）。而雷努夫的儿子阿韦尔萨的理查德，娶的则是罗伯特和罗杰的妹妹佛兰珊德（Fressenda）。海盖特研究揭示了9对婚姻中涉及诺曼男性和第一代诺曼移民女性。这个数字不大，但是反映了移民过程中出现的性别失衡，并且这个数字的确反映出最初一些诺曼移民喜欢选择与从自己家乡来的女性结婚。而这种现象进一步表明，要么他们当时是不够强大，还不能引起伦巴第统治者的注意；要么说明，在意大利殖民的早期阶段，诺曼派系自己之间的联盟比他们和意大利南部家庭之间的联盟更为重要。

　　不管当时这些联姻是出于什么考虑，但罗伯特娶斯克尔格塔显然只是属于权宜之计，但在时机上恰到好处。斯克尔格塔是萨勒诺的夬玛亲王的女儿。这桩婚姻在许多方面证明对罗伯特都是大有好处的，特别是他娶了伦巴第公主，实际上就是提高了诺曼人占领意大利南部的合法性。夬玛亲王意识到联姻的重要性，此前还把自己的两个侄女分别嫁给了"铁臂"威廉（坦克雷德的大儿子）和普瑞恩瑟培特的威廉，还把一个女儿嫁给了德罗戈伯爵（罗伯特的另一个同父异母兄弟）。就像斯金纳证明的那样，斯克尔格塔能够充当自己婆家和娘家的中间人。[57]虽然书面文献中很少提到她，但阿马塔斯指出在征服西西里岛的过程中，她经常和自己丈夫并肩作战。例如在围攻萨勒诺时，斯克尔格塔留在本土，不但给她的姐姐提供食物，还努力调停丈夫和她自己的兄弟吉苏尔弗亲王（Prince Gisulf）之间的矛盾。此外，她还鼓励罗伯特资助宗教机构。乔安娜·德雷尔（Joanna Drell）也在此强调了家族关系的重要性：由于斯克尔格塔和娘家一直保持联系，罗伯特就可以利用这层婚姻关系巩固自己在意大利的地位。[58]值得注意的是，和诺曼底早期统治者青睐斯堪的纳维亚妻子所生的儿子的做法不一样，罗伯特·吉斯卡尔急于确定让自己和斯克尔格塔所生的孩子继承位置；而博希蒙德最终也是由于自己母亲的婚姻无效而未能获得继承权。但这并没有阻止他后来为了给自己在东方的征战活动拉关系，来到法国，并迎娶法王菲利普一世的女儿康斯坦丝（Constance）为妻。但那时，他已经以自己的名义拥有了安条克。

  海盖特指出，和意大利南部的情况不同，记载英格兰相关历史的编年史家对异族通婚的理解只是停留在概念层面上。[59] 奥德里克·维塔利斯和马姆斯伯里的威廉都是在 12 世纪进行写作，但他们都认识到诺曼人和英格兰人相互通婚的重要性。事实上，他们两人的父母都是异族通婚。此外，亨廷登的亨利也是这种情况。此前关于这个主题的研究，强调的是异族通婚是巩固诺曼人在英国统治地位的一种手段。瑟尔把女继承人嫁给没有土地的诺曼征服者描述成贵族统治的一种特权，但范·霍茨最近的研究表明实际情况可能更加复杂。[60] 使用诸如《末日审判书》和《杜伦名册》（*the Durham liber vitae*）等文献中的名字分析法证据，范·霍茨证明从诺曼征服的最初几十年，一直到大约 1110 年，同族结婚（endogamy）而非异族结婚（exogamy），才是社会的规范。她还指出，威廉的一些士兵已经和诺曼女人结了婚，因此不可能再和英格兰女人结婚。比如，奥德里克·维塔利斯——可能取得了修道院的同意，在书中指出一些诺曼妇女催促自己的丈夫回家，并威胁说否则就要另嫁他人。[61] 不过，威廉并不是只是想着要把英格兰的女继承人嫁给自己的诺曼手下。他肯定曾计划，或者允许，让在征服战役中幸存下来的英格兰男人去娶法国女人。比如瓦尔塞奥夫伯爵——在 1076 年因为卷入一场未遂的叛乱中而最终被处决——曾娶"征服者"威廉的侄女朱迪思为妻。赫里沃德（Hereward），曾在东安格利亚发动叛乱，娶了圣奥梅尔的特尔菲达为妻，作为自己和国王和解的一种表示。此外，如果答应婚事，但后来又没有履行，也会成为产生怨恨的导火索。例如埃德温，他是莫卡的兄弟，两人都是 1066 年征服战役后幸存下来的英格兰伯爵，他和威廉的长女阿德莱德订婚。但后来这桩婚姻迟迟未能履行，根据奥德里克的记载，这是造成埃德温不满和叛乱的一个原因。[62]

  显然诺曼人和英格兰人之间的通婚是巩固征服成果的一种良好方式，两个民族可以因此有效地融合起来，因为异族通婚生育出的子女会形成一种新的盎格鲁－诺曼身份，于是有可能减小将来英格兰人对诺曼征服的抵抗心理。威廉关心诺曼人联姻的事情可以从兰弗朗克，即征服英格兰之后出现的第一位诺曼大主教，写给罗切斯特的冈道尔夫（Gundulf of Rochester），或库唐斯的杰弗里（具体写信对象不明，学者们争论两人都有可能）的信中看出来。在这封信中，兰弗朗克提到一个现象：英格兰妇女在黑斯廷斯战役之后，由于"害怕法国人"而纷纷逃到女修道院里面。[63] 换言之，在这些妇女中，很多人的男性亲属已经在巴特尔战场或斯坦福桥战场上死去了，她们由于担心自己的人身和财产安全，同时也害怕被强奸或逼婚，所以选择到修道院避难，因为法令宣布士兵不得侵犯修道院。威廉的士兵确实强奸过英格兰妇女，这已经在"忏悔法令"（Penitential Ordinance）中得到证实，虽然这和普瓦捷的威廉的断言相悖，因为他说过"妇女没有受到暴力侵犯，虽然冲动的士兵经常干出这种事情"。[64] 不过，一旦最初的危险过去了，这些妇女中的很多人就想离开修道院，这时却发现由于先前为了保证安全而一直遵守修道院的清规，这让她们在一些教士的眼中就成了修女。于是兰弗朗克在信中清楚地指出：只要这些妇女能够找出恰当的修女证据，以证明自己选择进入修道院是由于（对法国士兵的）恐惧，而非任何宗教方面的原因，那她们就可以离开修道院，重新过回世俗生活。同时他还小心地说明，这不仅仅是他个人的意见，而且也是国王制定的政策。因为如果有可以婚配的妇女，那就可以让威廉实现诺曼人的既得利益。

但一些妇女可能引起比较敏感的政治问题，其中包括：贡希尔德（Gunhilda），哈罗德国王之女；伊迪丝，苏格兰国王马尔科姆·坎莫尔（Malcolm Canmore）之女，以及他的妻子玛格丽特，玛格丽特也是埃德加·艾德林的姐姐。关于贡希尔德的例子比较有趣，因为她和坎特伯雷的大主教安塞尔姆之间的通信告诉我们，她希望离开威尔顿女修道院，然后和红艾伦伯爵结婚。但红艾伦死后，他的兄弟，也叫作艾伦（黑艾伦），很难让贡希尔德有安全感，更多的是让她感到失望。似乎在某个时期她被许诺可以当上女修道院院长，但诺言并未兑现。此外，这样的通婚在当时极为敏感，即使威廉的儿子威廉·鲁弗斯那时已经是以国王的身份在进行统治，但戈德温家族一个幸存成员和一个很有权势的贵族通婚之后，可能有导致政局不稳的危险，这仍然会引起国王的高度警惕。[65]

而关于伊迪丝的例子之所以重要，是基于一个不同的原因：因为追求她的是"征服者"威廉的小儿子亨利，他在威廉·鲁弗斯去世后坐上了英格兰的王位。其中，真正利害攸关的问题在于，这是一个继承王位的诺曼人和一个英格兰古老的统治家族——瑟迪克（Cerdic）——的血脉之间的联姻。这次联姻极具高明的政治智慧，它不仅把罗洛的后裔和阿尔弗雷德大帝的后裔连在了一起，更是因此在英格兰及其北方邻居苏格兰之间建立了更紧密的联系。正如编年史家爱德玛所记载的那样，事实证明，安塞尔姆不像兰弗朗克那样愿意允许伊迪丝离开威尔顿女修道院，因为她的姨妈克里斯蒂娜在那儿担任院长，而且她还是在那儿接受的教育。安塞尔姆的关键理由是有人看见伊迪丝曾披着修女的面纱。后来这事情不得不带到教会法庭上进行裁决。但伊迪丝坚持说她不是自愿戴上面纱的，而是因为她姨妈担心法国人看见她；并说她父亲到威尔顿来看望她时，愤怒地从她头上抓过面纱，扯得粉碎。[66]最后安塞尔姆做了让步，于是亨利得以迎娶伊迪丝为妻。后来伊迪丝在婚礼上，采用了法国名字玛蒂尔达，可能是作为对亨利生母——佛兰德的玛蒂尔达——的一种尊重。他俩的婚姻加强了诺曼统治者和征服之前的英格兰历史之间的联系。此外，罗伯特·吉斯卡尔和斯克尔格塔之间的婚姻也证明了诺曼人在处理自己与教会关系上的实用主义态度。

本章的讨论自始至终都集中于诺曼人对他们遭遇的社会所带来的变化，以及其中他们为加强自己对这些领土的统治而采取的一些实用措施。由于文献资料的欠缺，这方面的情况并不是非常清晰。但历史的不确定性本身也十分有趣。历史表明，征服和殖民不是离散事件，而是体现为种种过程，其发展经历了漫长的时期。这方面的资料不是很明确，因为11世纪的人们仍然在调整自己和诺曼征服者之间的关系，或者适应这次征服带来的新制度。暴力行为，如在现有的地形或夺取的土地上修建城堡，是与通过象征形式和联姻关系而实现统治的间接手段结合在一起使用的。在英格兰，威廉和他的手下的权力，或者在意大利，各个诺曼贵族的权力，可能最初的确是通过军事行为夺取的，但要维持这种权力，则必须采取种种方法将其在日常生活中延续下去。除了本章描述的这些主题之外，对诺曼人获得支持并巩固权力具有至关重要影响的是他们与教会的关系，而这正是我们在下一章将要讨论的问题。

注 释

A Short History of the Normans

1 *English Historical Documents*, vol. 2, no. 211; http://opendomesday.org/place/SK9771/lincoln/（accessed 31 October 2015）.

2 Amatus, *History of the Normans*, p. 135.

3 C. Coulson, *Castles in Medieval Society: Fortresses in England, France and Ireland in the Central Middle Ages*（Oxford: Oxford University Press,2003）; J. Mesqui, *Châteaux et enceintes de la France médiévale: de la défense à la résidence*, 2 vols（Paris: Picard, 1991–3）. Contrast this with earlier work in which the emphasis is on defence by R. A. Brown, *English Castles*, 3rd edn（London: Batsford, 1976）.

4 R. Higham and P. Barker, *Timber Castles*, 2nd edn（London: Batsford,2004）, p. 103.

5 Kreuz, *Before the Normans*, pp. 134–5; D. Osheim, 'Rural Italy', in *Italy in the Central Middle Ages, 1000–1300*, ed. D. Abulafia（Oxford: Oxford University Press, 2004）, pp. 161–82（pp. 161–7）.

6 Ann Williams, 'A Bell-House and a Burh-Geat: Lordly Residences in England before the Conquest', in *Medieval Knighthood, IV*, ed.C. Harper-Bill and R. Harvey（Woodbridge: Boydell, 1992）, pp. 221–40.

7 Orderic, *Ecclesiastical History*, vol. 2, pp. 218–19.

8 Some castles in both England and Normandy were also located on the edge of（e.g. Falaise）or outside settlements（e.g. Stafford）, but this practice seems to be more widespread in southern Italy.

9 A.-M. Flambard Héricher, 'Archaeology and the Bayeux Tapestry', in *The Bayeux Tapestry: Embroidering the Facts of History*, ed. P.Bouet et al.（Caen: Presses Universitaires de Caen, 2004）, pp. 261–87（pp. 264–6）.

10 As described by William of Poitiers, *Gesta Guillelmi*, pp. 24–5 for Domfront and Orderic Vitalis, *Ecclesiastical History*, vol. 2, pp. 218–19 for the march north.

11 For castles in southern Italy and Sicily see H. Bresc, 'Les normands, constructeurs de châteaux',

in *Les normands en Méditerranée dansle sillage des Tancrède*, ed. P. Bouet and F. Neveux（Caen: Presses Universitaires de Caen, 1994）, pp. 63–75; R. Licinio, *Castelli Medievali.Puglia e Basilicata: dai normanni a Federico Ⅱ e Carlo I d'Angiò*（Bari:Dedalo, 1994）; F. Maurici, *Castelli Medievali in Sicilia: dai bizantini ai normanni*（Palermo: Sellerio, 1992）.

12 Houben, Roger Ⅱ of Sicily, pp. 155–6. For detailed discussion of Bari see Licinio, *Castelli Medievali*, Ch. 2.

13 *Gesta Normannorum ducum*, vol. 2, pp. 22–9. For discussion see Bauduin, *La première Normandie*, pp. 175–85; Hicks,'The Concept of the Frontier in Norman Chronicles', pp. 149–52.

14 Orderic, *Ecclesiastical History*, vol. 4, pp. 112–13.

15 William of Poitiers, *Gesta Guillelmi*, pp. 34–5.

16 A. Wheatley, *The Idea of the Castle in Medieval England*（Woodbridge:Boydell, 2004）, pp. 34–5.

17 C. Coulson,'Peaceable Power in English Castles', *Anglo-Norman Studies*,23（2001）, pp. 69–96.

18 R. Liddiard,'Castle Rising, Norfolk: A "Landscape of Lordship"', *Anglo-Norman Studies*, 22（2000）, pp. 169–86.

19 R. di Liberto,'Norman Palermo: Architecture between the 11th and 12th Century', in *A Companion to Medieval Palermo: The History of a Mediterranean City from 600 to 1500*, ed. A. Nef（Leiden: Brill, 2013）, pp. 139–94（pp. 161–3）.

20 J. Decaëns,'La Motte d'Olivet à Grimbosq（Calvados）, résidence seigneuriale du XI siècle', *Archéologie médiévale*, 9（1979）, pp. 167–201;J. Le Maho,'Note sur l'histoire d'un habitation seigneurial des XIe et XIIe siècles en Normandie: Mirville', *Anglo-Norman Studies*, 7（1985）,pp. 214–23.

21 P. Dixon,'Design in Castle Building: The Controlling of Access to the Lord', *Château Gaillard* 18（1998）, pp. 47–56（p. 48）.

22 Orderic, *Ecclesiastical History*, vol. 4, pp. 218–19. See discussion in L. V. Hicks,'Magnificent Entrances and Undignified Exits: Chronicling the Symbolism of Castle Space in Normandy', *Journal of Medieval History* 35（2009）, pp. 52–69（pp. 59–60）.

23 Orderic, *Ecclesiastical History*, vol. 2, pp. 80–1.

24 *Normans in Europe*, ed. van Houts, no. 21.

25 For differing interpretations of feudalism see R. A. Brown, *The Normans and the Norman Conquest*, 2nd edn（Woodbridge: Boydell, 1985）, p. 34; E. Z. Tabuteau,'Definition of Feudal Military Obligations in Eleventh-Century Normandy', in *On the Laws and Customs of England*,

ed. M.A. Arnold et al.（Chapel Hill, 1981）, pp. 18–59; Patricia Skinner, 'When was Southern Italy Feudal?', *Il Feudalismo nell'alto Medioevo*, Settimane di Studio del Centro Italiano di Studi sull'Alto Medioevo, 47, 2 vols（Spoleto 2000）, vol. 1, pp. 309–40. For why the term is problematic see E. A. R. Brown, 'The Tyranny of a Construct: Feudalism and Historians of Medieval Europe', *The American Historical Review* 79（1974）, pp.1063–88.

26 Tabuteau, 'Definitions of Feudal Military Obligations', pp. 46–7; list of services at p. 20.

27 *Normans in Europe*, ed. van Houts, no. 16, pp. 71–2.

28 The most comprehensive study of the post-conquest aristocracy is J. Green, *The Aristocracy of Norman England*（Cambridge: Cambridge University Press, 1997）.

29 R. Fleming, *Kings and Lords in Conquest England*（Cambridge: Cambridge University Press, 1991）, pp. 107–44, 228–9.

30 Golding, *Conquest and Colonisation*, p. 57.

31 Ibid., p. 55.

32 *English Historical Documents*, vol. 1, no. 51; Williams, 'A Bell-House and a Burh-Geat'.

33 J. H. Round, *Feudal England*（London: Swan Sonnenshein, 1895）. See the discussion in Golding, *Conquest and Colonisation*, pp. 128–37.

34 Tabuteau, 'Definitions of Feudal Military Obligations', p. 59.

35 Loud, *Age of Robert Guiscard*, p. 289.

36 M. Mollat, *The Poor in the Middle Ages: an Essay in Social History*, trans. A. Goldhammer（New Haven: Yale University Press, 1986）, pp. 52–53. See also J.-P. Poly and E. Bournazel, *The Feudal Transformation 900–1200*（New York: Holmes & Meier, 1991）.

37 Orderic, *Ecclesiastical History*, vol. 4, pp. 296–7.

38 C. H. Haskins, *Norman Institutions*（Cambridge, MA: Harvard University Press, 1918）, p. 63.

39 M. Arnoux, 'Paysans et seigneurs dans le duché de Normandie: quelques témoignages des chroniquers（Xe–XIIe siècles）in *Villages et villageois au moyen âge*（Paris: Publications de la Sorbonne, 1992）, pp. 67–79（pp. 67–8）.

40 Dudo, *History of the Normans*, pp. 52–3.

41 *Gesta Normannorum ducum*, vol. 2, pp. 8–9.

42 B. Gowers, '996 and all that: the Norman Peasants' Revolt Reconsidered', *Early Medieval Europe*, 21（2013）, pp. 71–98. See also M. Arnoux, 'Between Paradise and Revolt: *Laboratores* in the Society of the Three Orders', in *Normandy and its Neighbours, 900–1250*, ed. D. Crouch and K. Thompson（Turnhout: Brepols, 2011）, pp. 201–14.

43 Golding, *Conquest and Colonisation*, pp. 74–5.

44 Fleming, *Kings and Lords in Conquest England*, pp. 228–9.

45 R. Faith, *The English Peasantry and the Growth of Lordship* (London: Leicester University Press, 1997), p. 215.

46 Ibid., p. 197.

47 J.-M. Martin, 'Settlement and the Agrarian Economy', in *The Society of Norman Italy*, ed. G. A. Loud and A. Metcalfe (Leiden: Brill, 2002), pp. 17–46 (p. 19).

48 Skinner, 'When was Southern Italy Feudal?', p. 337.

49 Two traditions exist about William's mother. He was either the son of Rollo's marriage to a woman from outside the Frankish realm, as is attested by the *Planctus*, or of Popa of Bayeux: *Normans in Europe*, ed. van Houts, no. 9 and pp. 14–15.

50 *Searle, Predatory Kinship*, p. 94.

51 For Gunnor see E. van Houts, 'Countess Gunnor of Normandy (c. 950–1031)', *Collegium Medievale* 12 (1999), pp. 7–24; Hagger, 'How the West was Won'.

52 *Gesta Normannorum ducum*, vol. 2, pp. 266–73.

53 Ibid., vol. 2, pp. 266–9.

54 C. Heygate, 'Marriage Strategies among the Normans of Southern Italy in the Eleventh Century', in *Norman Expansion: Connections, Continuities and Contrasts*, ed. K. J. Stringer and A. Jotischky (Farnham: Ashgate, 2013), pp. 165–86.

55 J. Drell, *Kinship and Conquest: Family Strategies in the Principality of Salerno Suring the Norman Period 1077–1194* (Ithaca: Cornell University Press, 2002), pp. 1, 112; Loud, *Age of Robert Guiscard*, pp. 113–14.

56 P. Skinner, ' "Halt! Be Men!" : Sikelgaita of Salerno, Gender and the Norman Conquest of Southern Italy', *Gender & History,* 12 (2000), pp. 622–41 (p. 626).

57 Ibid.

58 J. Drell, 'The Aristocratic Family', in *The Society of Norman Italy*, ed. G. A. Loud and A. Metcalfe (Leiden: Brill, 2002), pp. 97–113 (pp. 104–5).

59 Heygate, 'Marriage Strategies', p. 174.

60 E. Searle, 'Women and the Legitimization of Succession at the Norman Conquest', *Anglo-Norman Studies* 3 (1981), pp. 159–70 with notes at 226–92; E. van Houts, 'Intermarriage in Eleventh-Century England', in *Normandy and its Neighbours, 900–1250: Essays for David Bates*, ed. D. Crouch and K. Thompson (Turnhout: Brepols, 2011), pp. 237–70.

61 Orderic, *Ecclesiastical History*, vol. 2, pp. 218–19.

62 Ibid., pp. 214–17.

63 *Normans in Europe*, ed. van Houts, no. 36. See also discussion in Ch. 2.
64 *English Historical Documents*, vol. 2, no. 81; William of Poitiers, *Gesta Guilellmi*, pp. 158–9.
65 For an analysis of Gunnhild's career see R. Sharpe, 'King Harold's Daughter', *Haskins Society Journal,* 19（2007）, pp. 1–27.
66 Eadmer, *History of Recent Events*, trans. Bosanquet, p. 127.

第五章
诺曼人与教会

A Short History of the Normans

教会是中世纪社会不可或缺的组成部分，这是因为它不仅代表着道义权威，而且和世俗权力之间也有着紧密联系。教皇、主教和修道院院长，都同时扮演着生活咨询师和社会管理者的双重角色。此外，他们还对人们的不当行为提出规劝指导，尽力协调一个处于暴乱边缘的社会中所存在的紧张关系。从 11 世纪中期以来，制度化教会（institutional Church）在组织机构和传教性质两方面的发展情况，特别是教皇制度（papacy）所发生的变化，影响了教会人员和世俗统治者之间的关系。当时修建的男女修道院不断增多，并且在 11 世纪末期还出现了第一次十字军东征，给当时没有信教的人们提供了用武力方式为教会服务的机会。

在历史上诺曼人以对基督教的虔诚而闻名。他们的祖先罗洛在圣克莱尔·埃普特获得赐封土地的一个前提就是他必须接受洗礼，但从此之后，诺曼统治者们大多数时候都能和自己领土上的教会保持一种富有成效的密切关系。1066 年之后，诺曼人为了巩固在英格兰的征服成果，就必须与教会以及教皇进行合作。在意大利，诺曼人成为罗马公教（天主教）的盟友，在帮助罗马排挤希腊正教（东正教）、增强自身影响力方面，起了很大作用。但我们也发现，诺曼人对宗教经常采取实用主义的态度，他们的虔诚是根据形势而定。因此，即使诺曼人在西西里岛取得胜利，但这并没有阻止教皇格列高利七世开除罗伯特·吉斯卡尔和罗杰的教籍。此外，格列高利七世肯定认为"征服者"威廉欠教会更大的人情，因为在他发兵征服英格兰时，亚历山大二世曾以教皇的名义提供支持。修道院会在公爵的权力难以管辖之处，大力维护其威严，同样地，公爵也会在税收和土地政策方面为修道院行方便。

本章将分成三个部分，讨论诺曼人希望从教会中获得的利益，以及反过来，教会希望从诺曼人身上捞到的好处。本章的讨论是从教会和当地社区的互动关系入手。其中的关键是理解修道院和教徒圣祠所起的作用。第二部分讨论的是合法性和管理方面的问题：教会是如何巩固诺曼统治者的权力，并帮助他们对领土进行管理。其中的关键是理解他们与教皇和主教之间的关系。如果教会支持公爵、亲王和国王的世俗统治，那反过来，这些统治者也要巩固在自己领土上的教会的利益，保护教会人员和设施。这方面的讨论就组成了本章最后的内容。但首先，有必要简要回顾一下教会发生某些变化的背景情况。

10世纪中期之后，人们建造修道院的兴趣与日俱增。修道院里住着修士或修女，他们整日的活动就是沉思、祷告、学习和进行一些体力劳动。修道院给女性提供了一个从事精神和宗教职业的机会，因为当时的在俗教士全是清一色的男性，这决定了她们不可能在家修行。本书中讨论的大部分时期，基督教修道院的修行生活主要采取本笃会的形式，依据的是6世纪，努尔西亚的本尼迪克特（Benedict of Nursia）在意大利的蒙特卡西诺修道院制定出来的清规戒律。在诺曼统治时期的欧洲西北部，对这些本笃会教规进行解释的主要是克吕尼（Cluny）的勃艮第修道院，它的解释对修行生活在诺曼底的复苏起了很大影响。当时是一个克吕尼改革派的修士——沃尔皮亚诺的威廉（William of Volpiano）——受理查二世的委托，来到费康进行改革，才把它从一个世俗社区变成了本笃会社区。诺曼征服之后，克吕尼改革派的小修道院被引进到了英格兰，比如诺福克的卡斯尔·艾克（Castle Acre）的小修道院就是这方面的例子。克吕尼改革派的想法也对意大利南部社区的宗教改革产生了影响，其中以卡瓦（Cava）的圣三一修道院（Holy Trinity）为代表。诺曼人与修道院之间的关系是一个有趣的话

第五章·诺曼人与教会

图 5-1 卡斯尔·艾克小修道院的西正门。它位于诺福克郡,建于 12 世纪。

题。人们指责维京人的祖先在侵袭活动中破坏了很多修道院，但编年史家又赞扬诺曼公爵和他的追随者们重建了许多修道院，还表现出极大的宗教虔诚。在意大利南部和英格兰，诺曼人因掠夺修道院的土地而遭到人们指责，但至少在英格兰，他们又是宗教改革的推进力量。虽然诺曼人的确表现出对宗教虔诚的特征，但同时，对修道院的资助又让他们可以借机巩固自己家族的权力或经济利益。修道院也和住在自己土地上面或土地周围的普通百姓有着密切关系，其中一些修道院本身就成为人们朝拜和供养圣者的地方。

11世纪后半叶是教皇改革时期，其中在格列高利七世之后发生的宗教改革，有时也称为格列高利改革（Gregorian reform）。这场改革有很多目的，比如，要实行僧侣独身（clerical celibacy），这意味着经常要用武力手段让神父和妻子分居；结束神职交易，比如贩卖主教职务等。格列高利改革的核心问题是：谁才有资格授予主教神权和俗权，以及象征权威的标志——戒指和权杖。对于改革派来说，只有教皇才具有这种资格；但对于许多西欧统治者而言，由于主教既是世俗贵族，又是宗教领袖，所以只能由国王任命。后来，格列高利七世与德国皇帝亨利四世以及他的继任者在这方面的矛盾达到白热化的程度，这在历史上被称为"授权之争"（Investiture Contest）。这个矛盾引发了一系列的历史事件，其中教皇要废黜皇帝，而皇帝则选举对立教皇（antipope）来支持自己统治。这些事件影响到教皇，特别是格列高利七世，对自己与世俗统治者关系的看法。它们还导致诺曼统治者试图去控制自己领土上的教会，特别是在主教的任命问题上，情况更是如此。

教会也以一种更适应当地社会的形式运行。对于世俗贵族和相应级别的教会人物之间的关系，史料文献必然会比普通百姓、教区教士以及小修道院更能给我们提供更多、更全面的信息。如果我们要初步了解当地教堂与周围社区之间的关系，可以参看发生在教徒圣祠的神迹记录或编年史书。但与此同时，我们必须记住一点：这些记载在创作时都带着明确的宗教目的，其内容也经过了教会人士的改编。

圣徒与修道院

随着修道院的不断建立,人们越来越重视圣徒崇拜,并且乐于到中世纪社会进行朝圣等相关活动,从而让我们可以了解到教会和社会如何在地方层面上运作。在整个诺曼底、英格兰和意大利南部,教会维系了无数的地方社区,反过来也受到地方社区的支持和供养。

当时教区制度尚在雏形,而我们所掌握的关于教会日常运作的大多数资料都来源于修道院的记录。修道院能够延续,不仅是因为有贵族赐予其大量的土地,而且还因为它们每天都和本地世俗社会打交道。比如耕种修道院土地的佃户,要交什一税[①]给教堂,并且在重要的时候,他们除了到教堂祭拜,还会从教堂购买礼物。反过来,修道院也通过举办礼拜、葬礼,提供基本的社会福利以及瞻仰圣物等方式给本地社会予以关怀和照顾。修道院内的修士和修女也会花时间进行静观祈祷,因为一般百姓和在俗神职人员很少有时间进行这些活动。把修道院和宗教圣徒联系起来,不管是通过展览圣徒遗物,还是把某个教堂或修道院内房间奉献给圣徒,都是它们采用的一种建立身份和获得保护的方式。圣徒可以对社会上的行为和事情表示赞同或否定。圣徒们的祠堂是治病和求情之地,因为人们相信圣徒是沟通天上人间的宗教使者。通过阅读像圣徒事迹和神迹故事之类的圣徒传记和文献资料,以及修道院里的编年史书,我们能进一步了解那些在其他情况下接触不到的人们的生活,特别是关于普通人的日常生活。不过我们要谨慎阅读这些资料。圣徒传记是为了说明某个信徒的纯洁性,给人们提供一个恰当的教徒行为榜样。神迹记录则是显示圣徒所具有的神奇力量,可以吸引更多的朝拜者,为修道院带来更多的收入,并且建立更高的声望。圣徒崇拜,特别是和本地社区相关的圣徒崇拜,对诺曼统治者具有重大的意义。为了争取当地圣徒对自己的支持,他们首先必须成为这些宗教社区的捐助人和支持者。

---

① 什一税由欧洲基督教会向居民征收,作为宗教捐税用于神职人员的薪俸和教堂日常经费以及赈济。
　　——编者注

奥德里克·维塔利斯的《宗教史》中有两个例子，展现了圣徒、教会、社区和政治之间的联系。当年，诺曼底在罗伯特·柯索斯统治之下曾出现过一段混乱时期。在1092年左右，他的弟弟亨利（后来英格兰的亨利一世）从贝莱姆的罗伯特手中夺取了栋夫龙。在这次战乱之中，有一名叫作鲁阿尔德（Ruald）的俘虏，据载他是来自于"圣·埃弗雷特的领土"，即奥德里克所在的修道院，也就是说，此人是修道院的一个佃户。[1]鲁阿尔德发现自己被囚禁在城堡的一间屋子里，就向圣·埃弗雷特——修道院的守护圣徒（Patron）——祷告，祈求获得拯救。当天夜里，鲁阿尔德从梦中惊醒，发现有人拉住了自己的手。这让他有了信心和勇气，于是开始逃跑。当他去拉门时，门闩应手而落。鲁阿尔德溜进城堡花园时，又向圣·埃弗雷特祷告，请求他帮助自己穿过院子，并且不被守卫在那里的士兵发现。结果尽管有人追赶，但鲁阿尔德凭借自己对圣·埃弗雷特的虔诚和信心，躲了起来，没有被追兵发现，连旁边一个耕地的农夫都声称没有看见他。尽管奥德里克承认这个故事只是自己根据鲁阿尔德的口述而记载的，但他相信鲁阿尔德为人诚实，不会骗人。显然，这个故事可以理解为修道院的守护圣徒会保护那些正直的人们。

另外有一个布列塔尼人，名叫杰弗里，他的经历更进一步说明了修道院和社区之间的这种维系关系。此人以前不尊教化，做尽抢劫放火等恶毒之事。后来在修道院的瓦兰院长以及他自己妻子的规劝下，杰弗里决心改过自新、重新做人。在某一年的"诸圣婴孩"庆日（Holy Innocents），他出发去把白面包送给修道院的修士。因为，当时的人们如果和修道院有密切联系，那重要的宗教节日就给他们提供了一个绝佳的机会，可以借机表示自己对宗教的虔诚态度。但他出发的那天，天气非常糟糕。大雪覆盖了整个乡野，杰弗里和他的儿子牵着马匹，差点迷路。路上，他们还得穿过一条河流。由于冬天的雨雪较多，当时已经河水暴涨、水流湍急。于是杰弗里先向圣徒祷告，然后成功地度过了河流，并且他们带去的面包也没有打湿。但他的儿子由于不够诚心，结果就弄得浑身湿淋淋的。到修道院之后，杰弗里就把路上发生的故事告诉了这里的修士。在这个例子中，我们看到教会提供给人们的是精神上的支持帮助和指导规劝，而人们回报给修道院的则是捐献和礼物，是从物质上对修道院提供帮助和支持。[2]

上面这些事例也说明了在那段时期，圣徒崇拜起到的重要作用之一是救助处于困境的人们。当时医疗护理主要由处于教会监督之下的慈善机构提供。11世纪后半叶，医院逐渐增多，其中包括专门治疗麻风病人的机构，这一过程在12世纪得到了更快发展。然而这些机构毕竟稀少。因此，虽然某些社区可能还会有一个医务工作者，但更多人还是觉得很有必要去朝拜圣祠，请求圣徒的救护。诺曼人朝拜的圣祠可能具有各自不同的特殊功能。例如，鲁昂的圣凯萨琳教堂的朝拜者往往是存在生育问题的妇女。[3] 据说，圣阿芒（St Amand）是墨洛温王朝时鲁昂的一位主教，特别善于治疗"被恶魔附身"的病人。比如在1107年，鲁昂圣阿芒修道院的女院长马尔西利娅，给佛兰德圣阿芒修道院的院长写了一封信，在这封信中她描述了一个非常感人的故事：一个丈夫把要自杀的妻子送到修道院，请院里的修女帮忙照顾。他的妻子是由于受不了邻居对她丈夫的闲言碎语，所以要寻死觅活。不幸的是，这个女人如此绝望，以至于修女们也无法阻止她再度寻死。最终，修女们代这个女人向圣阿芒祷告，使这个妇女情况大为好转，她完全被唤醒，并进行了忏悔，深信从此可以避免死后掉进地狱，饱受折磨。[4]

除了提供救护，圣徒也会警告或惩罚行为不端的个人，阻止他们侵吞或掠夺社区土地、偷盗财物或伤害他人等。奥德里克记载的关于鲁阿尔德脱逃的故事，表现的不仅是圣徒对社区的保护；其中，圣徒帮助鲁阿尔德逃跑的行为本身，也是对亨利囚禁鲁阿尔德的否定。在诺曼人征服英格兰和意大利南部之后，本地的圣徒也会惩罚那些在自己社区为非作歹的人们。例如，贝里圣埃德蒙兹（Bury St Edmunds）、达勒姆和伊夫舍姆三地的社区，在圣徒传记中都记载了惩罚坏人的神迹故事。其中一个特别精彩的例子来自于伊利（Ely）的本笃会修道院。诺曼征服之后，一个不择手段的家伙——皮科（Picot），被任命为剑桥郡郡长。凭借这个身份，他侵吞了原本属于修道院的土地，而这个修道院的守护圣徒是圣埃塞德丽达（St Æthelthryth），一位盎格鲁-撒克逊公主，在公元7世纪成为修道院的女院长。皮科因侵吞土地而受到了警告。他还有一个心腹叫作杰维斯（Gervase），被描绘成是"对圣埃塞德丽达的人民特别仇恨，似乎生下来就是要和圣埃塞德丽达专门作对一样，对她所有的财产都要压榨侵吞，手段卑鄙、令人发指"。[5] 人们只好向圣女求救，于是她显灵了。在一个可怕的梦境中，圣埃塞德丽达控诉了杰维斯的种种罪行，然后用手里的牧杖刺穿了他的胸口。S. J. 瑞德亚德（S. J. Ridyard）认为这意味着杰维斯死于心脏病发作，但只有这样记录才符合修道院的描述风格，因为它可以强调圣徒在这件事中发挥的积极作用。[6] 圣埃塞德丽达以某种方式显灵的记载，表明她曾经作为院长的权威不是徒有虚名，而是以这样一种十分直观的方式告诉人们：她具有强大的保护力。

意大利南部也有类似的例子。但在这些地方，诺曼人最初是被人们视为侵略者同时也是圣徒的敌人。蒙特卡西诺修道院院长写的《德西迪里厄斯对话》（*The Dialogues of Desiderius*），讲述了很多神迹故事，目的是告诉我们，圣徒们会保护修道院。下面这个例子是关于本尼迪克特的。一个诺曼人抢劫了修道院渔民钓到的鱼，结果被一个大浪卷走而淹死了。而另几群诺曼人就像本尼迪克特在梦中预示的那样，被人们从这片土地上驱逐出去，因为他们在这里进行的是掠夺，而不是保护。[7] 另一个例子来自于卡瓦的圣三一修道院，描述了圣徒的行为是如何帮助人们迷途知返、改邪归正的，尽管这样的改造过程起初可能会有一些波折。故事是这样的：圣三一修道院的院长彼得请求圣迈克尔（St Michael）出面对付一个叫作罗杰的家伙，因为他总是欺负奇伦托（Cilento）的农民，不断地给修道院找麻烦。后来，屋顶垮塌，砸死了罗杰的婴儿。但罗杰并没有立刻改邪归正，仍然带着一群武装分子，驱赶农民、对抗修士。关于罗杰改邪归正，不再迫害修道院的佃户的故事是这样结束的：院长彼得带着修道院的修士唱着赞美诗，见证罗杰皈依了基督教。[8] 杀死婴儿似乎不应当是一个圣徒的行为。但正如在前面例子中我们讨论梦境的真实性一样，这儿大天使（即上文中的圣迈克尔）是否造成了婴儿的死亡，并不是我们关心的问题，因为修道院这样组织故事才能更加生动地讲述坏人如何就范，同时也可作为对他人的一个警戒。

本地宗教社区不仅只是在人们遇到麻烦时才给予关怀和照顾，而且也会给逝者提供安葬服务。出资建立修道院或慷慨捐助现有修道院的一个好处就是,自己死后有望能葬在回廊或教堂里面。有时,人们可以通过赠与方式,让修道院正式实现自己的这种愿望。许多吉鲁瓦尔－格兰德梅什尼尔家族(Giroire-Grandmesnil Clan)的成员被埋在圣·埃弗雷特修道院,因为它是威廉·格尔罗伊和格兰德梅什尼尔的弟兄们一起修建的。罗伯特·格尔罗伊、埃绍富的阿诺德、蒙特平康的拉尔夫(Ralph of Montpinçon)和里兹兰的罗伯特(Robert of Rhuddlan)死后都是埋在修道院的回廊里面。[9] 格兰德梅什尼尔的于格以及他最亲近的家人,包括他的妻子、儿子和儿媳都是葬在礼拜堂里。[10] 圣皮埃尔德修道院,是维涅利斯的汉弗莱(Humphrey of Vieilles)在1035年为僧侣们修建的。他本人属于博蒙特家族,而这个家族的好几代人,包括汉弗莱的儿子和孙子们,都葬在修道院的围墙里面。[11] 在英格兰,诺曼殖民者建立了新的宗教社区,他们死后也葬在里面。比如,罗伯特·德·莱西(Robert de Lacy)被葬在庞蒂弗拉克特的克吕尼基金会,切斯特伯爵于格则葬在圣沃伯格修道院。有时他们的墓碑建得非常壮观或十分精致。比如冈德瑞达(Gundreda),她是瓦伦的威廉之妻,死后葬在勒维斯(Lewes)的小修道院里面,她的坟墓上面罩着一块黑色的大理石平板。[12] 而在意大利南部,欧特维尔家族在韦诺萨的教堂基地则成了他们组织安葬和家族纪念的集中地点。[13] 除了葬礼之外,在重要的礼拜仪式上,死者的名字也会出现在诸如《温切斯特利贝尔传记》等多种文献之中,或者放在祭坛之上的逝者名单里面加以纪念。

葬礼不仅是埋葬死者的传统方式,而且也是追忆和纪念他们的一种有效手段,此外,还能保证修道院将来继续得到人们的捐赠和物质供养。埋葬捐助人和创建者的尸体让修道院和世俗供养之间形成了更紧密的联系。修道院的修士或修女的重要职责之一是给别人以及逝者的灵魂进行静观祈祷。像《温切斯特利贝尔传记》这样的资料给这种祈祷提供了修道院的逝者名单。把捐助人葬在修道院和回廊里面重要而显眼的位置,既可以让修士或修女们感悟人生无常,也表明了修道院和世俗权贵之间的关系。如果修道院供养着守护圣徒的尸体,特别是当人们相信这些心灵保护者具有强大法力的时候,那么世俗捐助人就更愿意给修道院提供自己的保护。[14]

图 5-2　巴特尔修道院的回廊东部，建于 13 世纪，展示了将其建在坡面上的困难性。

　　宗教社区还可在更广泛的意义上成为一种纪念场所。这方面特别有说服力的例子是"征服者"威廉建立的巴特尔修道院。据《巴特尔修道院编年史》（*Chronicle of Battle Abbey*）记载，威廉曾许诺，如果上帝保佑他获胜，他一定要建立一座修道院。随后几年，威廉命令把修道院建立在哈罗德国王曾插下战旗、后来又战死于此的地点。这部编年史创作于 12 世纪 70 年代，其中记载道：修士们认为该地不适合建立修道院，因为这儿没有水，并位于一个非常陡峭的坡面，于是他们想调换位置。威廉知道之后怒火冲天，要求修士们必须按照自己先前的指示修建修道院，并把高高的祭坛安置在哈罗德战死的地方。修士们只好照做。即使今天，当走在回廊（13 世纪修建）东部的地面时，我们也可以看到当初把修道院建立在这样一个地点所要面对的困难和挑战：为适应坡面的地形，只好不断提升房间高度。虽然这部编年史是后来写成的，创作的很多时候都得益于事后分析，但更早的资料也认为修建这座修道院的目的是感谢上帝保佑诺曼人取得了征服战争的胜利。据彼得伯勒（Peterborough）编撰的《盎格鲁－撒克逊编年史》记载，修道院建立在"上帝赐予（威廉权力）去征服英格兰的地方"。[15] 巴特尔修道院也是为了纪念在战场上死去的人。据锡永的厄尔蒙弗雷德（Ermenfrid of Sion）的忏悔法令（本章后面将对其进行详细讨论）可知，建立这座修道院是为了弥补在战场上不可避免屠杀基督教同胞的罪过。因此，对于威廉建立的修道院必须放在这样的背景中去理解，即它不仅是为了纪念战争的胜利并向上帝感恩，而且也是纪念和缅怀双方战死的将士。

教皇与修道院管理

诺曼首领和教会关系的一个主要方面在于，后者具有承认前者进行土地征服和殖民统治的合法性，以及对此表示支持的能力。但这并不会是无条件的支持，因为它的目的是换取诺曼首领的某种回报，就像罗洛在诺曼底殖民的情况一样。我们在第一章曾讨论：要让自己占有的土地合法化，罗洛必须满足的一个重要前提就是皈依基督教；而他接受洗礼，就代表自己已经从一个掠夺者转变成了一个保护者。罗洛皈依行为的真诚性值得讨论，但无论如何，我们现在已经不可能获得准确答案了。杜多写作的目的只是告诉我们，维京入侵者就这样融入了法兰克人的社会结构。根据杜多和后来瑞米耶日的威廉记载，这个转变过程在罗洛的继承者——"长剑"威廉——身上体现得更为明显，因为他不但经常和饱学的教士交流，而且还资助建立了一些修道院。

瑞米耶日的威廉在《诺曼公爵的事迹》中记载了一个重建修道院的故事。维京人侵入塞纳河谷之后，瑞米耶日的修士们选择了逃离，等到形势稳定之后，他们才逐渐返回修道院。一次，"长剑"威廉外出打猎的时候，遇到了两名修士在慢慢清理杂草，他们施舍给他一些简单的饮食。可能公爵觉得这不符合自己的身份，于是就拒绝了他们的施舍，并决定去猎杀一头大野猪来充饥。但在猎杀过程中，野猪咬伤了威廉，于是他被抬回修道院治疗。在疗伤期间，威廉对自己拒绝修士施舍的行为表示了忏悔，并决定帮他们重建修道院。

他派自己手下过去,把修道院里的树枝和荆棘清除干净。这样一来,他们就给曾经破朽不堪的圣彼得教堂熟练地盖上屋顶并进行了修缮。公爵还派人收拾了教堂的回廊和所有的外层建筑,使它们住起来更加舒适。[16]

此外,那里的修士们精神纯洁,让威廉十分感动,以至于他发誓自己也要出家。但教堂的院长劝阻了威廉,说他的人生职责是保障诺曼底人民生活的安全和稳定。杜多关于威廉希望出家的讲述和上面的版本不同,他指出故事发生的背景是公爵和院长讨论怎样生活才能获得上帝的拯救。[17]佛兰德的阿努尔夫派人暗杀"长剑"威廉之后,威廉的手下才发现他一直像修士一样,每天都把自己锁在屋子里进行祷告。这就充分体现了威廉对宗教的虔诚态度,以及他对自己不能参与的宗教生活所表现出的一种热忱。[18]

编年史中包括了一些记载,比如修建瑞米耶日修道院的故事,用来说明诺曼首

图5-3 位于诺曼底的瑞米耶日修道院。其具有罗马风格的西正门保留至今(图左)。
© 马克·哈格尔

领对基督教的信仰程度。这些故事也奠定了以后的史书在这方面的写作基调,即它们都喜欢强调诺曼公爵们身上具有的宗教虔诚。普瓦捷的威廉在《威廉的事迹》中记载,威廉二世修建的宗教场所在数量以及圣洁程度上,完全可以和埃及媲美。这些宗教场所之所以能够繁荣发展,是因为公爵本人就是"他们最忠实的保护者和监护人"。[19] 奥德里克·维塔利斯还指出,公爵本人对宗教的虔诚鼓舞着手下的贵族们也纷纷去修建宗教场所,宣称"每位诺曼权贵都认为:如果不支持自己领地里那些为上帝服务的教士和修士的工作,就会被人瞧不起"。[20] 当然,在这些建成的宗教场所中,就包括奥德里克自己所在的圣·埃弗雷特修道院。到1087年,也就是"征服者"威廉去世的时候,诺曼底已经有了大约40个本笃会场所,其中包括至少7座女修道院。在这些宗教场所中活动的很多都包括创建人的家庭成员,他们热衷于为拯救捐助人的灵魂以及更广泛的社会而祈祷。

到他们征服并统治意大利南部和英格兰的时候,诺曼人已经完全成为基督教信徒。在这期间,罗马教皇一直在设法增强自身的权力和影响,因此他们在策划(尤其是英格兰——见第二章)以及认可和巩固征服成果(英格兰和意大利南部)方面,都需要发挥更大的作用。有时,史料显示很多诺曼首领,特别是"征服者"威廉、阿韦尔萨伯爵理查德,或罗伯特·吉斯卡尔,特别受教皇的青睐。不过,格列高利七世教皇在位期间的一些信件表明:教皇政策和诺曼首领的计划之间存在某些冲突。总的来说,双方的政策都是实用主义居多。因此,到底是教皇,还是公爵,或者国王,能够从中获利,在很大程度上取决于当时的政治和社会背景。教皇和这些统治者关系的实质是一种互相利用、不断调整的过程,并且一直持续到12世纪以后。

在意大利南部,诺曼人与教皇之间显然是一种确认统治权以及互相支持的关系。当时教皇警觉地发现一群群诺曼人和其他组织来到意大利,然后开始掠夺、侵占教会土地。蒙特卡西诺的阿马塔斯把这方面的故事讲述得特别精彩,但他对自己书中这些事情的态度前后矛盾,这是由诺曼人对他的修道院的土地所采取的行为引起的。正如我们在第三章讨论的那样,11世纪50年代,教皇利奥九世希望在意大利南部地区看到和平，于是在他领导下的教皇体系开始对诺曼人，以及意大利南部统治者之间的斗争产生了更大的兴趣。他在这方面的第一次干预活动以惨败而告终，因为1053年，教皇军队和德国士兵在奇维塔特被诺曼人击溃。但1059年，尼古拉二世当选为新任教皇，他对教皇和诺曼人关系的态度和做法，在考德里以及最近的劳德看来，简直"相当于一场革命"。[21] 后来教皇授权罗伯特·吉斯卡尔拥有自己的领土，并任命他为西西里岛未来的公爵，就将这一点表现得特别明显。当时，罗伯特以口头发誓的形式，保证自己绝不会做任何有损罗马教廷利益的事情，而是要拥护教皇的领导，保护教会土地的安全，缴纳贡款并支持选举改革派人士作为尼古拉的继承者（"我将根据比我更睿智的红衣主教、罗马教士以及世俗人士的意见，帮助选举教皇并进行改良"）。[22] 但我们不能就此误认为罗伯特是依靠教皇的支持才取得了自己的地位。梅尔菲宗教会议的确帮助他把自己在意大利南部的统治合法化，也提出了将来入侵西西里岛的计划，但这些从教皇的角度看来，都是当时非常实际的做法。此时那些诺曼人，特别是欧特维尔兄弟，以及他们的对手，包括阿韦尔萨的理查德和他在卡普亚的后代们，显然不会从因派系争斗而造成的混乱局面中抽身而退。对教皇而言，与罗伯特达成和解就意味着找到一个可以帮助自己对抗他人的盟军，特别是对抗德国皇帝，此外，或许他还希望这样可以牵制敌对的诺曼人群。作为对授权行为的回报，尼古拉可以指望在对罗马改革派反对选举对立教皇这件事上，罗伯特可以提供军事方面的支持。

尼古拉二世统治时期，教皇和意大利南部的诺曼人之间的关系发生了巨大变化，但继任他的教皇对诺曼人的支持并不是无条件的，也不会一直提供这样的支持。比如，罗伯特和格列高利七世的关系就紧张得多。教皇为了纠正那些和教会利益冲突的行为，可以决定不再支持某些统治者。开除教籍就是教皇可以动用的主要武器，并且这招非常有效，甚至可能导致统治者丢掉王位。在和德意志皇帝亨利四世发生授权冲突之后，格列高利七世将其开除教籍，成功地瓦解了他在国内的军队，因为很多士兵都曾宣誓忠于教会，而亨利四世被开除教籍，就意味着反抗皇帝的行为是正当的。一份1075年伦特（Lent）宗教会议的记录显示，当时教皇已经把罗伯特·吉斯卡尔放进了谴责名单，此外，还把他的侄子——洛瑞特罗的罗伯特——开除了教籍。[23] 这场争端的核心在于1073年，兰道尔弗六世亲王（Prine Landulf VI）投降，把贝内文托献给教皇之后，诺曼人侵袭了教皇的土地。同时，罗伯特·吉斯卡尔和其他一些诺曼首领向北推进到了阿布鲁齐（Abruzzi）。[24] 诺曼人领土的持续扩张和教皇的计划发生了冲突，因为教皇希望教会体系不受世俗权力的控制。但格列高利七世由于和亨利四世的冲突还没有结束，还可能需要诺曼人给自己提供军事支持，所以不能就此疏远诺曼首领。从一封格列高利七世在位期间的书信中获悉，教皇曾试图通过阿切伦扎（Acerenza）大主教阿纳尔德（Arnald），和诺曼人达成和解，但未能奏效。[25] 于是，罗伯特使用和上次对尼古拉二世宣誓相似的方式，口头重申了他对教皇的支持。但是，其中重要的是，格列高利七世被迫让步，承认罗伯特可以合法拥有已经占领的领土，包括原来教会的两片土地——萨勒诺和阿马尔菲，也都归属于他。虽然诺曼人掠夺了教皇的土地，并且他们像"征服者"威廉一样，也决心要对位于自己领地的教会保持一定程度的控制权，但他们没有用亨利四世公然违抗主教任命权的那种方式，去挑战教皇的神权地位。另一方面，当时格列高利七世也需要权衡利弊，然后决定选择战斗的对象。如果剥夺罗伯特·吉斯卡尔和罗杰统治的合法性，就意味着教皇要在两个前线同时作战。

一旦征服了一片领土或开始在上面殖民，接下来必须考虑的就是如何进行行政管理。教会的广泛资源以及制度化运行机制意味着它可以给世俗管理提供有力支持。而教会从中得到的好处就是，它可以从修建宗教场所和创建主教管区的行为中获得土地，从而开展教会活动，并巩固教皇的权威。这种情况在诺曼底和意大利南部尤其如此，因为诺曼人的到来促进了或加速了主教管区的建设，而主教管区是教会分布的行政单位。对意大利的教会而言，这又显得特别重要，因为来自拉丁地方的宗教①影响力在意大利的部分地区一直较弱。而对于诺曼统治者而言，教会人士是能干的行政管

---

① 指的是希腊正教或东正教。——译者注

理者，拥有写作文书的专业技能，并且能够和其他统治者联系沟通。

到威廉二世统治时期，诺曼底教会已经形成了7个主教管区：鲁昂，作为大主教管区和都主教的驻地；其他6个主教管区，即利雪（Lisieux）、埃夫勒、塞斯（Sées）、巴约、阿夫朗什（Avranches）和库唐斯——受鲁昂辖制。这些主教管区的划分是基于加洛林王朝的行政区划。在维京人的侵袭，以及10世纪由于加洛林王朝的君主们和卡佩王朝的挑战者互相征战引发的社会动荡中，这些主教管区的基础设施几乎消失殆尽。鲁昂仍然设有大主教，但如果要给位于诺曼底西部的主教管区任命主教，那他们也会住在鲁昂。例如，鲁昂的圣洛教堂（the church of Saint-Lô）之所以这么命名，是因为它被献给了科唐坦半岛上的库唐斯主教管区。直到11世纪50年代，库唐斯建立了自己新的大教堂，库唐斯主教才能离开鲁昂。在阿夫朗什，大教堂是在1025年就开始建造，也就是发生在阿夫朗什第二任主教在职期间，而他是在恢复莫吉（Maugis）教区之后才被任命的。关于鲁昂大主教的事迹，我们可以从法兰克人写的资料中获悉：鲁昂大主教盖伊曾积极帮助塞纳河谷的维京人皈依基督教，但正如我们在第一章介绍的那样，杜多提到的"弗朗科大主教"的活动则没有多少事实依据。我们对后来的鲁昂大主教知之甚少，直到989年，理查一世的兄弟罗伯特被任命为鲁昂大主教，情况才有了改观。罗伯特成为大主教时还非常年轻，因此，他有时间为后来（一直到威廉二世）的诺曼底公爵上台铺平道路。也主要是在罗伯特的领导下，诺曼底重组了为世俗权力服务的基督教堂，同时给职位空缺的主教管区任命了主教。但罗伯特的职业生涯，则牢牢扎根于宗教改革前的时代，而这一事实影响了后世资料中对他性格的评价。

关于罗伯特活动的记载只限于杜多的作品、11世纪晚期的《鲁昂大主教法令》（Acts of the archbishops of Rouen）和少数遗留下来的宪章内容。考虑当时的时代背景，出现这样的情况并不稀奇，但这的确也让历史学家们更加难以确定重建和管理大教堂的具体过程。不过，这些文献资料的确集中描写了罗伯特的活动，让我们对主教在诺曼底公国的角色和作用看得更加清楚。首先，主教必须是自己所在教堂的好管家，要筹集人们给教堂的捐赠物资。宪章内容显示罗伯特积极活动，努力增加鲁昂的教堂财产。罗伯特一世确认把土地归还给教堂的事例,说明教士们对上诺曼底地区的佩伊－德－塔鲁(Pays de Talou)和佩伊－布雷(Pays Bray)颇感兴趣。更重要的是,教堂还在诺曼底西部的法莱斯和卡昂两地,以及诺曼－维克森的边界地区,拥有自己的土地。[26] 在这些地方拥有土地非常关键,可以帮助巩固公爵的利益,并扩大公爵的势力范围。因此,我们可以认为罗伯特既是一位孜孜不倦的管理者,也是一位精明强悍的政治家。并且,鲁昂大教堂的重建也主要是他的功劳——唱诗班、十字耳堂、灯塔和教堂地下室——都是在他的指导下完成的。他还重建了鲁昂其他一些设施。[27] 此外,罗伯特还对艺术活动提供赞助。

主教和公爵之间形成紧密的联系,这对于公爵在诺曼底全境行使权力非常重要。这方面的一个典型例子发生在塞斯主教管区,它当时主要是处于强大的贝莱姆家族统治之下。但蒙哥马利的罗杰娶了贝莱姆的女继承人玛贝尔,此外威廉在11世纪50年代战胜了安茹的杰弗里之后,塞斯就逐渐被纳入了公爵的统治范围。不过一直等到贝莱姆的伊沃主教去世之后,公爵才得以把自己的手下安插进去。[28] 巩固英格兰征服成果的情况也是一样。威廉意识到自己需要能干的人去管理主教管区。但他手下的主教来自于不同的社会背景,既有教会人士也有俗家弟子,似乎威廉对宗教权威和世俗权威同样看重。有意思的是,1066年之后,威廉并没有一下子撤换所有的主教人选,比如有两名在1066年之间就被任命的主教在诺曼征服很长一段时间之后都还在位,其中一个是英格兰人伍斯特的伍尔夫斯坦(Wulfstan of Worcester),另一个是韦尔斯的格叟(Giso of Wells),他来自洛泰尔王朝。不过,正如戈尔丁指出的那样,1066年之后,再没有一个英格兰人被任命为主教。因此,在威廉统治末期,英格兰的主教集团在性质上已经和以前很不一样了。[29] 如果1069年,约克大主教埃尔德雷德没有去世,他很可能还会留在这个位置上。但事实上,他去世之后,一名强硬派的诺曼人取代了他的大主教职位,这就是巴约的托马斯。坎特伯雷大主教斯蒂甘德,背负着选举不合教规以及贩卖圣职的污名,在1070年被剥夺了职位,由兰弗朗克取代。威廉任命主教的时候很在意他们身上是否具有某些素质,特别是要有胜任高难度工作的能力,并愿意拥护国王在英格兰境内的统治政策。

在英格兰,主教管区的地理位置对于管理教会和国家来说,也和它们在诺曼底的情况一样重要。我们在前面指出,鲁昂大教堂拥有的土地其实具有战略重要性。1066年征服英格兰之后,威廉把一些重要的主教驻地进行了转移,继续这项由"忏悔者"爱德华开启的迁徙过程,因为当年爱德华曾把德文郡的克雷迪顿(Crediton)教区迁到旁边面积更大的埃克塞特(Exeter)。根据一份可能是在11世纪70年代早期撰写的宪章记载,威廉决定把多切斯特(Dorchester)教区搬到林肯。[30] 这不仅仅是因为林肯是一个重要的商业中心,经济繁荣,还因为它是一个战略要地,可以作为一个王室城堡和屏障,抵御可能来自丹麦的进攻。所以,把主教驻地转移到王权薄弱的地方,可以让威廉王朝的安全得到更好的保障。1075年,将原位于利奇菲尔德(Lichfield)的教堂迁往切斯特,也相当于把主教设在了一个统治可能比较脆弱的地方,即英格兰和威尔士的交界处。[31]

然而,确定意大利南部主教管区的结构则要困难得多。总体而言,这儿的主教管区面积更小、数量更多。在一些地区,特别是卡拉布里亚,教会不是朝着罗马方向,而是朝着东面的拜占庭帝国延展,而在穆斯林主宰的西西里岛,拉丁教会基本不存在。此外,意大利南部教区的书面记录要比阿尔卑斯北部的记录少得多。这儿也没有创作叙事历史的传统,用来记载主教们的事迹,就像我们在诺曼底和英格兰看到的那种作品。诺伯特·坎普(Norbert Kamp)指出,在这个地区,只有关于主教在位时间的详细记录。真正遗留下来的资料表明在人事方面,他们具有更大的延续性。诺曼人占领意大利南部之后并没有大面积撤换主教,即任命诺曼人或法国人来代替本地主教,主教仍然是本地人士。但坎普认为,1059年的梅尔菲宗教会议的确标志着出现了一个重要的变化,即意大利本土的希腊主教越来越被效忠于罗马的人员代替,虽然这在地理上只局限于诺曼人在阿普利亚控制的地盘。当时,伊特鲁里亚城邦(Tyrrhenian city states)和伦巴第公国基本上还没有受诺曼人统治,因此这些地方的主教替换过程进行得要缓慢得多。[32]

罗伯特·吉斯卡尔和罗杰征服卡拉布里亚和西西里岛之后，立刻就把这些地方的主教撤换成处于自己资助之下的修道院人员，这就意味着他们在很大程度上控制了教会人员的任命权。杰弗里·马拉特拉在记载西西里岛主教管区的创建过程时，提供了重要信息来介绍罗杰最初的人员任命情况，这就能够证明上面的观点。由于罗杰基本上是白手起家，因此他任命的主教成分也十分复杂。格兰（Gerland），一个萨瓦人（Savoyard），被任命为阿格里真托（Agrigento）的主教；斯蒂芬，被描述成是一个"来自于鲁昂的正直人"，成为马扎拉（Mazara）的主教；而罗杰，最初来自于普罗旺斯，后来在特罗伊纳服务，被任命为锡拉库萨的主教。在经过了一番协商和劝说之后，罗杰任命安格瑞斯（Angerius），一个来自于圣欧费米娅的修士，成为卡塔尼亚的主教。[33]虽然教皇乌尔班二世批准了新任主教名单，但这些教区仍然处在罗杰的控制之下。乌尔班试图任命一个教皇使节——直接代表教皇本人——去监督西西里岛教会，但没有得逞。[34]

修道院也可以帮助诺曼统治者巩固他们的权力。修道院的人员虽然只是由一些整日沉思打坐的修士或修女组成，但他们持有和管理的土地却能成为传播权威的重要工具。如果前面关于威廉和瑞米耶日修道院的故事，主要是用来强调斯堪的纳维亚移民在从不信教的海盗到成为基督教权贵的旅程上走了多远的话，那诺曼底其他地方的修道院则具有更实际的一些用途。毋庸置疑，传统的宗教虔诚影响着他们的许多行为，但诺曼底公爵们非常清醒地意识到宗教机构具有的潜在价值，可以让他们在鲁昂很远之外的地方都受到欢迎，可以促进经济发展，还可以提供机会，给公爵的亲属谋求上升的空间。宗教社区也在巩固1066年之后的英格兰征服成果，以及帮助诺曼人在意大利建立统治方面，发挥了重要作用。此外，宗教社区还能支持本地贵族实现自己的抱负。通过种种捐助，其中包括赠与土地、免除赋税以及授予其他特权，这些宗教机构可以促进社会稳定和经济发展。它们甚至还能在当地行使司法权，以及进行一定程度的行政管理。这方面的一个很好的例子发生在圣米歇尔山修道院。从"长剑"威廉开始，后来的诺曼底公爵们都对这座位于诺曼底海岸线并和布列塔尼交界的修道院抱

图 5-4 位于卡昂的拉特里尼泰修道院的西正门。

有极大兴趣。在过去，这座修道院的主要捐助者一般是布列塔尼伯爵，但后来慢慢换成了诺曼人。这座修道院关系广泛，这让它可以逐渐在诺曼底西部维护公爵的权威。[35] 其他的修道院，比如贝尔奈修道院（monastery of Bernay），是建在公爵领地上的。在本例中的圣米歇尔山修道院，是建在理查二世的妻子朱迪思随嫁妆带过来的土地上面的。在意大利南部，阿韦尔萨的理查德、罗伯特·吉斯卡尔和罗杰等诺曼贵族，供养的是现存的修道院，特别是蒙特卡西诺的修道院。但为了巩固自己的利益，他们也修建了一些新的修道院，像在韦诺萨的修道院和圣欧费米娅修道院等。[36]

我们在前面曾经指出：一所修道院或教堂的圣徒能够扮演本社区的强大守护神的角色；当我们讨论教会授予世俗统治者合法化权力的时候，这一点决不能被忽视。费利斯·利夫席茨（Felice Lifschitz）和萨曼莎·赫里克（Samantha Herrick）都讨论过圣徒传记在诺曼底巩固公爵权威方面的重要性。[37] 把诺曼底古时候的主教，比如罗曼纽斯（Romanus）、维戈尔（Vigor）、陶里努斯（Taurinus）和尼卡修斯（Nicasius）等，追认为圣徒，可以让诺曼人把自己打扮成是这些圣徒的后裔，表明他们已经从入侵者转变成了上帝的子民。这在关于罗曼纽斯的例子中表现得特别明显。罗曼纽斯是鲁昂的守护圣徒，据说是他把这座城市从维京人的手中解救出来。在意大利南部，罗伯特·吉斯卡尔也供养本地的朝拜中心，尤其是崇拜萨勒诺的圣马太。据阿马塔斯记载，这位圣徒曾预言教皇将在奇维塔特被击败。事实上，如果圣徒作出这样的预言就意味着他认可诺曼人可以拥有被占领的土地，从而也就表示了对他们的支持。罗伯特和主教阿勒法诺斯一世（Alfanus I）一起重建了大教堂，他们在修建过程中发现了这位圣徒的遗物。[38] 发现圣徒遗物通常代表着获得了他的垂青，因为圣徒不会向不值得的人示现自己。在英格兰，那些被任命到修道院或主教管区的诺曼人都懂得保持各种圣徒崇拜的重要意义，尽管也有一些对此表示怀疑的著名例子。[39] 这方面最有名的例子可能是兰弗朗克贬低圣徒埃尔费（Elfeah）——这位圣徒被克努特带领的维京人杀害。兰弗朗克曾和安塞尔姆商议是否要禁止人们朝拜圣徒埃尔费，但安塞尔姆对兰弗朗克进行了劝阻，指出埃尔费值得尊重，这样坎特伯雷年历中才有了纪念这位圣徒的节日。⁴⁰ 总之，认可并纪念本地圣徒有助于社区的发展，以及建立诺曼人和被征服人群之间的联系。

捐助修道院能够以其他方式帮助树立权威，特别是通过经济发展的形式。在这方面，圣艾蒂安和圣三一修道院就是极好的例子。在诺曼底西部，这些修道院本身就是公爵权力和权威的重要执行平台。卡昂城位于奥恩河（Orne）与奥东河（Odon）的交汇处，是上诺曼底和下诺曼底之间的一个重要通道。公国首都鲁昂与西部领土之间的距离太遥远了，因此把卡昂建设成一个新的城市中心，对于巩固威廉在诺曼底的统治极为重要。正如劳伦斯·琼-玛丽（Laurence Jean-Marie）指出的那样，这两座修道院就形成了两个"吸引极"。它们建在两个相邻地区：圣三一修道院位于卡昂城东部边缘的一个市镇，建在河流上游的小山上面；而圣艾蒂安修道院则位于该镇的对面。公爵城堡几乎就位于两座修道院之间连线的中点上。虽然这两座修道院都位于卡

图 5-5　从城堡可见的圣艾蒂安修道院，位于卡昂。

昂城墙外面，但它们仍然像两块引力强劲的磁铁一样，促进了当地经济的发展。威廉赐给圣艾蒂安修道院一些特权，让它享有和威廉自己以城堡为中心而修建的村镇一样的权利。[41] 和公爵权力驻地更近的是蒙蒂维利耶修道院（abbey of Montivilliers），其首任院长是比阿特丽斯（Beatrice），她是理查一世的一个女儿。蒙蒂维利耶现在是重要港口勒阿弗尔（Le Havre）的一个郊区，但在中世纪，它的地位比现在显赫得多，因为它是联系渔业、捕鲸和其他产业的纽带。[42] 历任公爵都给这座修道院授予特权，保证它可以最大限度地开发这些经济资源，为发展本地经济做出贡献。意大利南部的修道院，比如位于卡瓦的圣三一修道院（建于约公元1020年），也起到了类似作用。这座修道院和萨勒诺公国关系密切，但在征服之后，本地的伦巴第人和诺曼人都对它继续进行支持。因此修道院院长能够不断积累并巩固修道院的资产。这样到了12世纪中期，这个社区基于并控制了8个港口，拥有了相当于两份贵族领地的收入。[43]

在英格兰，诺曼人与修道院之间的经济关系在1006年之后呈现出不太一样的状况。把土地重新分配给威廉的手下，意味着诺曼底的修道院从这次征服战争中获得了很多利益。例如，卡昂的圣三一修道院，就在英吉利海峡的对岸拥有大量土地。诺曼贵族自威廉·鲁弗斯统治开始，就在英格兰不断修建新的修道院。但是，这些新来的统治者们对待已有修道院的方式引起了人们的不安和怨恨，甚至公然反抗。修道院的人口中包括很多平民，因此易于受到战争的威胁。一般来说，军队不能攻击或掠夺修道院，但这种情况仍然发生了。一些修道院除了丢失祭服、书籍和其他进行宗教活动所需的重要物品之外，还损失了土地。在《宗教史》中，奥德里克记载道古德曼（Guitmund），一名拉克鲁瓦·圣－勒弗鲁瓦修道院（monastery of La Croix Saint-Leufroi）的修士，拒绝到英格兰担任一个教会职务，因为他认为"整个英格兰都是抢劫过来的战利品"。[44] 这虽然是奥德里克作品中的修辞手法，但一些作家对诺曼人处理英格兰教会的方式心存疑虑也是不争的事实，它揭露了当时人们在这方面怀有一种惶恐不安的心情。

改 革

公元 11 世纪,教皇、修道院院长和主教们试图贯彻宗教改革的各项原则,其中包括僧侣独身,以及教会土地和机构摆脱世俗控制等规定。一个善良、虔诚的统治者应当维护这些宗教原则,并支持自己领土上的教会人员贯彻这些原则。诺曼人在这方面的做法之一是对宗教会议表示支持。在诺曼底、意大利南部和英格兰,主教和修道院院长们的共同做法是全都会出席宗教会议。宗教会议会颁布教会法规,把来自罗马和其他重要中心的决定传达到地方。幸好当时的很多会议法规都保存下来了,通常是抄录进了其他资料里面,比如出现在奥德里克的《宗教史》或修道院的编年史等文献里面。在诺曼底和英格兰,威廉负责监督宗教会议的讨论情况。在这方面,诺曼底和法国其他地方的情况不一样,它们的宗教会议是由教皇使节,即教皇的代表主持,可能像玛格丽特·吉布森(Margaret Gibson)在论文中提出的观点那样,这是因为威廉和兰弗朗克在理解宗教改革时,态度保守。[45] 威廉希望对教会保持更大的控制权,但这种权利赋予他对教会的控制程度,是后来教皇格列高利七世所不能接受的。普瓦捷的威廉这样写道:

> 每当他(威廉)命令或恳愿主教、都主教、副主教集中在一起讨论有关教士、修士和俗人的宗教事务时,他在这些会议上都不愿错失任何一个当裁判的机会。因此,只要他在,他会让冲动的人更加激情四溢、谨慎的人更加小心仔细。[46]

普瓦捷的威廉和英国编年史家爱德玛都认为,威廉国王参与宗教会议的例子,可以证明他态度虔诚、支持教会、希望把自己领土的各个方面都管理好。对意大利南部的教会而言,宗教会议处于教皇的领导之下,要么在他访问这个地区时举行,就像自利奥九世开始之后历任教皇所做的那样,要么是在罗马的教皇体系影响增强的时期召开。在诺曼底和英格兰举行的一些宗教会议是由罗马教皇的使节代为召开的,特别是当会议内容涉及主教的罢免,或要把主教从一个教区换到另一个教区任职之时。1070 年的宗教会议就是如此,其中免去了斯蒂甘德的主教职位;此外 1054 年在利雪召开的宗教会议也是这方面的例子，其中梅杰（Mauger）被免职。

　　三个地区的宗教会议讨论的内容，都涉及关于教会以及教会的社会作用等多个主题。这些会议主题包括旨在减少暴力冲突的"神谕休战"，关于修道院生活的规章制度、教会建筑和土地的恰当用途，以及把那些他们认为在某些方面触犯教会的人开除教籍。其中一个关键主题是僧侣独身。这个问题引起了教会的极大关注，因为它涉及谁才有资格做神父的问题。一些人在法庭上辩论结婚的神父是否适合从事圣事活动，因为这样的行径已经和异教徒非常接近，从而导致人们质疑他们进行宗教行为的有效性。在这次宗教改革的影响下，主教负责让手下的神父和配偶分居，如果神父拒绝这样做，他就会被剥夺宗教职位。多地宗教会议的教规都对此进行了强调。据阿普利亚的威廉记载，1059年在梅尔菲召开的宗教会议强调贞节的重要性，宣布尼古拉教皇可以"把神父的妻子从那些地方赶跑"。[47] 1080年在利勒博讷（Lillebonne）召开的宗教会议命令，"神父、执事和副执事，以及所有的大教堂教士和地方主教，不能结婚或养女人。"[48] 这项政策也在教会人员讨论个别事务的信件中出现过。比如，兰弗朗克大主教在写给鲁昂大主教约翰的信中就提到1072年，约翰强制实行独身制度之后在鲁昂大教堂发生的一场骚乱。兰弗朗克其他写给英格兰主教的信件中也涉及这个问题。在讨论如何处理任命的一个已婚执事时，他建议塞特福德（Thetford）主教赫尔法斯特（Herfast）先把这个执事不断降职，直到他能恢复独身。[49]

　　这种改革方案意味着：11世纪中期以前教会首领身上被视为优秀的一些素质，特别是他们宗教身份和世俗身份的重叠程度过大，在随后几十年里难以再被教会接受。在这方面，鲁昂三位大主教的表现各异，相映成趣。其中公爵理查一世之子罗伯特，不但是鲁昂大主教，还以埃夫勒伯爵的身份持有土地。这样，罗伯特成为公爵在诺曼底边境的重要支持者之一，所以公爵也对他所在的大教堂赏赐颇多。从理查一世以来，罗伯特就在逐渐巩固公爵权威方面发挥了重要作用。罗伯特的这些活动，加上他的私生活，意味着他的名声在宗教改革之后受到了某种程度的影响。11世纪后期的作家们指责他太世俗化，不但结婚生子，还忽视宗教事务。《鲁昂大主教事迹》（*Acta archiepiscopum Rotomagensis*）一书的匿名作者也指出，虽然罗伯特"非常虔诚和正直……然而他被身上的情欲战胜，还生了很多儿子"，但在人生的最后阶段，罗伯特显然还是离开了妻子。[50] 奥德里克对《事迹》中的故事有自己的记载，他指出：罗伯特的妻子是赫尔乐维（Herleve），并列出他的儿子的名字分别是：理查德、拉尔夫和威廉。根据圣·埃弗雷特的修士讲述，为了悔过，罗伯特拿出"大量财物施舍给穷人"。[51] 但是到了11世纪晚期，僧侣独身已经成为所有教会人员都必须遵守的生活准则。虽然关于独身的教规难以实施，但特别注重禁欲的基督教精神传统还是逐渐占了上风。罗伯特的侄子和继任者梅杰同样受人非议。据《事迹》记载，梅杰上台"不是因为他的品行卓越，而是因为父母的欢心以及趋炎附势的小人支持"。[52] 此外，他还和威廉二世的叔父，也就是阿尔克的威廉联合，卷入了反对威廉二世的叛乱活动。像梅杰和罗伯特这样的人物，显然和宗教改革宣扬的理想相去甚远，但他们仍尽力促进了教会和诺曼底的利益，因此在后世作家的笔下就变得矛盾重重。

如果我们把罗伯特和梅杰与下面一位鲁昂大主教茅瑞利斯（Maurilius）进行对比，结果会很有趣，因为茅瑞利斯体现了一名改革派的主教身上应当具备哪些品质，以及他在生活中应当如何表现。任命茅瑞利斯为主教，标志着由公爵家族成员担任高级教士的传统暂时中断（因为茅瑞利斯的继任者伊夫里的约翰，是公爵的另一位亲戚）。在此有必要说明的是：茅瑞利斯来自于修道院，他曾在佛罗伦萨和费康的修道院生活，并且在荣升为鲁昂大主教之前，还做过一段短时间的隐士。虽然我们知道当时主教一直也可以从在俗教士中产生，但像茅瑞利斯这样的人当选主教之后，显然更能推进改革进程，特别是实行僧侣独身。从1050年到12世纪的前几十年，主教位置越来越多的是由来自意大利南部的人员担任，例如巴里的伊莱亚斯（Elias of Bari）以及萨勒诺的阿勒法诺斯就是这方面的例子。[53] 在英格兰，诺曼征服之后最初的两位大主教——兰弗朗克和安塞尔姆——都是来自于勒贝克的修士。据《事迹》记载，茅瑞利斯"不停地斋戒、布道并进行施舍，直到生命的最后一刻"。[54] 奥德里克和《事迹》都强调是茅瑞利斯完成了鲁昂大教堂的修建工作。虽然在描写宗教改革时代的作家眼中，茅瑞利斯是一颗耀眼明星,但值得提醒大家的是,不是所有教区都在一夜之间就完成了改革进程。比如,当时巴约还握在奥多手中,他是威廉同父异母的兄弟,不但在诺曼征服之后成为肯特伯爵,而且还亲自参加了1066年的征服战役。[55]

宗教改革也是影响"征服者"威廉和教皇关系的核心问题。我们曾指出,教皇之所以支持诺曼人进攻英格兰,很可能是指望威廉能让英格兰教会更密切地支持教皇的改革方案,并且教皇特别希望赶走那些他认为存在问题的英格兰主教。在1070年,教皇把锡永的厄尔蒙弗雷德派往英格兰,其身份是教皇使节,即可以代表教皇,以教皇的名义行事。在英格兰停留期间,厄尔蒙弗雷德罢免了一些在征服战争中幸存下来的英格兰主教。编年史家伍斯特的约翰声称,"威廉剥夺了许多主教和修道院院长的职位,虽然找不出任何正大光明的理由证明他们行为有错",但事实上情况不是这样,被剥夺职位的教士数量很少。[56] 这些人中包括斯蒂甘德,其罪名是同时占有不止一个主教管区,还把坎特伯雷前任大主教赶出教区,并接受对立教皇赐予的披肩式祭服——这是大主教职位的象征物。遗留下来的那些在诺曼底召开的宗教会议的记录显示:国王的确对这些事情很感兴趣。厄尔蒙弗雷德还发布了一份文件,史称"忏悔法令",规定了那些参加威廉军事行动的士兵应当进行的忏悔法事。因为威廉的征战虽然获得了教皇的认可,但它毕竟还是战争,根据"神谕休战"等习俗,人们必须为自己所犯的杀戮行为进行悔罪补救。厄尔蒙弗雷德还很仔细地区分了战争的时间——上至1066年圣诞节威廉的国王加冕礼——以及在这之后的军事活动。如果国王的士兵杀死违抗权威的不法分子,那他就不必忏悔。然而,如果被杀死的人不是叛乱分子,那就必须根据谋杀的罪恶程度进行相应忏悔。忏悔形式包括进行施舍,建立或捐赠修道院和教堂。[57]

但是,教皇派遣教皇使节这件事情本身具有重要的政治意义,因为它表明教皇继续支持威廉在英格兰的行为和政策。从威廉和教皇通过厄尔蒙弗雷德进行合作这件事看来,他们之间具有密切关系。不过,兰弗朗克继任坎特伯雷大主教这件事却存在一些问题。从表面上看,兰弗朗克的任命书是没有瑕疵的。他是一个修士、一个能干的管理人员以及国王的贴心谋臣。他争取教皇许可威廉和玛蒂尔达之间的近亲结婚,并且在罗马教廷里有密切关系。但兰弗朗克进行的宗教改革和亚历山大的继任者们有所不同。他认为，只要是在英格兰领土上，国王就是最高的权威。这个观点正好和教皇格列高利七世（在被选为教皇前，他曾积极支持威廉去夺取英国王位）发生冲突，因为在教皇与国王的权力区分上，格列高利七世的观点要僵化得多。他坚信，无论在哪种政治环境下，只要涉及宗教事务，教皇都是最高统治者。

教皇格列高利七世与威廉以及与兰弗朗克之间的一系列通信资料至今还保存着。在信中，格列高利七世期盼兰弗朗克前往罗马参加宗教会议，并把自己丰富的知识传授给其他教士。他还希望威廉重新创立征收"一便士献金"①的习俗，即英格兰教会征收并送给罗马的一种特别税金，并向教皇宣誓效忠。威廉十分愿意满足教皇前面的这条要求，但在第二条要求上和教皇产生了分歧。以前的国王都没有履行过这样的效忠仪式，他觉得自己实在没理由要打破传统。因此，他给教皇的答复非常简洁："我没有表示过要宣誓效忠，我现在也不会这样做，因为我从来都没有作出这样的承诺。我也没有发现我的前任曾向你的前任这样做过。"[58] 而兰弗朗克则找出好几条理由解释自己为什么不能去罗马，其中还提到国王不愿意他走。显然这位大主教是威廉管理层的一个关键人物，他甚至在威廉访问诺曼底期间承担摄政大权。但格列高利七世继续坚持，并提醒威廉和兰弗朗克不要辜负了自己委以他们的重任。他还写信给其他教士，让他们帮着劝说。事实上，除此之外，格列高利七世也没有别的办法可想。正如教皇对罗伯特·吉斯卡尔的处理方法在他后来和亨利四世的冲突中受到考验一样，这次他和威廉的关系也经受了考验。

宗教改革也对威廉刚征服的王国中的修道院产生了影响。这一点在新添的礼拜仪式和改革实践中看得最为清楚。比如，兰弗朗克就以诺曼底勒贝克修道院的习俗以及克吕尼教派的传统为基础，向英格兰教会引进了许多做法。但在萨默塞特格拉斯顿

---

① 一便士献金（Peter's Pence）直译为"彼得的便士"，实为旧时英格兰每户每年呈给罗马教皇的一便士献金，即天主教徒献给罗马教皇的年金。——译者注

伯里（Glastonbury）的修道院，院长瑟斯坦（Thurstan）试图强行推行源自费康的那套礼拜仪式，却引发了灾难性的后果。马姆斯伯里的威廉在《英格兰主教的事迹》和《英格兰国王的事迹》两本书中都记载了修士们对瑟斯坦的反抗。在前一本书中，他形容修道院院长"表现得不像是一个教士，而像是一个暴君"。[59] 因为修士们不愿接受新的礼拜仪式，瑟斯坦气急败坏，他命令士兵在教堂中朝他们放箭。这场事件中体现的暴力程度让人吃惊，"甚至连受难基督的塑像也在乱箭中颤抖"。[60] 无论是马姆斯伯里的威廉还是奥德里克，他们都对征服之前英格兰教会执行宗教仪式的情况进行过批判。但当看到英格兰教会改革获得的更多支持是以牺牲现有制度为代价时，马姆斯伯里的威廉肯定感到后悔了：

> 于是在威廉公爵统治时期，英吉利海峡两岸教会人口不断增加，也新建了许多具有悠久献身精神历史的女修道院。但此时，我还是应当描写一些来自人们的抱怨。他们说宁愿让古老的修道院保持原样，也好过劳民伤财地修建新的修道院，因为这样一来，他们就惨遭剥削，变得一无所有。[61]

马姆斯伯里的威廉不能质疑这些新修道院创建者们的虔诚之心，但在这样的修建过程中，他也清楚地感到一些东西永远地消失了。

要总结教会和社会之间的关系，很有必要考察一下位于卡昂的圣艾蒂安男修道院和圣三一女修道院。我们已经从经济角度讨论过这些宗教机构在巩固公爵权力方面所起的作用，但除此之外，它们也体现了宗教场所和世俗社会之间的联系。威廉和玛蒂尔达都是虔诚的基督徒，他们建立修道院的行为既反映了对宗教的虔诚态度，也反映了其作为统治者，所承担的支持、保护教会和弱者的义务。

因此这两座修道院象征了公爵的家族和权力。它们都是在 1066 年诺曼人征服英格兰之前修建的，其中圣三一修道院还是在这次征服战役的前夕捐献出去的。公爵夫妇最小的女儿塞西莉亚被作为献身教会的儿童送到圣三一修道院，后来她成了这所修道院的女院长。此外，他们还做好准备，以便帮助那些贫困人群。在一份大概写于 1066 至玛蒂尔达去世的 1083 年之间的宪章中，公爵夫妇决定把圣三一修道院的部分物资分派给救济品发放处,并专门建立一个教堂来埋葬死去的穷人。[62]威廉和玛蒂尔达去世之后分别葬在各自出资建立的教堂圣坛附近,即教堂中专门用来处理宗教社区事务的地方。这两座修道院除了能够带来收入之外,也是一种视觉标志,共同见证了威廉和玛蒂尔达的虔诚,以及他们动用必要资源修建如此辉煌的建筑作品的能力。要知道在中世纪修建教堂不是持续完成的,而是经过许多阶段才逐渐完成的。比如圣三一修道院就是从约1060年修到约1080年,用了20年左右的时间才最终完成。通常教堂的最东端包括一个很高的祭坛,由于它是圣餐仪式①中表现基督献身精神的核心部分,因此会首先修建并捐赠出去。最后,两座修道院都有壮丽的西大门,是普通百姓最容易看到的地方,因为他们要穿过西门才能进入教堂。像威廉修建的许多建筑一样,这两座修道院也是用卡昂的石料修建的,上面雕刻有许多精致的具有罗马风格的图案。这两座修道院的塔楼(圣艾蒂安修道院西正面的装尖塔是后来才加建的)在中世纪城市里面肯定显得高耸入云。即使在第二次世界大战之后出现了许多的高层建筑,但如今站在城堡上面仍然可以望见这两所教堂。来到这座城市的游客可以信步游览城里的建筑,最后映入眼帘的就是这两座辉煌的教堂。据可能写于1083年的一份宪章记载,玛蒂尔达决定把王室徽标连同其他物品一起赠与圣三一教堂,这也让人进一步联想起这座教堂和英格兰征服之间的联系。[63]当初塞西莉亚留在这座修道院,后来也对公爵家族进行精神统治提供了重要作用。她的三个兄弟都在不同的盎格鲁－诺曼领土进行统治,可以想见这让她的姐妹们的婚姻也沾了不少光。但塞西莉亚作为修女和院长所起到的重要作用并不比她们逊色。由于身份特殊,她不能生活在世俗世界,但实际上她仍然在维系家族统治和社区生活中扮演了重要角色,当然,反过来,她也接受家族成员的供养。这两座修道院就像旁边的城堡一样成为了公爵权威的象征。当然,他们也意识到世俗权力和教会权力相互支援的必要性。失去了教会的支持,"征服者"威廉征服和统治英格兰必将面临更多更大的困难。但没有像威廉和罗伯特·吉斯卡尔这些人的积极参与,宗教改革和教会重组的进程也必将减缓许多。

---

① 纪念耶稣与门徒最后晚餐的仪式,仪式上要吃面包,喝葡萄酒。——编者注

注 释
A Short History of the Normans

1 Orderic, *Ecclesiastical History*, vol. 4, pp. 256–61 with the quotation at pp. 258–9. For the background to the disorders in Normandy see W. Aird, *Robert Curthose, Duke of Normandy （c.1050–1134）* （Woodbridge:Boydell, 2008）, Ch. 4; for discussion of Ruald's testimony, see C. Watkins, 'Memories of the Marvellous in the Anglo-Norman Realm', in *Medieval Memories: Men, Women and the Past, 700–1300*, ed. E. van Houts（Harlow: Longman, 2001）, pp. 92–112（pp. 96–7）.

2 Orderic, *Ecclesiastical History*, vol. 3, pp. 342–5.

3 K. Quirk, 'Men, Women and Miracles in Normandy, 1050-1150', in *Medieval Memories: Men, Women and the Past, 700–1300*, ed. E. van Houts （Harlow: Longman, 2001）, pp. 53–71. For the miracle collections from Normandy see D. Gonthier and C. Le Bas, 'Analyse socio-économique de quelques recueils de miracles dans la Normandie du XI au XIII siècle', *Annales de Normandie* 24:1 （1974）, pp. 3–36.

4 *Normans in Europe*, ed. van Houts, no. 23. To modern eyes, the woman was clearly severely depressed, but the despair she exhibited was taken as a sign of possession in the Middle Ages. Despair was a grave sin as it meant giving up hope of God's salvation.

5 *Liber Eliensis: A History of the Isle of Ely from the Seventh Century to the Twelfth, Compiled by a Monk of Ely in the Twelfth Century*, trans.J. Fairweather （Woodbridge: Boydell, 2005）, pp. 252.

6 S. J. Ridyard, 'Condigna veneratio: Post-Conquest Attitudes to the Saints of the Anglo-Saxons', *Anglo-Norman Studies* 9 （1987）, pp. 179–206.

7 P. Oldfield, *Sanctity and Pilgrimage in Medieval Southern Italy 1000–1200*（Cambridge: Cambridge University Press, 2014）, pp. 52–3.

8 V. Rameyser, *The Transformation of a Religious Landscape: Medieval Southern Italy, 850–1150*（Ithaca: Cornell University Press, 2006）, p. 175.See also G. A. Loud, 'Monastic Miracles in Southern Italy', in *Signs Wonders, Miracles: Representations of Divine Power in the Life of the Church*, ed. K. Cooper and J. Gregory, *Studies in Church History*, 41（Woodbridge: Boydell, 2005）, pp. 109–32.

9 Orderic, *Ecclesiastical History*, vol. 2, pp. 80–1, 124–5; vol. 3, pp. 164–5,and vol. 4, pp. 142–3.

See also M. Chibnall, 'Liens de *fraternitas* entre l'abbaye de St-Évroult et les laics（XIe–XIIe siècles）', *Les mouvances laïques des ordres religieux*, Actes de troisième colloque international du CERCOR（Saint-Etienne: Université de Saint-Etienne, 1996）, pp. 235–9（p. 238）.

10 Orderic, *Ecclesiastical History*, vol. 4, pp. 338–9.

11 For the Beaumonts see D. Crouch, *The Beaumont Twins: the Roots and Branches of Power in the Twelfth Century*（Cambridge: Cambridge University Press, 1986）.

12 *The Warenne（Hyde）Chronicle*, ed. and trans. E. M. C. van Houts and R. C. Love（Oxford: Clarendon Press, 2013）, appendix.

13 G. A. Loud, *The Latin Church in Norman Italy*（Cambridge: Cambridge University Press, 2007）, p. 87.

14 E. Cownie, *Religious Patronage in Anglo-Norman England, 1066–1135*（Woodbridge: Boydell, 1998）; B. Golding, 'Anglo-Norman Knightly Burials', in *The Ideals and Practice of Medieval Knighthood*, ed. C. Harper-Bill and R. Harvey（Woodbridge: Boydell, 1986）, pp. 35–48（p. 37）.

15 *Anglo-Saxon Chronicle*, trans. Swanton, E version, p. 219. The foundation of Battle as a memorial is discussed in E. M. Hallam, 'Monasteries as "War Memorials": Battle Abbey and La Victoire', in *The Church at War*, ed. W. J. Sheils, Studies in Church History, 20（Oxford: Blackwell, 1983）, pp. 47–57.

16 *Gesta Normannorum ducum*, vol. 1, pp. 84–7.

17 Dudo, *History of the Normans*, p. 77. Discussed in more detail by van Houts, '*Planctus* on the Death of William Longsword'.

18 *Gesta Normannorum ducum*, vol. 1, pp. 92–5; Dudo, *History of the Normans*, p. 84.

19 William of Poitiers, *Gesta Guillelmi*, pp. 82–3.

20 Orderic, *Ecclesiastical History*, vol. 2, pp. 10–11.

21 H. E. J. Cowdrey, *The Age of Abbot Desiderius: Montecassino, the Papacy, and the Normans in the Eleventh and Early Twelfth Century*（Oxford: Clarendon Press, 1983）, p. 111; quote at Loud, *Latin Church*, p. 137.

22 The oath is translated in full in Loud, *Age of Robert Guiscard*, pp. 188–9 and an extract is printed in *Normans in Europe*, ed. van Houts, no. 73. For an overview of the relationship between the Normans and the papacy see Cowdrey, *The Age of Abbot Desiderius*, pp. 107–76; Loud, *Age of Robert Guiscard*, pp. 186–209.

23 *The Register of Pope Gregory VII, 1073–1085*, trans. H. E. J. Cowdrey（Oxford: Oxford University Press, 2002）, no. 2.52a.

24 L. Feller, 'The Northern Frontier of Norman Italy, 1060–1140', in *The Society of Norman Italy*, ed. G. A. Loud and A. Metcalfe（Leiden: Brill, 2002）, pp. 47–73; Loud, *Age of Robert Guiscard*, pp.

196–7 for the wider context.

25 *Register of Pope Gregory,* no. 3.11.

26 R. Allen, '"Praesul praecipue, atque venerande": the Career of Robert, Archbishop of Rouen, 989 – 1037', in *Society and Culture in Medieval Rouen,* ed. L. V. Hicks and E. Brenner（Turnhout: Brepols, 2013）, pp. 153–83（pp. 158–9）.

27 Allen, 'Career of Robert', pp. 156–7; Gauthiez, 'The Urban Development of Rouen', p. 23.

28 Hagger, *William: King and Conqueror,* p. 114.

29 Golding, *Conquest and Colonisation,* p. 145.

30 *English Historical Documents,* vol. 2, no 78.

31 Golding, *Conquest and Colonisation,* pp. 151–2.

32 N. Kamp, 'The Bishops of Southern Italy in the Norman and Staufen Periods', in *The Society of Norman Italy,* ed. G. A. Loud and A. Metcalfe（Leiden: Brill, 2002）, pp. 185–209.

33 Malaterra, *Deeds of Count Roger,* pp. 182–4, 212–13.

34 Houben, *Roger II,* p. 21.

35 C. Potts, *Monastic Revival and Regional Identity in Early Normandy*（Woodbridge: Boydell, 1997）, pp. 62–104.

36 Cowdrey, *Age of Abbot Desiderius,* pp. 116–17, 139–40; Loud, *Latin Church,* pp. 84–92.

37 Lifschitz, *Conquest of Pious Neustria*; S. K. Herrick, *Imagining the Sacred Past: Hagiography and Power in Early Normandy*（Cambridge, MA:Harvard University Press, 2007）.

38 Oldfield, *Sanctity and Pilgrimage,* pp. 61–3.

39 Ridyard, 'Condigna veneratio'; P. A. Hayward, 'Translation Narratives in Post-Conquest Hagiography and English Resistance to the Norman Conquest', *Anglo-Norman Studies,* 21（1999）, pp. 67–93.

40 Eadmer, *The Life of St Anselm of Canterbury,* ed. and trans. R. W.Southern（Oxford: Clarendon Press, 1962）, pp. 50–4.

41 L. Jean-Marie, *Caen aux XIe et XIIe siècles: Espace urbain, pouvoirs et société*（Caen: Mandragore, 2000）, pp. 182–8.

42 E. Hall and J. Sweeney, 'The *Licentia de Nam* of the Abbess of Montivilliers and the Origins of the Port of Harfleur', *Bulletin of the Institute of Historical Research* 52（1979）, pp. 1–8（p. 5）.

43 Rameyser, *Transformation of a Religious Landscape,* p. 159.

44 Orderic, *Ecclesiastical History,* vol. 2, pp. 272–3.

45 M. Gibson, *Lanfranc of Bec*（Oxford: Clarendon Press, 1978）, pp.139–40.

46 William of Poitiers, *Gesta Guillelmi,* pp. 82–3. For a discussion of synods in Normandy see 'The Synod in the Province of Rouen in the Eleventh and Twelfth Centuries', in *Church and Government*

in the Middle Ages, ed.C. N. L. Brooke et al.（Cambridge: Cambridge University Press, 1976）,pp. 19–39.

47 *Normans in Europe*, ed. van Houts, no. 70; discussed by Loud, *Latin Church,* p. 137.

48 Orderic, *Ecclesiastical History*, vol. 3, pp. 26–7.

49 *The Letters of Lanfranc Archbishop of Canterbury*, ed. and trans. H.Clover and M. Gibson（Oxford: Clarendon Press, 1979）, no. 41 to John; no. 43 to Herfast. For a discussion of the events and recording of the riot in Rouen see A. Alexander, 'Riots, Reform, and Rivalry: Religious Life in Rouen, c.1073–c.1092', *Anglo-Norman Studies* 33（2011）, pp. 23–40.

50 R. Allen, '*The Acta archiepiscoporum Rotomagensium*: Study and edition', *Tabularia* 'Documents', 9（2009）, pp. 1–66（pp. 38, 52）http://www.unicaen.fr/mrsh/craham/revue/tabularia/print.php?dossier=sources&file=09allen.xml.

51 Orderic, *Ecclesiastical History*, vol. 3, pp. 84–5.

52 Allen, 'Acta', pp. 38, 52.

53 Kamp, 'Bishops of Southern Italy', p. 191.

54 Allen, 'Acta', pp. 40, 54.

55 For Odo see, D. Bates, 'The Character and Career of Odo, Bishop of Bayeux, 1049/50–1097', *Speculum*, 50（1975）, pp. 1–20.

56 *The Chronicle of John of Worcester, vol. III : the Annals from 1067–1140*, ed. and trans. P. McGurk（Oxford: Clarendon Press, 1998）, pp. 12–13.

57 H. E. J. Cowdrey, 'Bishop Ermenfrid of Sion and the Penitential Ordinance Following the Battle of Hastings', *Journal of Ecclesiastical History*, 20（1969）, pp. 225–42. A translation of the Ordinance can be found in *English Historical Documents,* vol. 2, no. 81.

58 *English Historical Documents*, vol. 2, no. 101. For Gregory's letters to William and Lanfranc see *Register of Pope Gregory*.

59 William of Malmesbury, *Gesta pontificum*, vol. 1, pp. 308–9.

60 William of Malmesbury, *Gesta regum*, vol. 1, pp. 498–9.

61 Ibid., pp. 506–7. For the effects of the conquest on monasteries, see Golding, *Conquest and Colonisation*, pp. 157–65.

62 *Regesta regum Anglo-Normannorum*, ed. Bates, no. 62 dated 1066 x 1083.

63 Ibid., no. 63.

第六章
文化的碰撞与交流

A Short History of the Normans

本章讨论诺曼人在征服和殖民欧洲不同地区时所遇到的文化碰撞及其产生的影响。在这样的过程中，诺曼人也逐渐形成了自己的特性和历史，其具体内容将在下一章进行讨论。我们并不总是清楚人们采用特定的仪式、语言或艺术形式是否出于有意的选择，但跨文化遭遇既推动诺曼人适应新的环境，有时又反过来导致被殖民或征服地区的人们去适应他们，或与之相对抗。这里讨论的大部分内容都经历了长时间的发展。一个古老的谚语告诉我们，"撒克逊人"不是突然就在1066年10月14日的晚上丢掉罐子、改了名字，然后变成诺曼人的。大多数时候，在社会和文化层面发生的改变都是缓慢且潜移默化的。而思考诺曼人和非基督徒团体之间的关系，尤其是他们与犹太人和穆斯林之间的关系也同样十分重要。本章将这些内容分为三个关键领域进行讨论，即语言和文学，物品、艺术和建筑，以及诺曼人与犹太人和穆斯林之间的关系。

语言与文学

诺曼人开始在欧洲的很多地方进行殖民活动的时候，逐渐地接触到各种各样的语言。罗洛和他的随从们会说一种古斯堪的纳维亚语（Old Norse），但在诺曼底殖民时，他们需要掌握拉丁语以及现代法语的早期用法。1066年之前，在英吉利海峡的对岸，古英语是一种通行于文学创作、教牧关怀和政府管理的语言，但在教会，以及某些情况下在法庭上使用的则是拉丁语。当诺曼人逐渐向欧洲西部和北部移动的时候，他们也会接触到中世纪的康沃尔语、威尔士语、苏格兰语和爱尔兰语。诺曼人的征服开始改变语言的使用形式，尽管这些改变有的发生得相对较快，有的则相对缓慢。在意大利南部和圣地，诺曼人不得不和各种各样的语言打交道，其中包括意大利语、希腊语、阿拉伯语和现代土耳其语的最初形式。为了进行管理统治以及料理日常生活，他们只能高度依赖本地百姓和翻译人员，以免发生误解。比如在讲述威廉举办的王位加冕礼时，奥德里克·维塔利斯记载了一个可能不太可信，但却能够反映上述事实的故事：

> 当埃尔德雷德大主教询问英格兰人，库唐斯主教杰弗里询问诺曼人，他们是否愿意拥护威廉成为新国王时，这些人兴高采烈，尽管操着不同的语音，但全都异口同声地回答愿意。守在外面的士兵，听到里面传来夹杂着外国口音的兴奋喧哗，以为可能要发生叛乱，于是赶紧放火点燃了一些房屋。[1]

他在书中继续指出，从此之后，英格兰人就不再信任诺曼人。看来，这都是语言惹的祸。

在诺曼底，几乎没有资料可以表明古挪威语使用的范围大小和持续的时间长度。杜多认为，"长剑"威廉之所以要把自己的儿子理查一世送到巴约去学习语言，是因为鲁昂已经不再使用这种语言了。人们经常据此认为在诺曼底历史的早期阶段，诺曼人和斯堪的纳维亚家园之间的联系就已经变得非常微弱了。如果我们接受瑟尔的观点（曾在第一章讨论），认为罗洛和他的手下当时只是定居在诺曼底的几群北欧人之一，那我们对威廉的行为就可以从另一个角度进行理解。他当时把自己的儿子送到诺曼底西部可能是为了和那些地区建立联盟并保持联系。威廉死后发生的事情也证实了这个观点。面对法兰克人的侵略，只有巴约的首领赶来营救年轻的理查。其他关于古斯堪的纳维亚语影响和使用的资料也同样稀少。据伊丽莎白·里德尔（Elisabeth Ridel）的研究表明：就语言变化而言，中世纪诺曼人使用的语言中只有 145 个单词来自于斯堪的纳维亚世界，但却有 1000 多个斯堪的纳维亚单词出现在英语当中。这些单词与航海和商业之间的联系密切，不过考虑到它们是航海者后裔使用的语言，这也就不足为奇了。[2] 此外，正如我们在第一章中讨论的那样，诺曼人使用的语言中的地名和人名很可能是从英语中借鉴过去的。

文学作品，尤其是诗歌之类的创作，或许能给我们提供更多的信息。范·霍茨认为，11 世纪初由鲁昂的沃纳（Warner of Rouen）用拉丁语写成的讽刺诗《莫瑞哈特》（*Morihut*）其文体实际上类似于斯堪的纳维亚一种称为"辩论诗"（flyting）的体裁。这种体裁的特征就是"大肆谩骂"，而沃纳诗歌的基础就是"莫瑞哈特"诗歌严厉批判的功能。这种诗歌只见于斯堪的纳维亚、英格兰和爱尔兰，因此沃纳的作品可视为这种文学体裁的拉丁形式。[3] 斯堪的纳维亚和诺曼底之间的文学接触在稍后出现的、但仍旧有疑问的文学作品中得到印证，其中包括萨迦。诸如斯诺里·斯图鲁松（Snorri Sturluson）的《海姆斯克林拉》（*Heimskringla*）之类的作品出现于公元 13 世纪，是在所描写的历史事件发生很久之后才开始创作的，但它们参考了更早出现的口头文学；此外，其他很多作品中也包括更早出现的吟游诗歌。吟游诗人很可能在 11 世纪就到了诺曼底，等到回家之后，他们就把这些经历和故事写进了诗歌。比如，冰岛人斯诺里肯定对诺曼人的维京祖先有所了解，因为他在讲述罗洛从挪威流亡的故事中提到了罗洛（工头罗夫）的后裔。[4] 如果吟游诗人把故事带回了家，那么斯堪的纳维亚的文学体裁被带到了鲁昂也就十分合理了，而且还可能对诺曼宫廷流传的诗歌产生了影响，其中就包括《莫瑞哈特》。在其他的叙事文学中也能找到受北欧文学影响的痕迹，这方面的代表作是关于"宽宏者"罗贝尔到耶路撒冷朝圣的故事。范·霍茨认为其中的一些故事主题，像罗贝尔的骡子上的金鞋，或拜占庭皇帝禁止买卖柴火之后用胡桃木生火等描述，也出现在那些讲述曾到东方旅游的斯堪的纳维亚人的故事之中，这方面特别有名的就是关于哈拉尔德三世以及屠龙勇士西格德（Sigurd）的作品。[5]

但诺曼人与古英语之间的接触需要从另一个角度看待。毕竟，威廉对英格兰的征服是一个有计划的行动，他的目标相当明确，就是要夺取英格兰王位。从威廉控制人们使用语言的方式可以看出他想怎样进行自己的统治。虽然直到 1070 年，公文——政府办公的主要文件之一——仍用古英语颁布，就像在"忏悔者"爱德华统治时期一样；但到了 1070 年之后，公文就改用拉丁文颁布。[6] 我们很容易看出，这是一个转折点，也是一个经过深思熟虑的决定，即不再把古英语作为政府办公的专用语言，从而降低古英语书面语的重要性和影响力。公元 1069 年，历史上发生了两件重要事情：一是约克大主教埃尔德雷德去世，他曾在约克郡的事务中起到重要的斡旋、调解作用；二是掠夺北方，因为它已经严重威胁到了威廉的统治权威。1070 年，在温切斯特召开的宗教会议颁布了"忏悔法令"，对在殖民过程中实施的暴力行为进行忏悔。此外，在这次会议上，斯蒂甘德被教皇使节免职。这就意味着，新任命的两位大主教——巴约的托马斯和兰弗朗克——都是诺曼人，他们主要使用拉丁语。但这并不意味着，古英语就此消失了，它仍然是普通百姓使用的语言，并且这一状况也继续保持了下去，而盎格鲁-诺曼语则变成了贵族的专用语言。

我们在第二章曾指出，诺曼征服给人们带来了极度的伤痛，导致英格兰除了《盎格鲁-撒克逊编年史》之外，其他史书创作一度中断。等到 12 世纪人们重新编写历史时，爱德玛、马姆斯伯里的威廉以及亨廷登的亨利等人都是使用拉丁语进行创作。但是，正如伊莱恩·特里哈恩（Elaine Treharne）指出的那样，一直到 13 世纪，古英语仍然在使用，比如人们用它抄写手稿。通过仔细分析现存的各种古英语文本汇编或手稿残卷，特里哈恩整理出 85 份古英语文稿，创作时间大概在公元 1050 到 1060 年之间。这些作品包括布道书、圣徒传记、法典、关于科学和医药的文本、为了提高人们精神修养的教牧评注、文学和圣经著作、诗歌和传奇故事。[7] 这些作品中的多数来自于坎特伯雷，其次是伍尔夫斯坦主教管辖之下的伍斯特教区，第三是埃克塞特，它处于利奥弗里克（Leofric）管辖之下，而利奥弗里克是一位在征服战役中幸存下来的英格兰主教。这些人的主要职责是要保护自己的教区，以确保人们获得教牧关怀。而当时大多数人们只能进行口头交流，他们使用的是古英语，而不是盎格鲁-诺曼语。

此外，对于许多普通修士而言，古英语也是他们的母语。即使辞藻华丽的手稿，特别是在 12 世纪晚期坎特伯雷出现的《爱德文圣咏集》（Eadwine psalter）里面，我们也发现人们用古英语来给赞美诗增加文采或注释。[8] 也就是说，古英语虽然从政府机构中消失了，但在人们生活的其他方面还一直发挥着鲜活的作用。

在意大利，诺曼人在教会和政府中使用好几种语言，即拉丁语、希腊语和阿拉伯语，以及各种方言。正如在诺曼底一样，古斯堪的纳维亚语并没有取代本地语言，同样，诺曼人要在梅索兹阿诺和西西里岛进行有效统治，也需要学习这两个地方的语言。梅特卡夫已经证明，在 11 世纪 90 年代罗杰伯爵征服西西里岛之后，历任诺曼统治者就根据岛上的各种传统和种族情况确定了自己的习俗。[9] 这意味着，比起从北欧获得的影响，西西里岛政府使用的语言和习俗更多地吸收了地中海南部和东部的法蒂玛王朝①和拜占庭王朝文化。行政管理方面发生的这些变化已经在书中的其他地方进行了详细讨论。[10] 下面我们以 1130 年在罗杰二世统治下的西西里王国的政府为例来研究。传统观点认为，从征服西西里岛之后，到 12 世纪末期西西里王国沦陷到德意志皇帝手里，这段时期诺曼人沿用了穆斯林的行政管理措施。[11] 但就像杰里米·约翰斯（Jeremy Johns）指出的那样，这种观点没有考虑到罗杰伯爵去世之后，西西里岛行政管理过程中出现了一个真正的中断时期。因为罗杰去世时，他的两个孩子都还很小。更为糟糕的是，大儿子西蒙（Simon）还没成年就夭折了，这就意味着罗杰的遗孀在另一个儿子长大之前的很长一段时期内，必须代为摄政。在这期间，更多具有拉丁背景的移民来到西西里岛，但他们不熟悉这个岛上的行政管理方式。此外，和罗杰伯爵关系密切的人群中也没有伊斯兰贵族。于是，岛上的诺曼统治者只能依靠从西西里岛东部和卡拉布里亚过来的希腊人进行行政管理。这样，阿拉伯语不再是政府管理的官方语言，希腊语才成了主流语言。只有等到罗杰二世登基之后，阿拉伯语才再度

---

① 法蒂玛王朝（Fatimid，990—1171），北非的伊斯兰王朝，中国古代史籍称其为"绿衣大食"，西方文献又称其为"南萨拉森帝国"，是以先知之女法蒂玛命名的。——编者注

派上用场，因为那时岛上成立了皇家迪万①，一个专门进行财政管理的机构。¹²

成立皇家迪万的原因既有趣又十分复杂。从表面上看，重新启用阿拉伯人是因为文件涉及的财产受益人或文件抄写员使用的是阿拉伯语，但这并不能解释为什么阿拉伯语也用来处理涉及修道院的事情，因为在这些场合原本使用的是希腊语或拉丁语。¹³ 最初，阿拉伯语还是和希腊语一起使用，但后来，阿拉伯语就成为岛上的主要语言，最终，它也在罗杰去世之后的统治时期里被拉丁语取代。约翰斯认为原因并不全在于一时的权宜考虑，而是因为西西里岛当时开始采用伊斯兰的宫廷礼仪，以及皇家迪万内部也要使用伊斯兰的头衔。在这方面，罗杰的宫廷由于深受海军将领安条克的乔治的影响，不是向东边的拜占庭帝国学习，而是向南边的法蒂玛王朝学习。人们称呼罗杰的时候，用的是他的名字的阿拉伯变体"Rujar"，称呼他的国号用的是"al-malik al muʻazzam"，意思是"光荣的国王"。除了这些称呼之外，还有突出国王与其领土特征的绰号，以及表示国王与教会关系的头衔（"教皇的捍卫者""基督徒的保护者"）。¹⁴ 最后两个头衔强调出罗杰基本上是一个基督教统治者，那他为什么要让自己的这种称号也出现在其他地方（如艺术、铸币和物品上）呢？对此，约翰斯的解释很有说服力：这是一种能让诺曼人的统治被伊斯兰社会（特别是在西西里岛西部）接受的方式。¹⁵ 这个事例对于我们下一章将要讨论的主题，即什么样的特征才构成了"诺曼人"，也具有启发意义。

阿拉伯语也是西西里岛宫廷内部进行学术活动时的一种重要语言。罗杰二世是教育学习和文化知识的大力赞助者。他赞助的对象当中，有一个人特别突出，他就是艾布·阿卜杜拉·穆罕默德·伊德里西（Muhammad ibn ʻAbd Allāh al-Idrīsī），一位阿拉伯学者，一般称为伊德里西，他大概于公元1164到1175年之间去世。罗杰委托他为自己的王国和整个世界创作一份地理描述，这在西方被称为《罗杰之书》（*The Book of Roger*）。¹⁶ 除了文字描写，伊德里西还给这份地理描述配上了很多地图。此外，

---

① 迪万（dī wān），即咨议会，一种穆斯林行政机构的称谓。——编者注

就像梅特卡夫所说的那样，在这部作品完成的时候，皇家迪万也用阿拉伯语完成了"对全国各地行政区划的编制工作"。[17] 这表明罗杰希望尽量了解自己的王国，所以不惜雇用最杰出的人才帮助自己完成心愿。这实在是皇室赞助中一次大手笔的决定。

由于西西里岛上同时存在拉丁语、希腊语和阿拉伯语，因此历史学家认为西西里岛是一个同时使用三种语言的王国。当然，现存于大英图书馆、编号 MS Harley 5786 的圣咏集，是用三种语言编辑的，也印证了这种观点。这本诗集用三种语言记载各种教会仪式，主要用于巴勒莫的王室教堂。[18] 当时是在 12 世纪 90 年代，德意志军队征服西西里岛之后，埃博利的彼得（Peter of Eboli）给德意志皇帝亨利六世写了颂词，其中一首诗歌描绘了巴勒莫百姓的情况，后世的历史学家据此认为西西里岛是一个使用三种语言的社会。诗集中描写欧特维尔的内容在结尾部分介绍了坦克雷德的王室档案馆，其中给馆里的抄写员配了一幅著名的图画。画面上的三个抄写员正在起草文件：一个用拉丁文，另一个用希腊文，第三个用的是阿拉伯文。这幅画用独特的服装样式、脸上的毛发和其他一些标志，比如穆斯林的头巾和希腊人的胡须等，将三人的民族身份区分得非常明显。[19] 但在此，我还是有必要提醒大家在解读这些资料时要稍加谨慎。像上文中这些提供赞助和分工协作之类的资料，都是来源于王室宫廷，容易让我们误以为当时的社会非常宽容，各方通力合作、密切配合，如果这样理解就掩盖了其中出现的强权欺诈和有时甚至是赤裸裸的暴力行为。

物品、艺术与建筑

研究诺曼人的历史学家面临的一个关键问题是：诺曼人的活动在多大程度上对当时社会的物质方面产生了影响？我们能够看到诺曼人的活动导致社会在物质方面发生变化的痕迹吗？诺曼人在欧洲不同地方进行的殖民或征服活动之间到底存在怎样的联系？回答这个问题的关键在于理解诺曼人与意大利南部和英格兰的接触是怎样改变诺曼底，以及我们从中可以发现哪些影响。

在和英格兰的关系上，人们争论的一个重要焦点在于1066年及此后的历史事件在多大程度上根本改变了英格兰社会。如同我们在前几章的讨论一样，《末日审判书》的记载反映了剥夺土地的严重程度，因为诺曼人把土地从英格兰幸存者手中夺取过来并重新分配给威廉的手下。一些地产本身可能没有发生任何改变，但已经换成了从英吉利海峡对岸过来的新主人。农民由于持有土地的方式发生改变，还得向地主支付租金，从而导致生活条件恶化。这方面的信息我们可以从涉及行政管理和经济方面的资料中获取，但关于人们日常生活的信息又到哪儿去寻找呢？新来的国王和王公贵族又是如何对人民的日常生活产生影响的呢？

在这方面，最近的考古发现给我们提供了丰富的信息，极大地帮助我们了解当时社会是如何改变并影响了人们的日常生活方式。本·杰维斯（Ben Jervis）研究了南安普敦的陶器分布情况，并分析烹饪器皿的设计、使用和处理是如何对诺曼征服之后的人民生活产生影响，以及这些做法又是如何积极地改变或修正个人或群体的身份特征。[20] 根据《末日审判书》的记载，温切斯特的奥达（Oda of Winchester）、神父埃斯基尔（Eskil）、科提厄（Ketil）、弗格尔（Fugel）、托斯蒂（Tosti）、阿尔里克·格林（Alric Gering）的儿子们和赛平（Cypping）的土地全在1086年分给了拉尔夫·德·莫蒂默（Ralph de Mortimer）；伯纳德·鲍恩舍沃尔特（Bernard Pauncevolt）拥有了原属戈德温家族的三处房屋。其他在这座城镇拥有收入的包括惠韦尔女修道院院长、各个诺曼修道院的院长、诺曼主教、一些像于格·德·格兰德梅什尼尔这样的显赫人物（他的家族修建了奥德里克所在的那所修道院），以及埃夫勒伯爵和莫尔坦伯爵。当时一共有65个法国人和31个英格兰人住在这座城镇。[21] 在这种情形下，人们肯定会接触到自己不熟悉的生活习惯，因此他们会相互学习彼此的做法，并借用对方的工具。

杰维斯发现这个市镇的西部地区和东部地区存在鲜明对比。在东部地区，陶瓷分布情况和诺曼征服前的情况保持一致。例如，废弃的陶器被扔进了垃圾堆，这样形成的堆肥会被用作花园的肥料。而居民用这些花园挣得一点额外的收入，帮助自己支付赋税。出土的陶器文物表明，在沉积进地下之前，居住在南安普敦这个地方的人们仍是沿用撒克逊人的老方法，把用火石烤制出来的器皿当成烹饪器具。从这些陶罐上的煤灰积淀分析，它们应当是直接放在柴火的余烬里或靠近余烬的地方进行烹饪。市镇的西部靠近海滨，在诺曼征服之前，可能有很多的商人和法国人住在这儿。在这儿我们找到了更多带有抓痕的陶罐，这表明它们曾被悬在火上进行烹饪。看起来，是那些住在离这个海港较近的商人们把这种新技术介绍到这个地方的。这样慢慢地演变，等到 13 世纪的时候，把容器悬在火上烹饪的方法已经成为人们的普遍做法了。

　　关于诺曼征服之后，人们日常生活的改变情况，我们能从上面这个例子中获得什么样的启发呢？虽然《末日审判书》中有证据表明在财产所有权和土地所有权方面已经发生了巨大变化，但上面的变化也不可能仅仅是一个简单过程，即占统治地位的外来民族把陌生的生活习惯强加给南安普敦的本地居民，而应当是人们在烹饪方面做出协调和适应的过程。那些习惯把陶罐悬在火上烹饪的厨师必须习惯使用原本设计在余烬里加热的容器；而在诺曼家庭工作的英格兰厨师则需要学会悬在火上烹饪的技巧。对于征服者与被征服者双方来说，诺曼征服都意味着在他们的日常生活中出现了某种程度的扰乱和妥协。烹饪的方法还影响到食物的吃法。悬在火上烹饪意味着食物可以慢慢地烧烤，比如幼小动物身上的肉。对于诺曼人和其他来自法国的殖民者，这和以前的烹饪方法是保持一致的，但对于英格兰人而言，采用这种烹饪方法就构成了他们适应新变化过程的一部分，因为他们要适应新的环境并处理相应的社会关系。对那些不愿或不能采用新习俗的人们，出土的陶器文物表明诺曼征服如何改变一些家庭的经济状况，因为他们为了交税而被迫设法增加收入。[22]

　　动物考古学通过对动物骨头进行研究，也能对诺曼征服之后人们的生活状态提供一些有趣的参考信息。娜奥米·赛克斯（Naomi Sykes）指出，新来的诺曼殖民者并没有把法国人的做事方式一下子就引进到英格兰，但这方面的变化确实在发生，可能也反映了当时整个欧洲的发展情况。[23] 这些变化中最明显的就是在 1066 年之后，在贵族居住地发现的猪骨头变多了。虽然增多的程度没有达到和北欧相等的地步，但考虑到英格兰不太适合进行大规模的生猪养殖，所以表明这是诺曼人带来的一种饮食

图 6-1 南安普敦 12 世纪晚期的商人住宅，位于波尔特斯车道，离码头不远。（它曾被误认为是"克努特的宫殿"。）

偏好。动物骨头分布情况也揭示了贵族狩猎行为发生的相应变化。动物考古学的记录中出现了苍鹭和孔雀，这表明诺曼人可能在放鹰狩猎时，引进了新的猛禽。此外，我们发现猎杀的马鹿增多了，而猎杀的狍子相应减少，这可解释为打猎地点已经从封闭的猎场走向了更加开阔的田野。诺曼征服之后，黇鹿①和与之相应的屠杀仪式也被引进到了英格兰，但这种动物似乎不是从法国北部引进过去的。赛克斯认为黇鹿可能是从西西里岛引进的，但要证实这个观点，还需要做进一步的研究工作。像这样的一些变化情况，也反映在用于表示动物和肉类的语言发生了变化。当猪（pig）、羊（sheep）或牛（cow）在地里放养的时候，我们从名字上就可判断出它们来源于古英语；一旦这些动物煮好之后端上桌面，这时它们就变成了用法语表示的猪肉（pork）、羊肉（mutton）或牛肉（beef）。

不过，诺曼底和英格兰之间的文化联系早在1066年之前就已经变得繁荣昌盛了。如果我们认为可以把11世纪上半叶或更早之前的英格兰和欧洲大陆分开看待，那就错了。这个稍晚的撒克逊公国构成了北海和大陆网络的一部分，而威尔士、苏格兰则与爱尔兰海保持着广泛的联系。盎格鲁－撒克逊国王埃塞尔斯坦与法兰克王国和德意志帝国的统治阶级建立了联系，比如我们知道埃塞尔雷德就娶了诺曼底的埃玛。"忏悔者"爱德华手下的许多主教都来自于欧洲大陆，英格兰教会对海峡对岸的发展情况也非常清楚。在教会内部，修士和修女相互走动，这不仅是出于公务，也可能是去取手稿来抄写；或者在诺曼征服之后，去拿丧葬名单进行超度仪式。各个修道院之间经常保持通信。安塞尔姆在1093年成为坎特伯雷大主教之后，没有忘记自己在勒贝克照管过的修士，所以写了许多书信寄回去指导他们开展宗教活动。[24] 不管是由于合作还是强迫，英吉利海峡两岸之间的物品交流和艺术影响也构成了这种文化交流的生动内容。

英语修道院和大教堂是制作中心，出产豪华手稿和刺绣作品，而这些都是诺曼

---

① 产于欧洲的一种小鹿，毛皮呈浅黄棕色，带有白色斑点。——编者注

人极为追捧的物品。修道院缮写室是制作书籍的地方,因这方面的文本交流以及偶尔的人事流动而变得兴旺繁荣。此外,这方面的发展,对通过扩建修道院藏书室从而促进知识的传播,起到了重要作用。一些书籍会被送往其他修道院以供抄写。这样一来,作品就得以传播,艺术和文化影响也得以扩大。有几部手稿保留至今,它们是在法国的一个地方制作的,然后送回英格兰进行传播,其中包括《布洛涅福音书》(the Boulogne Gospels)。[25] 在11世纪中期,圣米歇尔山修道院抄写了杰罗姆、奥古斯丁和安布罗斯三位教父的书集。其中的微型插图明显体现受到来自盎格鲁-撒克逊影响的痕迹。显然到这个时候,英格兰制作的文本已经流通到了诺曼底,可供人们抄写。[26]

人们还把书籍作为礼物互相赠送。瑞米耶日罗伯特所著圣事礼典(Sacramentarium)就是一个很好的例子。《圣事礼典》中包含神父在做弥撒时单独朗诵的祷告词。其中有13页整幅图画,色彩丰富,它对帷幔的刻画以及人物风格,都体现了艺术史学家称为"温切斯特学派"的典型特征。当时,豪华的礼拜仪式手稿最喜欢采用这种风格。罗伯特在1044至1050年担任伦敦主教,在此期间他把这本圣事礼典送给了瑞米耶日修道院。[27] 诺曼征服之后,新来的诺曼高级教士从英吉利海峡对岸把书籍带给了英格兰新修的修道院和大教堂。比如,埃克塞特主教奥布森可能就把手抄的杰罗姆对以赛亚的评注,带回了埃克塞特大教堂,而这本书是从那个时代保留下来的难得珍品。它很可能是在11世纪后期在瑞米耶日抄写的,然后于格·皮克托(Hugh Pictor)对书进行装饰,他还把自己的一幅很小的自画像放了进去。[28] 这部手稿,同圣事礼典中的整幅圣经场景比较起来,对每段文字的首字母进行了精心装饰,这种做法在诺曼征服之后逐渐流行。在整个11世纪,这些手稿都起到了重要作用,它们不单加强了教会内部各个机构的联系,还可以培训风格各异的艺术人员,并促进新思想的传播。

诺曼时期出现的最著名艺术品之一就是巴约挂毯。它实际上是在亚麻布上用羊毛进行的刺绣,长70厘米,但缺失最后部分。这幅挂毯记叙了导致黑斯廷斯战役的原因和战事本身,以哈罗德启程到诺曼底之前,"忏悔者"爱德华对他进行交代开始。

挂毯主要描绘了这场战役中的一些著名场景，其中包括哈罗德在圣殿向威廉宣誓、"忏悔者"爱德华在威斯敏斯特新教堂去世以及他的葬礼、哈雷彗星预示英格兰即将发生灾难等。挂毯的最后一部分内容不复存在，但基本可以肯定描绘的是 1066 年圣诞节，威廉在威斯敏斯特教堂举行王位加冕礼。关于这幅挂毯的赞助问题，引起了人们的众多争论，比如我们不清楚它是为谁而作，以及为何而作。据说它是玛蒂尔达王后亲手制作的，目的是纪念自己丈夫在战场上取得的胜利。卡萝拉·希克斯（Carola Hicks）则倾向于认为挂毯是爱德华的遗孀伊迪丝王后托人制作的，以作纪念。[29] 乔治·比奇（George Beech）认为威廉本人是挂毯的赞助人，并且是在圣索米尔·德·弗洛朗修道院（the monastry of Saint-Saumur de Florent）中制作的。[30] 除了这些观点之外，人们一般认为巴约挂毯是威廉同父异母的兄弟、巴约主教同时也是肯特伯爵的奥多，委托他人制作的，并且在坎特伯雷的圣奥古斯丁修道院完成。

奥多的赞助是否会涉及巴约挂毯的设计和内容，这也值得商榷，并且引发了一

图 6-2　位于坎特伯雷的圣奥古斯丁修道院。越过教堂遗址向对面看去，后方就是主教座堂。

个有趣的问题，即这件艺术成品中还加入了英格兰元素，这应当属于什么性质？除了描述导致黑斯廷斯战役原因的画面，挂毯上还有注明事件和人物的标题。它们是用拉丁文写成的，但若加以研究，就会发现其中拼写和用词都包含了英语元素，例如"ceastra"被用来指代黑斯廷斯城堡（即"castle"）。挂毯刺绣的主题也是取材于坎特伯雷的圣奥古斯丁修道院制作的手抄本。伊丽莎白·帕斯坦（Elizabeth Pastan）和斯蒂芬·怀特（Stephen White）虽然接受奥多是赞助人的观点，但认为修士们在代理制作的过程中，加入了纪念自己修道院人物的内容，比如挂毯上描绘了瓦达尔德（Wadard）和维塔尔（Vital），而这两人就出现在其他和这所修道院相关的资料中。挂毯的刺绣画面和文字内容也都包括了英格兰人。比如殉教史——与修道院相关的殉教者名单——就包括哈罗德国王和其他倒在战场上的"我们的许多兄弟"。[31] 由于巴约挂毯既记载诺曼人的胜利，同时又纪念在战争中死去的英格兰人，因此，可能意味着人们已经接受了战争带来的灾难性后果。这是一种具有说服力的观点。

物品和手稿还流通于诺曼底、意大利南部和西西里岛。比如，奥德里克·维塔利斯就可以接触到杰弗里·马拉特拉写的《罗杰伯爵的事迹》。蒙特卡西诺的阿马塔

图 6-3　黑斯廷斯的城堡上面"ceastra"的拼写形式体现了古英语的遗风。创作于11世纪的巴约挂毯之细节展示。

斯记载第一批诺曼雇佣军返回家乡时带回很多具有异国情调的礼品，包括"柑橘、扁桃仁、干果、紫色布，以及镶有金边的铁质工具（马具）"，希望吸引其他诺曼人同样出去冒险。³²我们相信，即使不是阿马塔斯所描绘的这些具体物品，诺曼人回乡肯定也会带一些东西。在讨论随格兰德梅什尼尔的罗杰一起流亡的修士与圣埃弗雷特修道院之间的联系时，奥德里克在记载中提供了线索，可以让我们了解在诺曼底和意大利南部之间流通的物品种类。威廉·格尔罗伊是修道院的一个创建者，他到阿普利亚为修道院的修士们购买黄金、珍贵的法衣①和礼拜器具。不幸的是，他死于归途，结果这些物品也被人偷走。后来，修士蒂耶尔的阿诺德（Arnold of Tilleul）也去进行采购，把珍贵的礼物带回自己的修道院。³³这些物品把修道院和周围的人们联系在一起，也让到过意大利的人倍感亲切。³⁴我们可以想见，这些珍贵的物品会在达官贵人来参观时进行展览，显示修道院的名气以及创建者的虔诚。可能买来的祭服是用于特殊场合，上面华丽的色彩在教堂明亮烛光的映衬下，会闪烁出耀眼的光芒。

保留至今的诺曼人建筑最能见证英吉利海峡两岸之间以及与阿尔卑斯山另一边的联系。在11世纪，罗马式的建筑风格开始发展，其特征是具有坚实的柱子、半圆形拱以及几何形状的设计。虽然这种风格出现在整个欧洲，但值得注意的是，不同的地方会以不同的方式修建这种建筑。在英格兰，人们特别容易把这种样式和诺曼人联系起来，因为诺曼人在征服英格兰之后，修建了大量的罗马式建筑。就规模和大小而言，在诺曼底找不出像温切斯特和达勒姆这样的大教堂。诺曼人在多大程度上加速了已经进行的这个建筑过程，其实是一个重要问题。"忏悔者"爱德华在威斯敏斯特新建的修道院证明1066年之前英格兰就存在罗马式建筑了。不过那座修道院已经不复存在，由亨利三世在13世纪中期进行了重建。但它却出现在了巴约挂毯里面，虽然是以一种艺术化的风格，并且看起来主要是参照诺曼底的罗马式建筑修造的，有壮观的中央拱廊和挺拔的高度。诺曼征服以及失火之类的事件，就像在坎特伯雷的基督教

---

① 即神职人员主持宗教仪式时所穿法衣祭服。——编者注

图6-4 达勒姆大教堂。其修建工作始于威廉·鲁弗斯统治时期。© 马克·哈格尔

图 6-5　温切斯特大教堂北部耳堂。建于 11 世纪。© 马克·哈格尔

图6-6 "忏悔者"爱德华在威斯敏斯特修道院的教堂。创作于11世纪的巴约挂毯之细节展示。

堂或约克的明斯特教堂发生的火灾一样,给修建这种新型的壮观建筑提供了机会。一直到12世纪晚期,罗马风格都是主流的建筑样式。

1130年西西里王国建立之后,在艺术和建筑方面,罗杰国王以及后任君王的宫廷里出现了许多有趣的变化。诺曼人所修造的建筑,包括巴勒莫的巴拉蒂娜小教堂,蒙雷阿莱教堂、切法卢教堂和海军元帅圣母教堂(church of Santa Maria dell Ammiraglio,后来称为拉玛尔特拉纳教堂),都装饰有精美细致的马赛克镶嵌画,可以让我们了解到当时人们是如何对诺曼统治者进行描绘的。

海军元帅圣母教堂是在1143年由海军将领安条克的乔治建立的,其中一幅马赛克镶嵌画描绘的是罗杰二世的加冕礼。画面上的基督正将王冠戴到罗杰的头上。罗杰穿着拜占庭皇袍,头发略长,留着像希腊人那样的胡须。这种形象绝对不是我们在巴约挂毯上看到北欧人,那上面的人物头发都剪得很短、胡须也刮得很干净。就像乌邦(Houben)指出的那样,没有证据表明罗杰二世在加冕礼上穿过那种皇袍,并且他也从来没有被称为"皇帝"。相反,这可能是罗杰的一个臣下——海军将领乔治——根据中世西西里岛人民心目中加冕礼该有的排场,找人给罗杰制作的画像。[35] 我们有理由相信罗杰看到自己被画成这样，心情应当十分愉快。

可能在南欧，诺曼人最有名的建筑就是位于巴勒莫的巴拉蒂娜小教堂，它是和罗杰二世宫殿相连的王室小教堂。人们普遍认为这所小教堂是罗杰宫廷风格的集大成者，综合了多种多样的建筑风格，包括拉丁风格、拜占庭风格、希腊风格和伊斯兰风格。其中精美的马赛克镶嵌画在一定程度上受到拜占庭象征手法的影响。它的地表规划体现了北方教堂的设计风格，也有中殿、侧堂以及壮观的有着木制镶边的钟乳石天花板，展现了高超的伊斯兰手艺。如果我们联系上一节曾提到的内容，如：用三种语言写成的圣咏集、政府公文中使用希腊文，以及西西里王宫继续保留伊斯兰管理者，那么就很容易认为这座小教堂体现了西西里王国文化的多元性。但这样总结借用的是现代术语，而不是沿着中世纪的思路进行研究。正如梅特卡夫指出的那样，仅用宽容性合作（tolerant cooperation）等字眼是难以对西西里岛的情况作出一个让人信服的描述。[36] 但是，罗杰修建的这座小教堂应当反映的是他迫切地希望人们能够看到自己的统治能力。

图 6-7　切法卢大教堂。其修建工作始于罗杰二世统治时期。© 马克·哈格尔

图 6-8　拉玛尔特拉纳教堂建于 12 世纪。图为基督在为罗杰二世加冕。© 本杰明·波尔

第六章·文化的碰撞与交流

图6-9 位于巴勒莫的巴拉蒂娜小教堂的天花板。© 马克·哈格尔

213

如果我们把教堂的不同元素放在一起考察，可能就会发现答案。首先来看马赛克镶嵌画。教堂圆顶中央描绘的是基督万能之主，这是一个希腊神学主题，相似但不等同于西方世界描绘的基督圣像。其他一些在唱诗席出现的马赛克镶嵌画，表现的是基督、天使、先知和四位福音传教士（马太、马可、路加、约翰）以及各位圣徒的生活片段。这些绘画的题字用的是希腊文。教堂中殿的马赛克镶嵌画展示的是《旧约全书》中的场景，包括圣彼得和保罗的故事、其他圣徒和圣妇的半身像，其中说明内容用的是拉丁文。这些作品是在罗杰的继任者威廉一世统治期间完成的。但天花板上的题字不一样，书写用的是库法体①，并且天花板上的装饰内容也变成了休闲娱乐活动。这些题字是关于国王统治能力以及理想的国王素质：身体健康、风调雨顺、国家强盛、经济繁荣。天花板上还画了一位坐着的统治者，身着伊斯兰服饰，据说这就是罗杰本人。要理解这些艺术作品，首先要考虑这座教堂的功能。作为一所王室小教堂，它首先是进行礼拜仪式的地方：国王和他的家人可以在这里进行祷告，那时国王可以坐在礼拜堂上面的露台上。教堂的另一个功能是用来接待，一般是在教堂中殿进行。在这方面，国王借鉴了法蒂玛王朝和拜占庭王朝的习俗，他会站在一个平台上，准备接见客人或听取诉请。[37]

如前所述，教堂中殿的马赛克镶嵌画是在罗杰的继承者威廉执政期间完成的。这些马赛克镶嵌画显然具有更多基督教风格，能让岛上众多处于边缘化地位的穆斯林们清楚地感受到这一点。在解读这座建筑的意义时，我们认为罗杰设计教堂的初衷是要体现建立西西里王国的这个岛屿上存在的所有统治要素。西西里岛的基督教元素原本就无处不在——因为罗杰基本上把自己看成了一名基督教统治者，而后来西西里王国的历任继任者以牺牲岛上穆斯林的利益为代价而继续修造基督教建筑，就将这一点表现得更加明显。

---

① 库法体（kufic script），阿拉伯书法体之一，属古老的书法体。——编者注

第六章·文化的碰撞与交流

图6-10 位于巴勒莫的巴拉蒂娜教堂的壁龛,上面镶嵌的是基督万能之主,制作于约1140年。
© 马克·哈格尔

非单一的宗教世界

前文主要是集中讨论教堂对中世纪社会的重要性,这容易让人忽视一个事实,即中世纪欧洲不是一个单一的基督教世界。实际上,欧洲不是只听从罗马教派的领导。诺曼人遇到的是犹太人和穆斯林,而这两个民族在诺曼人统治之前和统治时期,都一直在这块大陆上繁衍生息、昌盛发达。尽管"征服者"威廉征服了中世纪英格兰的犹太人,但中世纪的社会性质决定了犹太人和穆斯林中的商人、游客和学者仍然会前往欧洲北部的更多区域。意大利南部由于靠近地中海盆地和中东地区,犹太人和穆斯林的社区就可能更多且更繁荣。

在中世纪,犹太人在欧洲各个地方的历史都写满了中断、迫害、驱逐、冲突,以及偶尔出现、但也让人不安的暂时容忍。诺曼底的情况就是这样,那儿的犹太社区从10世纪起就在此定居,其中很多犹太人都住在鲁昂。[38]我们对这些犹太社区的来源、规模和发展情况都并不清楚。但从考古发现和书面文献可以知道一点,即这些犹太社区位于最初的高卢-罗马城墙的西北角,因此靠近公爵统治的权力中心。虽然诺曼人格尔博(Golb)认为犹太人在鲁昂城的历史可以追溯到罗马时期,但他们更可能是在10世纪晚期到11世纪期间才来到这儿。[39]1096年,鲁昂的犹太人社区的发展被突然中断。我们可能更熟悉莱茵兰地区(Rhineland)发生的针对犹太人的恐怖大屠杀,但十字军战士离开诺曼底的时候,在鲁昂也发生了屠杀犹太人的事件。诺让的吉伯特(Guibert of Nogent)在其自传中记载了这场屠杀。他告诉我们,当时犹太人如果不皈依基督教就会被杀死。十字军部队内部存在一些因素,导致他们认为犹太人基本上就是上帝在人间的敌人,再加上当时缺乏政治监管,结果就造成了这一惨剧。然而,值得注意的是,整个11世纪90年代,这是唯一一起发生在法国北部的此类暴力事件,因此它可能不是十字军战士的狂热情绪引起的,而是反映了在罗伯特·柯索斯执政期间,整个诺曼底处于一种动乱状态。

1096年事件之后不久,犹太社区又迅速得到了恢复。12世纪出现了许多与犹太人宗教和文化生活密切相关的重要建筑。犹太人也在离今天鲁昂火车站很近的蒙斯－犹得瑞（Mons Judeorum）建了自己的公墓。[40] 虽然中世纪后期修建司法宫（Palais de Justice）建筑的时候破坏了城市南部的其他建筑，但在19世纪鲁昂进行大规模重建之前，犹太人街道（rue aux Juifs）南侧的许多建筑还是保留了下来。1976年，考古发掘在司法宫建筑下面找到了一处神学院遗址，说明这儿曾是犹太人的教育中心。虽然这个建筑的构造接近于普通房屋，但里面有书架、油灯以及一个可用于集体学习的大房间，这些特征表明它具有教育功能。[41] 这儿还发现了其他一些精心修造的石头建筑的遗迹，经确认属于普通房屋。由于鲁昂的犹太教堂不复存在，所以其遗址的具体位置也不知位于何处。伯纳德·布鲁门克兰兹（Bernard Blumenkranz）最先把神学院当成犹太教堂，但没有得到人们的广泛认可。[42] 由于缺乏进一步的文献资料，要查证到犹太教堂的准确位置非常困难。18世纪之前，犹太教堂是不会标注在地图上面的。[43] 虽然没有找到犹太教堂的准确位置，但那些结构坚实、体现了高超技艺水平的罗马式建筑的遗迹，加上犹太人在12世纪期间发展起来的文化和商业活动，有力地证明了犹太社区在诺曼底中心的存在和繁荣。

在英格兰，有关犹太人的早期历史非常模糊，但犹太人从12世纪晚期直至他们在1290年被驱逐的历史却有着详细得多的记载。这是因为行政管理文书，包括"派普名册"（Pipe Rolls）和"弗艾恩名册"（Fine Rolls），开始归档保管，所以流传下来的资料也就更多。然而，《末日审判书》里对犹太社区就没有任何明确记载。[44] 马姆斯伯里的威廉在12世纪早期写到，是"征服者"威廉决定把鲁昂的犹太人迁往伦敦。1090年叛乱之后，更多的鲁昂犹太人来到了伦敦。这也反映了罗伯特·柯索斯执政期间诺曼底处于一片动乱的情况，此外这也是1096年屠杀犹太人造成的一个后果。因此，英格兰的城市和商业中心，包括剑桥、诺威奇、林肯和约克等，就慢慢形成了犹太社区，其中牛津和温切斯特分别是到1141年和1148年建立了犹太人居住地。之所以鼓励犹太人到英格兰定居，极有可能是考虑到他们可以做出的经济贡献。这种贡献不仅表现在犹太人可以给当地权贵提供借款，还表现在犹太人可以通过罚款、贷款以及文件中所记录的"礼物"等实物形式，给国王增加收入，而这些现象的背后肯定都会涉及一些强制手段。[45] 为了保护他们，威廉规定犹太人和他们所有的东西都是属于国王的财产。但1189年和1190年对犹太人社区发生的屠杀事件说明，这个保护措施并不总是有效。其中最令人发指的是1190年3月17日发生在约克郡的那场屠杀：犹太人虽然躲到城堡里面，但仍然惨遭杀戮。

就像他们在鲁昂一样，英格兰的犹太人也建立了自己的精神文化传统。伦敦犹太社区的一个带头人是犹太教的拉比侯塞斯（Josce）。在1236年之前，他的家族一直扮演着重要角色。例如，他们在伦敦犹太社区自己住宅的背后，修建了一座犹太教堂。[46] 在伦敦和布里斯托尔（Bristol）也发现了洗礼池的遗迹，但是在布里斯托尔发现的遗迹是不是洗礼池，现在还不能确定。[47] 可能犹太社区最著名的建筑是建在诺威奇和林肯的房屋。但是，就像在鲁昂的情况一样，犹太人的这些房屋风格和他们

图6-11　约克郡的克利福德塔，建于13世纪。先前的木制城堡在1190年被人纵火烧毁，住在里面的犹太人群也全部遇难。

的基督教邻居的非常相似，因此只能根据宪章上发现的信息才能确定它们就是属于犹太人的房产。[48] 犹太社区也有自己的墓场。1117 年之前，犹太人必须千辛万苦地把死者抬到伦敦去埋葬。但在 1117 年之后，他们也在其他地方，比如约克郡，修建了自己的公墓。在约克郡出土了一批排列整齐的坟墓，并且发现这片墓地后来没有再进行更多的挖掘埋葬。[49] 这是和犹太传统保持一致的表现，因为犹太风俗禁止去打扰死者的安息。

12 世纪晚期和 13 世纪期间居住在英格兰和诺曼底的犹太人，和居住在欧洲其他地方的犹太人经历相似，也是生活在一个异常艰难、充满暴力的时代。这一期间出现了杀害儿童用于仪式的指控，虽然没有找到这方面的证据，其中最出名的是关于诺威奇的威廉的事件；与此同时，十字军战士继续远征中东地区；除此之外，还有包括 1204 年诺曼底沦陷在内的政治形势的变化，等等……这一切都是造成政府当局以及一些当地人民更加敌视犹太人的重要因素。但对于我们正在讨论的这段历史而言，犹太人仍然是诺曼社会的重要组成部分。

诺曼人在意大利南部和西西里岛遇到了数量更多的穆斯林。在征服西西里岛的早期阶段，一些穆斯林是诺曼人的盟友，并且我们还需要考虑到当时这个地区政局动荡分裂，比如：拜占庭人是诺曼人和穆斯林的共同敌人。伊本·桑那把诺曼人看成是自己在岛上发动内战的重要盟友。其他一些穆斯林对诺曼人心存畏惧，这可以从编年史书中找到原因，因为杰弗里和阿马塔斯都记载了诺曼士兵被控强奸和其他一些罪名。和国王、公爵鼓励犹太人到英格兰、诺曼底定居不一样，穆斯林总体上感觉诺曼人是他们的征服者。在第三章我们指出把征服西西里岛看成一场十字军运动是混淆了时间顺序，这儿还可加上一条理由：除了巴勒莫的大清真寺之外，很少有清真寺被改造成教堂。在诺曼人统治西西里岛的最初几年，行政管理最先也是沿用征服之前的那套统治方式。梅特卡夫指出，诺曼人统治西西里岛上不同民族时——穆斯林和犹太人——是根据这些人的宗教信仰进行征税。以前在迪米体制（dhimmi system）下出现过类似情况，即基督徒和犹太人要向伊斯兰统治者进贡。[50] 不过，在 1130 年之后，穆斯林再度在政府管理中担当大任。

  这并不是说每个人都可以安心地生活在一个擅于容忍的多元文化社会。征服带来的是土地的重新分配和家庭的强制迁居。罗杰去世之后，留下遗孀阿德莱德代替幼子摄政，她鼓励人们从意大利本土迁来，尤其鼓励人们从她的家乡——意大利北部的伦巴第迁出。同时，也有一些受过教育的穆斯林富人从巴勒莫和其他大城市中心迁居到了北非和西班牙。然而，更多的人不能或不愿大量迁居。[51] 虽然罗杰二世对穆斯林态度宽容，但即使在他的宫廷里面，也随时会有发生暴力的危险。此外，虽然穆斯林官员，其中尤其是宫廷宦官地位十分显赫，但如果形势需要，国王也能够罢免他们，并且后来他也的确这样做了。比如罗杰在自己在位的最后时期，下令处决了自己手下的得力大臣——马赫迪耶的菲利普（Philip of al-Mahdiya）。[52] 罗杰死后，穆斯林面对的是他继任者威廉一世采取的一些新的限制政策。由于不断往外移民，以及奥德菲尔所解释的"要求皈依基督教的间接文化压力"，导致穆斯林的人口持续减少。[53] 后来西西里岛出现了更多的暴力行为，以及穆斯林的叛乱。但诺曼统治的结束以及霍亨斯陶芬王朝的到来，才最后给了西西里岛上的穆斯林致命一击。在经历了一系列的叛乱之后，国王弗雷德里克二世（FredericⅡ）在13世纪20年代和30年代，逐渐把穆斯林驱逐到了意大利本土的卢切拉（Lucera）。

  正如我们在前三章看到的那样，诺曼人改变了他们所征服的社会，但同时也被这些社会所改变。这自然会影响到他们对自己的看法，会影响到历史学家对他们的评价，以及对"诺曼"身份特性的定义。在本章结尾的时候讨论这个话题似乎有点奇怪，但我们只有把它放进更广泛的发展背景中才能理解关于诺曼身份特性的讨论。

注 释

1 Orderic, *Ecclesiastical History*, vol. 2, pp. 184–5.

2 E. Ridel, *Les Vikings et les mots: l'apport de l'ancien scandinave à la langue française*（Paris: Errance, 2009）, pp. 108–14; and discussion in L.Abrams, 'Early Normandy', *Anglo-Norman Studies* 35（2013）, pp. 45–64.（p. 53）.

3 E. van Houts, 'Scandinavian Influence in Norman Literature of the Eleventh Century', *Anglo-Norman Studies* 6（1984）, pp. 107–24（pp. 108–9）. For extracts from this poem see *Normans in Europe*, ed. van Houts, no. 27.

4 *Normans in Europe*, ed. van Houts, no. 14 and 'Scandinavian Influence in Norman Literature', p. 111.

5 van Houts, 'Scandinavian Influence in Norman Literature', p. 120.

6 For a concise discussion of English administration following the conquest, see Golding, *Conquest and Colonisation*, Ch. 5.

7 E. Treharne, *Living Through Conquest: The Politics of Early English, 1020–1220*（Oxford: Oxford University Press, 2012）, p. 101.

8 Treharne, *Living Through Conquest*, p. 173.

9 Metcalfe, *Muslims of Medieval Italy*, pp. 106–7, 144–5.

10 For detailed discussions of the administration of the kingdom of Sicily see J. Johns, *Arabic Administration in Norman Sicily: the Royal Dīwān*（Cambridge: Cambridge University Press, 2002）; H. Takayama, *The Administration of the Norman Kingdom of Sicily*（Leiden: Brill 1993）.

11 For example, D. C. Douglas, *The Norman Achievement, 1050–1100*（London: Eyre and Spottiswoode, 1969）.

12 Johns, *Arahic Administration*, pp. 3–4.

13 Ibid., pp. 111–12.

14 Ibid., pp. 114, 268–73.

15 Ibid., p. 284.

16 J.-C. Ducène, 'Routes in Southern Italy in the Geographical Works of al-Idrīsī', in *Journeying Along Medieval Routes in Europe and the Middle East*, ed. A. L. Gascoigne, L. V. Hicks and M. O'Doherty (Turnhout:Brepols) pp. 143–66 (pp. 144–5). There is no English translation of al-Idrīsī's work, but extracts can be found in *Roger II and the Creation of the Kingdom of Sicily*, trans. G. A. Loud (Manchester: Manchester University Press, 2012), pp. 355–63.

17 Metcalfe, *Muslims of Medieval Italy*, p. 263.

18 Ibid., p. 237. The manuscript has been digitized by the British Library http://www.bl.uk/manuscripts/FullDisplay.aspx?ref=Harley_MS_5786.

19 Johns, *Arabic Administration*, pp. 284–6; Metcalfe, *Muslims of Medieval Italy*, pp. 247–8.

20 Ben Jervis, *Pottery and Social Life in Medieval England: Towards a relational approach* (Oxford: Oxbow, 2014), Ch. 4.

21 For Southampton Domesday see http://opendomesday.org/place/SU4111/southampton.

22 B. Jervis, 'Conquest, Ceramics, Continuity and Change. Beyond Representational Approaches to Continuity and Change in Early Medieval England: A Case study from Anglo-Norman Southampton', *Early Medieval Europe* 21 (2013), pp. 455–87.

23 N. Sykes, 'Zooarchaeology of the Norman Conquest', *Anglo-Norman Studies*, 27 (2005), pp. 185–97. See also N. Sykes, *The Norman Conquest:a Zooarchaeological Perspective*, BAR International Series, 1656 (Oxford:Archaeopress, 2007).

24 Anselm's letters have been translated as *The Letters of Anselm of Canterbury*, trans. W. Fröhlich, 3 vols (Kalamazoo, MI: Cistercian Publications, 1990–4).

25 Boulogne-sur-Mer, Bibliothèque municipale, MS 11: images are available online http://www.enluminures.culture.fr/documentation/enlumine/fr/BM/boulogne-sur-mer_048-01.htm.

26 *English Romanesque Art, 1066–1200* (London: Arts Council of Great Britain, 1984), p. 87, no. 4. Avranches, Bibliothèque municipale, MS 72: images online http://www.enluminures.culture.fr/documentation/enlumine/fr/BM/avranches_038-01.htm.

27 *The Golden Age of Anglo-Saxon Art 966–1066*, ed. J. Backhouse, D. H.Turner and L. Webster (London: British Museum, 1984), p. 69, no. 50.Rouen, Bibliothèque municipale, MS 274: images are available online http://www.enluminures.culture.fr/documentation/enlumine/fr/BM/rouen_026-01.htm.

28 C. de Hamel, *A History of Illuminated Manuscripts* (Oxford: Phaidon,1986), p. 94; *English Romanesque Art*, p. 57, no. 5. For an image of Hugh's self-portrait see J. G. Alexander, *Medieval Illuminators and their Methods of Work* (New Haven: Yale University Press, 1992), p. 11, fig.13.

29 C. Hicks, *The Bayeux Tapestry: The Life Story of a Masterpiece* (London:Vintage, 2007), pp. 29–39.

30 G. Beech, *Was the Bayeux Tapestry Made in France? The Case for Saint-Florent of Saumur* （New York: Palgrave Macmillan, 2005）.

31 E. C. Pastan and S. D. White, 'Problematizing Patronage: Odo of Bayeux and the Bayeux Tapestry', in *The Bayeux Tapestry: New Interpretations*,ed. M. Foys, K. Overbey and D. Terkla （Woodbridge: Boydell, 2009）, pp.1–24.

32 Amatus, *History of the Normans*, p. 50.

33 Orderic, *Ecclesiastical History*, vol. 2, pp. 58–63.

34 D. Roach, 'Saint-Evroul and Southern Italy in the *Historia ecclesiastica*', in *Orderic Vitalis: Life, Works and Interpretations*, ed. C. Rozier,D. Roach and E. van Houts（Woodbridge, forthcoming 2016）. I am grateful to Daniel Roach for sending me this paper in advance of publication.

35 Houben, *Roger II*, p. 113. See also E. Borsook, *Messages in Mosaic: The Royal Programme of Norman Sicily*（*1130–1187*）（Oxford: Clarendon,1990）.

36 Metcalfe, *Muslims in Medieval Italy*, p. 236.

37 W. Tronzo, *The Cultures of his Kingdom: Roger II and the Cappella Palatina in Palermo*（Princeton: Princeton University Press, 1997）, pp. 10, 60, 109.

38 For a survey of what we know about the Jewish community in Rouen see E. Brenner and L. V. Hicks, 'The Jews of Rouen in the Eleventh to the Thirteenth Centuries', in *Society and Culture in Medieval Rouen,911–1300*, ed. L. V. Hicks and E. Brenner（Turnhout: Brepols, 2013）, pp.369–82.

39 N. Golb, *The Jews in Medieval Normandy: A Social and Intellectual History*（Cambridge: Cambridge University Press, 1998）, pp. 33–7, 147.

40 N. Golb, *Les Juifs de Rouen au Moyen Age*（Mont-Saint-Aignan:Publicationsde I'Université de Rouen, 1985）, pp. 9–13.

41 D. Halbout-Bertin, 'Le Monument Juif d'époque romane du Palais de Justice de Rouen', *Archéologie médiévale*, 14（1984）, pp. 77–125.

42 B. Blumenkranz, 'La Synagogue de Rouen', in *Art et archéologie des Juifs en France médiévale*, ed. B. Blumenkranz（Toulouse: Privat, 1980）, pp.277–303.

43 Brenner and Hicks, 'Jews of Rouen', pp. 372–3.

44 Golding, *Conquest and Colonisation*, p. 74.

45 J. Hillaby, 'Jewish Colonisation in the Twelfth Century', in *Jews in Medieval Britain: Historical, Literary and Archaeological Perspectives*,ed. P. Skinner（Woodbridge: Boydell, 2003）, pp. 15–40（p. 19）.

46 Hillaby, 'Jewish Colonisation', p. 16.

47 D. A. Hinton, 'Medieval Anglo-Jewry: the Archaeological Evidence',in *Jews in Medieval Britain: Historical, Literary and Archaeological Perspectives*, ed. P. Skinnér（Woodbridge: Boydell,

2003), pp. 97–111 (p. 99).

48 Hinton, 'Medieval Anglo-Jewry', p. 98.

49 J. M. Lilley and others, *The Jewish Burial Ground at Jewbury* (York: York Archaeological Trust, 1994).

50 Metcalfe, *Muslims of Medieval Italy*, pp. 106–7.

51 Ibid., pp. 122–4.

52 Johns, *Arabic Administration*, p. 288.

53 Olfield, 'Problems and Patterns in Medieval Migration' p. 97.

第七章
诺曼人的历史与特性

A Short History of the Normans

在本书的整个写作过程中，我们将"诺曼人（的）"既作为名词，又作为形容词，好像的确有什么"诺曼人（的）"可以计量，可以区分，可以构成一个诺曼人个体或特征的本质。这个概念在现代历史写作中一般被称为"诺曼学"（Normannitas）。这一趋势在那些历史综述中表现得尤为明显，例如马乔里·奇布诺尔的著作《诺曼人》就是系列丛书《欧洲民族》中的一本。更早的历史作品，像 D. C. 道格拉斯（D. C. Douglas）的《诺曼人的成就》（The Norman Achievement）和《诺曼人的命运》（The Norman Fate）等，是将他们定义成一个时期。最近的作品则把诺曼人根据主题分类讨论，而不是依照发生在他们身上的历史事件（如英格兰征服或意大利南部殖民）进行创作，因此写作范围有所缩小。例如，戴维·克劳奇（David Crouch）的作品副标题是"一个王朝的历史"（The History of a Dynasty），内容主要聚焦于生活在诺曼底和英格兰的诺曼人。但最近对诺曼人进行比较研究的是弗朗索瓦·内沃（François Neveux）所著《简史》（Brief History），其书名说明此书内容直接针对诺曼人本身，不会扩展得很大。但考虑到他所描写的是发生在完全不同的地理环境中接近三个世纪的历史，所以应当还是具有很大的写作难度。¹ 此外，正如本书自始至终强调的那样，"诺曼人"在不同环境中的经历大相径庭。任何对诺曼人身份或成为诺曼人的特征进行的讨论，都必须放在这样的背景中进行。

一些历史学家，其中以 R. H. C. 戴维斯（R. H. C. Davis）为代表，提出了非常激进的观点，他认为诺曼人特性，或至少关于诺曼人具有相同特征的想法，都是一种"神话"，完全是编年史家，尤其是 12 世纪的奥德里克·维塔利斯所杜撰出来的一种说法。在戴维斯看来，诺曼人不是一个独立的民族，因为他们缺乏共同的种族来源或自己特有的语言，而过去编年史家们强调的只是他们在历史上的行为，而不是任何可归结为诺曼族群的遗传因素。[2] 但这种观点被格雷厄姆·劳德撰文进行了驳斥。通过考察 11 世纪从杜多开始的历史作家，劳德清楚地发现诺曼人具有很强的意识，他们认为自己是一个独立的民族。[3] 但这种身份感或意识持续了多长的时间则是一个值得讨论的问题。哈斯金斯在 20 世纪早期写作的时候，着重指出同化作用（assimilation）是诺曼人身上的一个关键特征。[4] 随着这样的逻辑思路进行推理，结论就是诺曼人的"成功"就代表着他们作为一个独立的民族被同化，即会从历史上消失，而这一观点在 1995 年受到卡桑德拉·波茨（Cassandra Potts）的响应；此外，在 BBC 播出的关于诺曼人的纪录片中，罗伯特·巴特利特（Robert Bartlett）也持这样的观点。[5] 诺曼人同其他社会的接触导致像于格·托马斯（Hugh Thomas）这样的历史学家以及像劳拉·阿西娅（Laura Ashe）这样的文学作家认为：诺曼人以牺牲自身特征为代价，逐渐形成了一种英格兰身份。[6] 相反，埃米莉·阿尔布认为，诺曼人故意摒弃任何和"诺曼学"相关的想法，因为历史上出现的关于欺诈和背叛的故事凸显了诺曼人狂暴粗野的性格，而这种联想让人不安。[7] 当然，所有这些都是人们在现代根据族群划分的范式，而对诺曼人这种复杂现象进行的种种研究和阐释。

要了解研究整个欧洲范围内诺曼人身份特性问题所具有的难度，首先有必要讨论一下伊本·埃尔-阿提尔（Ibn al-Athir）对西西里王国的罗杰二世的一段描述：

> 国王沿用穆斯林统治者的那套做法，配有骑马的随从、管家、卫兵、保镖和其他一干人等。因此他打破了法兰克人的习俗，因为法兰克人不习惯这样的方式。他建立了一个投诉法庭，即穆斯林皇家迪万，在这个法庭上，

那些感觉蒙受冤屈的穆斯林们可以进行申诉,而国王会让他们得到公正待遇,即使这意味着要惩罚自己的亲生儿子。他尊重穆斯林,把他们当作自己的朋友,不让法兰克人欺负他们,因此赢得了穆斯林的爱戴。[8]

现代史书认为是罗杰二世建立了西西里的"诺曼"王国。得出这个结论主要是因为他是西西里岛征服者罗杰的儿子,也是欧特维尔的坦克雷德的孙子。从这个意义上讲,罗杰二世是西西里岛的第二代移民,这样他离欧特维尔的起源也就不是那么遥远。但是在这段文字中,他居然被描写成"打破了法兰克人的习俗"。伊本·埃尔-阿提尔使用的这个名词"法兰克人"(Franks),在阿拉伯语中通常指西欧人,而不是指诺曼人,因为在12世纪晚期,"诺曼人"这种说法在地中海地区几乎没有任何意义。在罗杰废弃法兰克习俗而采用基于法蒂玛王朝的做法时,"征服者"威廉的孙辈——玛蒂尔达王后和斯蒂芬——正在为争夺英格兰王位展开一场血腥而持久的内战。众多的战役中有一场是1138年在斯坦达德(Standard)发生的,交战的一方是斯蒂芬和他的盎格鲁-诺曼盟友,另一方是支持玛蒂尔达的苏格兰国王戴维的军队。埃尔雷德,是里沃兹(Rievaulx)的西多会修道院院长,他用韵文体记载了这场战事,其中包括一段冗长的作战动员词,告诫斯蒂芬的部队要仿效他们著名的维京祖先们的事迹:

> 当上帝把胜利作为奖赏赐予我们时,为何我们还要对胜利感到绝望?难道我们的祖先不是在人数更少的情况下攻入高卢,并将它连同高卢人民一起彻底征服?多少次他们曾打垮法兰克人的军队?多少次凯尔特人、安茹人和阿基坦人带回了以少胜多的消息?事实上我们和我们的祖先都曾在短时间内征服这座岛屿,虽然连战无不胜的尤里乌斯(恺撒)都觉得它难以攻克……
>
> 我们已经用我们自己的双眼见证,法兰西国王和他带领的整个军队在我们面前落荒而逃,他们最优秀的贵族被我们俘虏,有些被赎回,有些戴着镣铐被释放回去,还有一些则身陷囹圄。如果不是你们这些诺曼人,那又是谁征服了阿普利亚、西西里岛和卡拉布里亚?[9]

这是两段几乎同时记载的文字，都是针对我们所称的"诺曼人"，但对他们行为举止的描述方式大相径庭，这也从中反映了现代历史学家使用这种字眼来概括他们各种各样复杂经历时会遇到的困难。例如，历史学家们像我们在本书中的做法一样，一直使用"诺曼（的、人）"来指代西西里王国，虽然梅特卡夫和奥德菲尔德两人都曾指出这种做法不太谨慎。[10] 另一方面，罗杰废弃了很多被视为是法兰克习俗的做法，而在英格兰的诺曼人后裔却和意大利的同胞建立起直接联系。显然，"诺曼（人、的）"这种说法本身值得商榷。因此，如果要理解史书描写有关这些人群的悠久传统，就需要对这种说法提供进一步的解释。而要这么做，就很有必要回到史料中去，从中世纪作家理解诺曼人或他们判断诺曼人特征的角度，来讨论这个话题。我们将考察几个关键的领域：诺曼人与斯堪的纳维亚之间的联系；诺曼底本身的重要性；以及诺曼人的特征、行为、举止和血统（家族联系）。还有一个重要的问题是：思考成为诺曼人究竟意味着什么——这样的思路是否能够涵盖社会中的所有诺曼人群，或者这个思路本身就具有很大的局限性？

斯堪的那维亚的重要性

我们从早期资料中获悉，罗洛和他的维京战团是从斯堪的纳维亚的某个地方来到塞纳河谷殖民的。[11] 那么，诺曼人与斯堪的纳维亚之间保持的这种有意识的联系要达到哪种程度，才会被视为构成诺曼身份特性的组成内容？杜多在自己写的第一本书中介绍了诺曼人的斯堪的纳维亚祖先，其中谈到统治者海斯汀（Hasting）的侵占行为。关于他们的出身背景中有一个重要内容，那就是：罗洛的祖先是异教徒。据"长剑"威廉统治期间的《普兰克塔斯》记载，罗洛自己出生时不是基督徒，并且他后来皈依基督教的虔诚程度让人生疑。[12] 我们已经看到，编年史家讲述罗洛的追随者们在塞纳河谷的殖民历史时，曾费尽心机强调他们接受洗礼、皈依了基督教。这一点在本书开头就介绍过的罗洛的梦境，以及此处引用的一个基督教囚徒对该梦的解析中，得到了极好的印证。罗洛泡在"一股甘洌的泉水"中,泉水"治愈了他身上感染的严重麻风病"——代表他所犯的罪孽。[13] 杜多也渴望把罗洛的斯堪的纳维亚身世置于一种古典的背景之中。他将这些崛起的诺曼人和特洛伊的安忒诺耳联系在一起,让他们拥有一个可以和法兰克人平起平坐的身世背景。他还虚虚实实地改写地理位置,把达契亚的位置说成是在丹麦。通过这样的手段,杜多就给这些斯堪的纳维亚人炮制出了自己的家乡和历史,从而让他们获得读者中那些受过教育的精英人士的认可。[14]

在杜多之后的编年史家,更是对诺曼人曾经与异教徒之间的密切关系倍感不安。于是瑞米耶日的威廉在写作中删掉了很多关于罗洛早期经历的记录,并试图给他制作一份更符合基督教徒阅读的历史。就像约翰逊指出的那样,他在写作中一直只用"诺曼人"这种说法,而当初杜多只是在罗洛同意皈依基督教之后,才用它指代诺曼底公爵的追随者。[15] 但威廉也记载了诺曼人和斯堪的纳维亚保持着很强的政治联系,这种情况一直持续到理查二世统治时代。他记载了围绕德勒城堡和诺曼底南部的阿夫尔河畔蒂利耶尔城堡引发的冲突,后来韦斯也记录了这段内容,就很好地证明了这一点,并且还反映了诺曼底公爵会毫不迟疑地请来维京盟友对付来自于法兰克邻居的威胁。

在"长剑"威廉去世后的动荡岁月中,很多斯堪的纳维亚人群前来支援诺曼人(第一章曾对此进行讨论),但在 1013 至 1014 年期间,在处理德勒城堡问题上,理查二世从北海请来盟友帮助自己对付布卢瓦伯爵奥多。这些盟军被描述为"从海外来的两位国王"。威廉认为这两位国王分别是挪威的奥拉夫(Olaf,即后来被认可为圣徒的挪威国王)和瑞典的拉茨曼(Lacman,此为误认)。在法兰克王国出现的两位维京首领吓坏了国王罗伯特,于是他立刻召开会议,同意理查德和奥多休战。发生这些事件之后,据瑞米耶日的威廉记载,奥拉夫被劝服建立了对基督教的信仰,由罗伯特大主教给他施行洗礼,然后他才返回挪威。[16]

在 11 世纪的背景下,发生这件事情肯定让人吃惊。11 世纪 20 年代是维京人重新掠夺的时候,结果导致斯维因·弗克比尔德(Swein Forkbeard)与克努特在 1013 年入侵英格兰。当时英格兰是维京人掠夺的主要目标,但在理查二世的姐姐埃玛嫁给英格兰国王埃塞尔雷德之后，理查二世就和斯维因达成了一项协议，允许丹麦人在诺曼底出售战利品并可以得到诺曼人的援助。[17]这又是一个这方面的例子，其中基督教公爵和异教徒结盟，迫使自己的大领主帮助自己和基督教邻居缔结和平。虽然理查二世无疑是一名基督徒，但在他对处理维京人的政策中，却表现出一种实用主义以及同斯堪的纳维亚保持持久联系的重要性。此时的诺曼人肯定已经不再是海盗时期的维京人了，但我们也不能就此把他们当成是法兰克人。尤其值得注意的是，12世纪的韦斯用韵文体写史时记载了这段历史，其中强调了奥拉夫和拉茨曼的异教徒身份。[18]由于韦斯是在为宫廷读者写作，所以他这样做很重要，这也意味着他的赞助人亨利二世的祖先与来自维京的异教徒之间的这个联盟不会让安茹王朝的国王感到难堪，因为这可能代表诺曼人和法兰克国王之间保持了一定程度的独立或自治地位。

11世纪意大利南部的编年史没有提到斯堪的纳维亚是诺曼人的起源地，并且约翰逊也发现，他们也没有像杜多那样，试图从古典作品中去寻找起源地点。这不足为奇，因为到11世纪80年代，最早的编年史家阿马塔斯还在忙着写作，而那时距罗洛和他的维京随从出去闯天下已经过去200年了。因此，意大利诺曼人的维京祖先属于太遥远的过去，早已在阿马塔斯、杰弗里·马拉特拉和阿普利亚的威廉等人的记忆之中消失了。[19]不同的是，12世纪英格兰历史文献中的确提到了斯堪的纳维亚，尤其是为了追溯维京祖先的光荣事迹的时候。比如亨廷登的亨利借"征服者"威廉之口，在进行黑斯廷斯战役时发表了很长的一篇演讲来鼓舞士气。亨利让威廉公爵在演讲中先回顾了罗洛的事迹，以及他对法国人的种种胜利，然后骄傲地宣称：

> 我们的丹麦和挪威祖先曾一百次地征服英格兰。现在，只要有一个英格兰人能够走过来，证明罗洛的这个国家，从建立开始直到现在，曾在战场上被人击败，那我就立刻认输、撤军走人。[20]

威廉在这篇演讲中承认自己不但和罗洛之间有直接联系，而且与过去曾掠夺、袭击并征服英格兰的丹麦人以及挪威人之间，也存在一定的亲属关系。这显然表明，在12世纪的一些英格兰人的眼中，诺曼人和维京人的关系并不是那么遥远，而且在事实上，亨利认为他们就和当年入侵英格兰的维京人一脉相承。在诺曼底，一些诗歌，其中包括鲁昂的斯蒂芬写的《诺曼底的德拉科》（*Draco Normannicus*）以及一首匿名作者讴歌鲁昂的作品，也借用了斯堪的纳维亚祖先的事迹来突显诺曼人与法兰克人之间的差别。[21]

诺曼底的重要性

我们现在来考察诺曼人和一个特别地方的关系。换言之，一个诺曼人是一个来自于诺曼底的人，或是一个和诺曼底之间有很强联系的人吗？在自己的作品中，杜多通过对一个梦境的描绘，在很多地方都暗示罗洛和他的随从们是上帝派来的子民，他们在寻找一片人间乐土。通过罗洛的皈依和殖民，法兰克的教堂会被重建，并且"这些满目疮痍的城市的围墙"也会得以恢复。他带来的这些人会在这片土地上定居，并让其富饶肥沃。显然杜多把诺曼底描绘成一个在自然资源和发展潜力方面都极具价值的地方：

（它）绿树成荫，境内河流交错，鱼虾满塘；到处都是可供猎取的动物，随处可见藤蔓植物。耕地种满作物，树上挂满果实。土地的一面临海，这样可以带来丰富的商品；另一面是许多流淌的江河，往来的船只运来各种物品……因此，只要有更多的人来此居住，这片土地一定可以变得更为富饶和肥沃。[22]

关于这片天赐之地，虽然杜多已经大肆渲染了一番，但在罗洛和"糊涂"查理谈判的内容细节中还可找出更多详细的描述。后来，奥德里克通过亨利一世发表的一番演讲也强调了诺曼底、特别是鲁昂周围这片中心地带所具有的优越性。当时是1090年，在俘虏了反对罗伯特·柯索斯的叛军首领——吉尔伯特·皮拉图斯（Gilbert Pilatus）之子科南（Conan）之后，亨利一世这样说：

科南，看看你想征服的这个国家是多么得美丽吧！往南看去，在你眼前的是一个可爱的园子,它用木头做成,关满了各种可供打猎的野兽。看,塞纳河中满是鱼虾,水波拍打着鲁昂的城墙,每天往来的船只都满载各种各样的商品和物资。再看,塞纳河中的另一边就是这座美好而繁华的城市,里面有堡垒、教堂和其他一些市政设施,它自古以来就是诺曼底当之无愧的首府。[23]

奥德里克用这段文字显示诺曼底的富饶肥沃,以此说明科南行为的荒唐无稽。对科南的惩罚是把他从塔上的窗口扔出去,然后拖着他的尸体游街示众。

鲁昂,正如奥德里克描写的那样,位于诺曼底的中心。在10世纪的大部分时间里,诺曼底的领土都没有往鲁昂之外延伸太远。因此,如果敌人攻陷鲁昂,就意味着诺曼人失去了诺曼底。鲁昂与诺曼底的这层关系,在946年发生的鲁昂保卫战中表现得尤为明显。当时进攻鲁昂的是法兰克国王路易四世、他的盟友德意志皇帝奥托一世以及佛兰德的阿努尔夫。后来在写作中,韦斯强调了鲁昂位置的重要性。据他记载,攻城的几位首领认为,只有切断鲁昂与塞纳河的通道,他们才有机会获胜。对这场战事进行记载的还有杜多和瑞米耶日的威廉。[24] 在攻城之战中,奥托的侄子在桥上对鲁昂城发动攻击,结果战死。虽然他们两人都没有记载这次战役中鲁昂的守城将领的名字,但韦斯记载说是理查一世本人,"骑着一匹铁灰色的战马从城里冲出来,全副武装、挥舞着长剑"。韦斯进一步记载,"很多人看着他熟练地拼杀"并意识到"这片土地已经牢牢地掌握在他的手中"。[25] 最后这句引述非常有趣,特别是当我们考虑韦斯写作对象的时候,情况更是如此。毕竟,他是在为亨利二世写作,所以这句话中就有了某种说教的意味。亨利二世需要表现己方的英勇神武,从而不但可以保护自己子民的安全,也能保卫自己远在英吉利海峡对岸的土地。虽然诺曼底原本是属于英格兰国王及其祖先的世袭财产,但理查一世为我们如何守护这片领土树立了一个榜样。[26] 奥德里克关于科南叛乱的结论也说明了保卫这片土地的重要性,他在记载的结尾哀叹罗伯特统治衰弱之后,"曾经让人感到自豪的诺曼底"已经"灾祸横生、满目疮痍"。从这些描述中可以看出,诺曼人和诺曼底之间的确具有很强的联系。

在其他作家笔下，诺曼底也具有十分重要的地位。我们前面提到，意大利南部的编年史家对于把斯堪的纳维亚作为诺曼人家乡的想法，根本就不感兴趣。但是，他们认为只要是从诺曼底过来的人，就可以称为诺曼人，或者这些人彼此之间就存在联系。我们在第三章指出，有的人是在流亡过程中来到了诺曼底。由于流亡并非永远在外，因此人们总有回去的机会，而这就意味着诺曼底在他们心目中永远是一个地名。阿马塔斯把诺曼底描述成一个"到处是丛林和果树的平原"，这个表达非常贴切，而诺曼底至今也仍旧是这样。杰弗里则进一步详细地描写了诺曼底的地理环境：

> 罗洛注意到这个地区舒适宜人，是他到过的所有地方之中，最令他喜欢的了，于是他决定留在这儿。诺曼底资源极为丰富，江河众多、鱼虾满塘；森林众多，动物成群，是一个打猎的极佳场所。这儿土地肥沃，盛产小麦和其他谷物，并且牛羊成群。[27]

这段文字又把诺曼底描绘成一个理想的领地，这似乎是在呼应杜多的观点，因为杰弗里读过他的作品。杰弗里还记载了诺曼底的边界划分情况，以及罗洛获得诺曼底时签订的条约内容。阿马塔斯和杰弗里两人关于理想领地的观点，折射到意大利南部的背景里面，就相当于把罗伯特·吉斯卡尔和其他诺曼首领与新征服的领土联系得更加紧密。[28]

在12世纪一首关于鲁昂的匿名诗歌里面，土地就是一个重要的主题。就像杜多、瑞米耶日的威廉以及韦斯对946年围攻鲁昂事件的记载一样，这座城市代表的是整个诺曼底，不仅如此，它还在所有被诺曼人征服或殖民的领土中占据中心位置，其中布列塔尼、英格兰、苏格兰和法兰克全在某种形式上隶属于诺曼底。有趣的是，虽然意大利南部的诺曼人已经失去了植根于北方家园的身份意识，这首诗歌仍然认为鲁昂和西西里王国的罗杰二世之间存在直接联系：

> 你身上流淌着高贵的诺曼人的血液，
> 大权在握的征服者罗杰，睿智而又富甲一方。
> 你战无不胜，是王中之王；

是你征服了意大利、西西里岛和非洲。²⁹

就在西西里王国仿效法蒂玛王朝进行统治,并且穆斯林作家为罗杰歌功颂德之后不久,鲁昂的一名作家就声称罗杰是最杰出的诺曼人之一,是诺曼人的优秀子女。虽然此时诺曼底对于意大利南部并不重要,但一些盎格鲁-诺曼研究领域的作家认为,意大利南部的诺曼人仍然是围绕诺曼底而展开的整个故事中的组成内容,正如鲁昂城和罗洛后裔身上所体现的那样。

毫无疑问,确立一片清晰的领土,对研究诺曼人的编年史家们来说极为重要。或许正是基于这个因素,才让尼克·韦伯(Nick Webber)把诺曼人定义成任何一个出生于诺曼底的人。³⁰ 这个定义可以做还原思维,我们可以考虑是否每一个处于诺曼人统治之下的人,都会被认为或描述成是一个"诺曼人"。诺曼身份特性的一个表现方面是他们的军事能力。这不是一种任何人都具有、或实际上可以被允许具有的能力。农民、牧师、修士、修女和世俗女性都不是战士,难道关于诺曼人的定义还应当包括阶级和性别因素?

诺曼人的性格与行为

第三个需要考虑的范畴是关于诺曼人的特征和行为:换言之,那些被认为是诺曼人的人们,是否表现出特定的、可以将他们联系在一起的行为模式?³¹ 有一段最有名的关于诺曼人性格的描述,出自于奥德里克《宗教史》中的两段内容。奥德里克把他们描述成"一个桀骜不驯的族群,除非由强有力的首领进行管辖,否则极易惹是生非"。他继续描述:"他们首先是一群残酷的、喜欢打仗的人",身上具有"天生的凶狠劲头以及对战争本身的热爱",是"天生的战士、非常勇猛"。³² 这和蒙特卡西诺的阿马塔斯的评价相似,后者描写诺曼人"就像古代的勇士一样,他们渴望把所有的人们踩在脚下、进行统治。于是他们拿起武器、撕毁和平条约,组建起一支强大的军队,其中包括步兵和骑士"。³³ 杰弗里·马拉特拉将他们描绘成"渴望财富和征服"、"孔武有力",

而梅特卡夫则说他们具有"不屈不挠的决心"。[34] 中世纪的统治者们肯定不希望在自己领土周围看到这种类型的人们。此外，奥德里克也的确指出，诺曼底的邻居们有理由对他们心存畏惧。

　　由于征服成果需要使用武力手段才能巩固，因此军事行动成了编年史中的重要内容。在本书第二章，在讨论普瓦捷的威廉关于 1066 年之前威廉公爵征战诺曼底和曼恩的记载时，我们曾指出地势的重要性。普瓦捷还把威廉公爵同恺撒大帝进行对比，强调了威廉身上具有的优秀素质。阿马塔斯和杰弗里都了解诺曼人在军事方面的口碑，阿马塔斯甚至在书中对黑斯廷斯战役进行了简要的记载。离战场更远的拜占庭作家安娜·康内娜，在给父皇亚历克修斯写的传记作品中还记载了博希蒙德在巴尔干半岛的征战活动。安娜在写作中肯定了博希蒙德具有的军事指挥能力，因为他成功地避开了她的父皇给诺曼骑兵设下的陷阱。[35] 由于当时诺曼人在地中海地区的主要角色是当雇佣兵，因此他们的军事活动引起人们注意也就不足为奇了。但值得注意的是，正是诺曼人在战争中的胜利才让他们青史留名。

　　史书中还记载了诺曼人军事天赋的另一种表现，就是他们能够设计阴谋诡计，并在战场上将其发挥出良好的效果。在黑斯廷斯以及其他战场，诺曼人使用的佯败方法就是很好的例子。不过，这种计谋还可以追溯到杜多的作品之中。诺曼人的祖先阿尔斯汀格斯（Alstignus）/海斯汀为了征服罗马，于是设计装死，让人把他放进棺材并运进了城。然后他突然跳了出来，打了守城士兵一个措手不及。在把这座城市洗劫一空之后，海斯汀和他的随从们才发现他们根本就不是在罗马，而是进入了一个叫作卢纳（Luna）的城市。[36] 所以，这虽然是一个很好的计谋，可惜用错了地方。此外，在沿着塞纳河侵袭的时候，罗洛和他的手下面临法兰克人的一次进攻。据杜多记载，为了保护自己和船只，他们修建了一个封闭的大营。但他们在营边留了一个缺口，引诱敌人通过缺口钻进大营。敌人一进来，他们就从先前藏身的屏蔽地方突然起身、猛攻猛打，结果击垮了法兰克人。[37] 显然诺曼人采用了伏击和骑兵闪电冲击之类的战术。有趣的是，海斯汀的诡计在安娜·康内娜的记载中出现了类似的描述，她详细地描写了博希蒙德如何成功地躲开了亚历克修斯设计的陷阱。博希蒙德派人散布谣言，说他已经死了，然后躲进一口棺材，为了把戏演得更加逼真，还命人在旁边放了一只正在腐烂的小公鸡，然后他们就驶向了科孚（Corfu）。[38] 这个故事可能是安娜杜撰出来的，因为她喜欢参照杜多的写法。但至少这个故事还是强调了诺曼首领身上具有的军事天赋。也就是说，他们不但擅长打仗，同时也很精明。

如果参与战争是成为一个诺曼人的基本要求，那么有必要讨论非战斗人员是否已经从诺曼人的定义中被排除了。如果按照杜多对诺曼人下的定义，即诺曼人就是诺曼底公爵的追随者，那么有时在史书中会发现这个定义不仅仅只是包括一个贵族军事精英。在"长剑"威廉遇害之后，路易四世去访问鲁昂，并把理查一世带回去扣留在他的宫廷之中。据杜多记载，路易四世的这种行为这被鲁昂市民视为背信弃义，于是他们和郊区的人民一道，四处搜索街道，要找回他们年幼的公爵。后来，路易四世只好把理查一世带到人们的面前，证明他没有受到伤害，才平息了人们的愤怒。在此杜多清楚地将诺曼底、统治者和所有诺曼底人民联系起来，而并非局限于军事精英。韦斯在描述发生在946年的历史事件时，表达了与杜多相似的观点。诺曼人在理查一世的领导下，进行了反击，结果导致奥托的侄子战亡。在这种情况下，支持理查一世的不仅有他的军队，还包括"农奴和农民……以及地主，他们手拿长矛随他出征"。[39] 如果"诺曼人"这种说法是用来描述公爵的追随者，那至少在这些关键时候，诺曼底所有人们都是这样做的，即使其中一些人并没有被明确称为诺曼人。

就贵族而言，女性肯定可以在捍卫自己丈夫的土地时，在某种程度上表现得也像勇士一样。她们也可能不会被明确地称为诺曼人，但她们的行为在史书中受到人们的赞扬。奥德里克给我们提供了几个这方面的例子。他曾如此描述孔谢的伊莎贝拉："她身披甲胄，骑着战马在骑士中来回走动；在这些身穿铠甲的骑士和卫士中间，她的表现和卡米拉女神比较起来也毫不逊色。"[40] 卡米拉（Camilla）是出自于古罗马作家维吉尔（Virgil）所著《埃涅伊德》（*Aeneid*）中的一个典故中的人物，指的是鲁图里（Rutuli）国王图努斯（Turnus）的盟友。奥德里克还记载伊莎贝拉和她丈夫的骑士们一起出现在孔谢城堡的大厅，并指出她的表现让这些骑士深受鼓舞。这个情节出现的更大背景是在 11 世纪 90 年代，即罗伯特·柯索斯执政期间，当时诺曼底陷入社会动荡之中。当时，伊莎贝拉让她的丈夫卷入了她和埃夫勒女伯爵哈维丝（Hawise）之间的一场争端。奥德里克通常对僭越自己角色的女性持严厉的批判态度，但这次破例没有指责伊莎贝拉，而是赞扬了她的精神和个性，或许是因为这次事件并没有引起严重的后果。另一个例子发生在大约 1124 至 1125 年期间，讲到诺曼首领罗伯特·博尔代（Robert Bordet）的妻子西比尔（Sibyl），当时罗伯特来到西班牙打仗，他攻下塔拉戈纳（Tarragona）之后，就动身到诺曼底去招收更多的士兵，并留下西比尔保卫这座城市。

> 于是，她日夜保持警惕；每晚像士兵一样身披盔甲、手执棍棒登上城垛，在各段城墙之间巡逻，让士兵保持警觉，并对他们好言相劝，告诫他们要提防敌人可能耍花招。[41]

这样看来，西比尔表现得完全就和在战场监军的军事统帅一样，即使"征服者"威廉在黑斯廷斯战役前夕的表现应当也不过如此。

如果非战斗人员可以表现得像诺曼人，但有时，同样属于贵族阶层的男人的表现反而出乎人们的意料之外。和欧洲其他地方的人们一样，诺曼人，其中包括成年精英男士，也对自己的行为举止有一套评判标准，这些标准和阳刚之气及贵族气质有关。其中一条就是：成年男人应当有自己的家庭，并能够奖赏自己的随从。奥德里克在《宗教史》中记载了一段关于罗伯特·柯索斯的故事，就极具启发意义：罗伯特和父亲威廉的关系不好，因为他认为威廉没有给他足够的自由或权力。[42] 这种想法也让他和自己的两个兄弟——威廉（鲁弗斯）和亨利——之间关系很僵。有一次，当罗伯特住在艾格勒（L'Aigle）的罗杰·科舒瓦（Roger Cauchois）家里时，他的这两个小兄弟也过来了，他们"在上面的楼座中像士兵们常玩的那样，开始掷骰子"。后来，他俩竟然把污水和尿液泼到了站在下面大厅的罗伯特和他的随从们的身上。可以想见，罗伯特的朋友们当然变得怒不可遏：

你看看，你的两个兄弟爬到你的头顶，还把脏水泼到你和我们身上，让你难堪。难道你还看不出这是什么意思？即使瞎子也看得明白了。如果你不能马上惩罚他们，那你就完蛋了——因为你将再也抬不起头来。[43]

罗伯特·柯索斯之所以是奥德里克作品中的反面教材，完全是因为他在诺曼底的统治非常糟糕。公爵不能进行强有力的统治，导致诺曼底的修道院，其中包括奥德里克所在的修道院，完全任凭贪婪的贵族摆布。[44] 鉴于奥德里克曾经受这些磨难，我们可以理解他为什么会把诺曼人描绘成一个不服教化的民族了。

在战场上表现得勇武还是懦弱，这是另一个重要标准，用来判断人们是否属于一个更大群体中的一员。我们前面已经讨论了在战争中发表的演讲，其中很多演讲者都回顾诺曼祖先的光荣事迹，鼓励士兵们以此为榜样，奋勇杀敌、建功立业。相反，在战场上失败的例子，可以在关于十字军东征的资料中找到。卡昂的拉尔夫，曾隶属于博希蒙德领导的十字军军团，他描述了在围攻安条克时，三个诺曼人从军队中逃跑的故事。威廉、艾伯特和伊沃三兄弟来自于格兰德梅什尼尔家族，但他们逃跑了：

哎呀真羞愧啊！这三兄弟是从诺曼底过来的呀！诺曼人原本所向披靡，全世界都视其为荣耀。正是他们征服了英格兰人、西西里岛人、希腊人、坎帕尼亚人和阿普利亚人，曼恩、卡拉布里亚、非洲和贾皮克斯（Japix）的人民都臣服于他们脚下！啊，真遗憾啊！这种耻辱竟然会来自于这么高贵的血统呀！[45]

临阵脱逃绝对不是任何一个声称和诺曼人有亲属关系的人该有的行为。[46] 拉尔夫后来也谈到亲属关系和血统的问题。1099 年攻陷耶路撒冷以及掠夺修道院之后，坦克雷德的行为激怒了乔克斯的阿努尔夫（Arnulf of Choques），后者当时是十字军运动的精神领袖。以前坦克雷德被描绘成一个虔诚的骑士，是一个理想十字军战士的象征。但现在他因自己的不当行为而受到谴责——有趣的是，这些谴责言辞中直接提到了他的血统，特别是他和他伟大的叔叔——罗伯特·吉斯卡尔之间的关系。阿努尔夫没有赞扬吉斯卡尔在征服阿普利亚方面的功绩，而是更关注于说明他的狡猾和背叛行为：

> 是谁在拥抱和亲吻中把他的伙伴扔出了城墙？当然是吉斯卡尔。又是谁好好活着却假装死亡，健健康康地让人抬到蒙特卡西诺去埋葬？又是吉斯卡尔。是谁，为了和他的侄子和解，先是热情似火，接着冷若冰霜？还是吉斯卡尔。[47]

但是，即使是罗伯特·吉斯卡尔也没有掠夺过圣地和抢劫教堂，这次坦克雷德的确已越了雷池。然而，坦克雷德的回应是指责阿努尔夫是出于嫉妒，因为他的家族从未出现一个可以与罗伯特匹敌的人。这些故事的重点在于一些作家对笔下的人物抱着一种矛盾的心理。诺曼人虽然能干出一番惊天动地的大事业，但他们也具有人性的弱点。

本章内容表明任何一种关于诺曼人身份特性的概念都难以准确定义，并且，事实上这样做也并不明智。诺曼人的历史横跨两个多世纪，并且方言版的《诺曼公爵的事迹》直到13世纪还在创作，因此，如果经过如此漫长的时间，"诺曼人"这种说法的意思一直保持不变，那反倒让人感到奇怪了。每位作家都是在特定的历史背景中，怀着不同的目的而进行创作。如果奥德里克所在的修道院曾遭受的磨难，对他的作品产生了影响，那其他的作家，包括普瓦捷的威廉或杜多，写作的语调应当轻快得多。要回答诸如"诺曼人是谁"或"构成诺曼人的特征是什么"之类的问题，必须在很大程度上考虑中世纪社会从公元10世纪到13世纪的漫长时期中，在政治、社会和文化方面所发生的变化。就像诺曼人和不同民族——包括法兰克人、英格兰人、伦巴第人、希腊人或穆斯林——之间的关系随着时间的流逝而不断变化一样，我们对诺曼人的理解也在相应地发生改变。

人们容易得出这样的结论，认为构成诺曼人的不是语言、而是行为，即他们的征服活动，以及他们强大得足以主宰历史过程的能力。在这个程度上，可以说诺曼人的身份特性就是知识渊博的教会人员在创作出的众多史书中对诺曼人进行的一种阐释。我们现在不可能得知当时人们对个体所持的自我意识，并且他们可能也不会在日常生活中有意识地考虑这个问题，但有时会发生一些历史事件让他们对此深思、反省自己的位置，并表现出一种共同的身份特征。换言之，时势造英雄，诺曼人之所以成为诺曼人是因为形势需要他们这样做。在出现危机或其他重要的历史关口，历史学家会回忆起诺曼人祖先的光荣事迹以及他们身上具有的品质特征。当然，我们不会像马乔里·奇布诺尔那样激进，认为诺曼人"不是血缘，而是历史的产品"，[48]但讲述他们的历史是绝对必要的，因为这可以帮助我们不但了解诺曼人对自我的认识，还可以理解诺曼社会是如何创造出属于自己的那段历史。

注释

A Short History of the Normans

1 M. Chibnall, *The Normans*（Oxford: Blackwell, 2000）; Crouch, *The Normans*; Douglas, *The Norman Achievement, 1050–1100* and *The Norman Fate*; F. Neveux, *A Brief History of the Normans: the Conquests that Changed the Face of Europe*, trans. H. Curtis（London: Robinson, 2008）.

2 R. H. C. Davis, *The Normans and their Myth*（London: Thames &Hudson, 1976）.

3 G. A. Loud, 'The *Gens Normannorum*-Myth or Reality', *Anglo-Norman Studies*, 4（1982）, pp. 13–34.

4 Haskins, *The Normans in European History*, p. 243.

5 C. Potts, '*Atque unum ex diversis gentibus populum effecit*: Historical Tradition and the Norman Identity', *Anglo-Norman Studies* 18（1996）; pp. 139–52; Robert Bartlett, 'Normans of the South', BBC2, first broadcast 18 August 2010.

6 H. Thomas, *The English and the Normans: Ethnic Hostility, Assimilation, and Identity, 1066–c.1220*（Oxford: Oxford University Press, 2003）;L. Ashe, *Fiction and History in England, 1066–1200*（Cambridge:Cambridge University Press, 2007）.

7 Albu, *The Normans in their Histories*, pp. 6, 238–239.

8 Quoted in Johns, *Arabic Administration in Norman Sicily*, p. 255.

9 'The Battle of Standard in the Time of King Stephen', in *Aelred of Rievaulx: The Historical Works*, trans. J. P. Freeland, ed. M. L. Dutton（Kalamazoo: Cistercian Publications, 2005）, pp. 245–269（pp. 252–253）.See also discussion of such speeches in J. R. E. Bliese, 'The Courage of the Normans-a Comparative Study of Battle Rhetoric', in *Nottingham Medieval Studies* 35（1991）, pp. 1–17.

10 Metcalfe, *Muslims in Southern Italy*, p. 89; Oldfield, 'Problems and Patterns of Medieval Migration', p. 106.

11 See Chapter 1.

12 *Normans in Europe*, ed. van Houts, no. 9.

13 For recent discussions of Rollo's dream see S. Sønnesyn, 'The Rise of the Normans as *Ethnopoiesis*', pp. 203–218（pp. 207–209）, and B. Pohl, 'Keeping it in the Family: Re-Reading Anglo-Norman Historiography in the Face of Cultural Memory, Tradition and Heritage', pp. 219–51

（pp. 242–5）, both in *Norman Tradition and Transcultural Heritage: Exchange of Cultures in the 'Norman' Peripheries of Medieval Europe*, ed. S. Burkhardt and T. Foerster（Farnham: Ashgate, 2013）.

14 Johnson, 'Origin Myths and the Construction of Medieval Identities', p. 155.

15 E. Johnson, 'Norman Ethnicity in Normandy and Italy, c. 911–c. 1204'（unpublished PhD thesis, University of Cambridge, 2006）, p. 57.

16 *Gesta Normannorum ducum*, vol. 2, pp. 24–9.

17 Ibid., vol. 2, pp. 16–19.

18 Wace, *History of the Norman People*, pp. 110–11.

19 Johnson, 'Norman Ethnicity', pp. 62–3.

20 Henry of Huntingdon, *Historia Anglorum*, pp. 390–3.

21 Johnson, 'Norman Ethnicity', p. 198.

22 Dudo, *History of the Normans*, p. 47.

23 Orderic, *Ecclesiastical History*, vol. 4, pp. 224–5. My translation.

24 Dudo, *History of the Normans*, pp. 127–32; *Gesta Normannorum ducum*, vol. 1, pp. 116–19; Wace, *History of the Norman People*, pp. 67–71.

25 Wace, *History of the Norman People*, p. 69.

26 See discussion in Hicks, 'Through the City Streets', pp. 130–4.

27 Malaterra, *Deeds of Count Roger*, p. 51.

28 Hicks, 'Journeys and Landscapes of Conquest', p. 137.

29 van Houts, 'Rouen as Another Rome', p. 119.

30 N. Webber, *The Evolution of Norman Identity 911–1154*（Woodbridge: Boydell, 2005）, p. 39.

31 An excellent recent discussion of the character of the Normans, particularly in relation to crusading, is N. Hodgson, 'Normans and Competing Masculinities on Crusade', in *Crusading and Pilgrimage in the Norman World*, ed. K. Hurlock and P. Oldfield（Woodbridge: Boydell, 2015）, pp. 195–213.

32 Orderic, *Ecclesiastical History*, vol. 5, pp. 24–7; vol. 6, pp. 454–7.

33 Amatus, *History of the Normans*, p. 46.

34 Malaterra, *Deeds of Count Roger*, p. 52; Metcalfe, *Muslims of Medieval Italy*, p. 94. *Strenuitas* is defined in subtly different ways by various historians: see for example Loud, *Age of Robert Guiscard*, p. 5: 'a combination of energy and resolution, particularly in adverse circumstances, which enabled them to conquer'.

35 Anna Comnena, *The Alexiad*, pp. 163–4.

36 Dudo, *History of the Normans*, pp. 18–20.

37 Ibid., p. 37.

38 Anna Comnena, *The Alexiad*, pp. 366–8.
39 Wace, *History of the Norman People*, p. 69.
40 Orderic, *Ecclesiastical History,* vol. 4, pp. 212–15.
41 Ibid., vol. 6, pp. 404–5.
42 See Aird, *Robert Curthose*, Ch. 3.
43 Orderic, *Ecclesiastical History,* vol. 2, pp. 358–9.
44 K. Thompson, 'Orderic Vitalis and Robert of Bellême', *Journal of Medieval History*, 20（1994）, pp. 133–41.
45 Ralph of Caen, *Gesta Tancredi*, p. 101.
46 Hodgson, 'Reinventing Normans as Crusaders', pp. 129–32. See also W. M. Aird, '"Many others, whose names I do not know, fled with them":Norman Courage and Cowardice on the First Crusade', in *Crusading and Pilgrimage in the Norman World*, ed. K. Hurlock and P. Oldfield（Woodbridge: Boydell, 2015）, pp. 13–30.
47 Ralph of Caen, *Gesta Tancredi*, p. 150.
48 Chibnall, *The Normans*, p. 3.

致 谢
A Short History of the Normans

对我而言,要把发生在四个地理区域内、两个多世纪的历史浓缩进一本书里,实在是一个巨大挑战。如果没有众多朋友的帮助,这本书是不可能完成的。当亚历克斯·赖特(Alex Wright)最初邀请我写这本书时,我是在伊丽莎白·范·霍茨、戴维·贝茨和玛丽亚·海沃德(Maria Hayward)的鼓励之下才形成了初步的写作提纲,在此我要感谢她们对我的信任,同时也感谢亚历克斯对我的耐心和支持。此外,还得感谢技术精湛的制作团队。我曾聆听利兹国际中世纪大会关于诺曼历史的生动讲座,并与那些参加盎格鲁-诺曼战事讨论会的专家学者们进行交流,这些都令我受益匪浅。尼古拉斯·卡恩(Nicholas Karn)和马克·哈格尔阅读了本书的部分章节,保罗·奥德菲尔德和萨莉·沃恩(Sally Vaughn)则通读了全书,我在此感谢他们提出的宝贵意见。虽然本书没有完全按照他们的意见进行修改,但这并不意味着对他们观点的否定。当然,书中因此可能出现的问题肯定由我独自承担。迈克尔·宾特利、马克·哈格尔以及本杰明·波尔都慷慨地允许我在本书中使用他们的图片,我对此非常感激。我先前在南安普敦大学的同事和朋友们,以及后来在坎特伯雷大学的同事和朋友们,都在精神上给予了我极大支持。其中,路易丝·威尔金森(Louise Wilkinson)更是如此。本书的写作尤其得到了家人的大力支持,我难以用言语向他们表达我的感谢之情。特别是伊恩·霍克(Ian Hawke),他作为一名非历史专业的阅读者,读了我写的所有草稿。

最后，我想说的是，我最为感谢的是那些参加我的专题研讨班的同学们。我在南安普敦大学给很多小组的同学们讲授诺曼人的历史，这让我对这个话题思考得更为成熟、清晰。今后，我也希望能和坎特伯雷大学的同学们继续进行这方面的交流。

延伸阅读
A Short History of the Normans

源文

许多重要的源文只有翻译版本。最好一开始参阅 E. van Houts 编撰的 *The Normans in Europe*（Manchester：Manchester University Press，2000）。这方面有一本更早的版本，其中也包括一些翻译过来的关于诺曼人主题的讨论，是 R. Allen Brown 编著的 *The Norman Conquest of England：Sources and Documents*（Woodbridge：Boydell，1984）。要想找到关于英国历史的更多有用资料，可以查阅 *English Historical Documents*，vol. 1：*c. 500—1042*（London：Eyre and Spottiswoode，1955；2nd edn Eyre Methuen，1979），D. Whitelock 编撰；以及 D. C. Douglas 编辑的 *English Historical Documents*，vol. 2：*1042—1189*（London：Eyre and Spottiswoode，1953；2nd edn Eyre Methuen，1981）。

要了解诺曼底的早期历史，请查看 Dudo of Saint-Quentin 所著 *History of the Normans*（Woodbridge：Boydell，1998），E. Christiansen 译；以及 *The Annals of Flodoard of Reims 919—966*（Toronto：University of Toronto Press，2011），由 S. Fanning 和 B. S. Bachrach 编辑并翻译。这方面稍晚的叙事资料还包括 William of Poitiers 所著 *The Gesta Guillelmi*（Oxford：Clarendon Press，1998），由 R. H. C. Davis 和 M. Chibnall 整理并翻译；*The Gesta Normannorum of William of Jumièges, Orderic Vitalis and Robert of Torigni*（Oxford：Clarendon Press，1992—1995），由 E. van Houts 编辑并翻译，两卷本；*The Carmen de Hastingae Proelio of Guy Bishop of Amiens*（Oxford：Clarendon Press，1999），由 F. Barlow 编辑并翻译；Orderic Vitalis 所著 *The Ecclesiastical History*（Oxford：Clarendon，1969—80），由 M. Chibnall 整理并翻译；*A History of the Norman People：Wace's Roman de Rou*（Woodbridge：Boydell，2004），由 G. Burgess 翻译，并由 G. Burgess 与 E. van Houts 提供注释。一段关于 Herluin 生平的译文可以参见 S. Vaughn 所著 *The Abbey of Bec and the Anglo-Norman State，1034—1136*（Woodbridge：Boydell，1981）。

The Anglo-Saxon Chronicle（London：Dent，1996）由 M. Swanton 翻译。12 世纪的编年史家是基于英国的历史进行创作，其中包括 William of Malmesbury，其作品 *the Gesta regum Anglorum*（Oxford：Clarendon Press，1998—1999），由 R. A. B. Mynors、R. M. Thomson 和 M. Winterbottom 编辑并翻译，两卷本；此外，*Gesta pontificum Anglorum*（Oxford：Clarendon Press，2007），由 M. Winterbottom 和 R. M. Thomson 编辑并翻译，两卷本；Eadmer 所著 *History of Recent Events in England*（London：Cresset Press，1964），由 G. Bosanquet 翻译；Henry of Huntingdon 所著 *Historia Anglorum*（Oxford：Clarendon Press，1996），由 D. Greenway 编辑并翻译。

市面上还出版了 11 世纪两部关于意大利南部的历史著作：其一是 Amatus of Montecassino 所著 *History of the Normans*（Woodbridge：Boydell，2004），由 P. N. Dunbar 翻译，并经过 G. A. Loud 修订；其二是 Geoffrey Malaterra 所著 *The Deeds of Count Roger of Calabria and Sicily and of his Brother Duke Robert Guiscard*（Ann Arbor：University of Michigan Press，2005），由 K. B. Wolf 翻译。G. A. Loud 翻译了 William of Apulia 所著 *The Deeds of Robert Guiscard*，可在以下网址查阅：http://www.leeds.ac.uk/arts/downloads/file/1049/the_deeds_of_robert_guiscard_by_william_of_apulia。G. A. Loud 和 T. Wiedemann 翻译了关于西西里王国的历史资料 *The History of the Tyrants of Sicily by Hugo Falcanuds 1154—1169*（Manchester：Manchester University Press，

1998）；此外，G. A. Loud 还翻译了 Roger II and the Creation of the Kingdom of Sicily（Manchester：Manchester University Press，2012）。关于诺曼人在十字军东征中的重要资料是 The Gesta Francorum（Oxford：Clarendon Press，1962），由 R. Hill 编辑并翻译，以及 The Gesta Tancredi of Ralph of Caen：A History of the Normans on the First Crusade（Aldershot：Ashgate，2005），由 B. S. Bachrach 和 D. S. Bachrach 翻译。

关于宪章和其他史料的来源可参看 Regsta Regum Anglo-Normannorum：the Acta of William I（1066—1087）（Oxford：Clarendon Press，1998），由 D. Bates 编撰。而 A. Williams 翻译并由 Penguin 出版社发行的 Domesday Book（London，2002）最为通行，其中 the University of Hull 提供的在线版本可在下面的网址找到：http：//opendomesday.org/，里面还提供了原始版本的图像资料。位于鲁昂的滨海塞纳省的档案部门把很多自己掌握的公爵宪章和契据转换成了电子版本，见：http：//www.archivesdepartementales76.net/rechercher/archives-en-ligne/。Lanfranc 和 Anselm 两人的信件已经翻译成现代语言并出版发行，书名为 The Letters of Lanfranc Archbishop of Canterbury（Oxford：Clarendon Press，1979），由 H. Clover 和 M. Gibson 编辑并翻译；The Letters of Saint Anselm of Canterbury（Kalamazoo，MI：Cistercian Publications，1990—1994），由 W. Fröhlich 翻译，共有三卷。格列高利七世的许多信件，都出版于 The Register of Pope Gregory VII 1073—1085（Oxford：Oxford University Press，2002）里面，该书由 H. Cowdrey 翻译。而"English Episcopal Acta"项目则一直致力于编撰英国主教的事迹。

通史内容

以下列出的书单并不齐全，主要是让大家对过去几个世纪以来人们描写诺曼人通史的情况有一个大概的了解。R. A. Brown，著有 The Normans（Woodbridge：Boydell，1984）；M. Chibnall，著有 The Normans（Oxford：Blackwell，2000）。D. Crouch，著有 The Normans：A History of a Dynasty（London：Continuum，2002）；D. C. Douglas，著有 The Norman

Achievement, *1050—1100*（London：Eyre and Spottiswoode，1969），以及 *The Norman Fate*, *1100—1154*（London：Eyre Methuen，1976）； C. H. Haskins，著有 *The Normans in European History*（New York：Houghton Mifflin，1915; repr. Ungar，1966）；F. Neveux，著有 *A Brief History of the Normans：The Conquests that Changed the Face of Europe*（London：Robinson，2008），该书由 H. Curtis 翻译。

第一章　罗洛与诺曼底

D. Bates 所著 *Normandy Before 1066*（London：Longman，1982）是目前介绍诺曼底早期历史中一本最畅销的英语著作，但我们应当同时再读 E. 瑟尔写的 *Predatory Kinship and the Creation of Norman Power*，*840—1066*（Berkeley，1988），以及 2013 年 *History Compass* 第 11 期 429—442 页收录了 M. Hagger 所写的一篇文章，"Confrontation and Unification：Approaches to the Political History of Normandy，911—1035"。Hagger 还将在另一本新书 *Normandy under the Normans*，*911—1154*（Boydell，forthcoming）中更为详细地介绍诺曼底的公爵领地制度。此外，P. Bauduin 写的 *La premiére Normandie（Xe—XIe siécles）. Sur les frontiéres de la haute Normandie：identité et construction d'une principauté*（Caen：Presses Universitaires de Caen，2004）也是这方面的基本读物。T. Reuter 编撰了三卷本的 *The New Cambridge Medieval History*（Cambridge：Cambridge University Press，1999）则给我们提供了更广阔的关于公元 10 世纪的历史资源。如果要了解法兰克的政治，建议阅读 J. Dunbabin 写的 *France in the Making*，*843—1180*（Oxford：Oxford University Press，1985）。

第二章　威廉与威廉征服

全面介绍诺曼人征服英国的最好资料是 Brian Golding 的著作 *Conquest and Colonisation：The Normans in Britain*，*1066—1100*（Basingstoke：Palgrave，2013），现在已经是第二版了。要想从英国人的角度了解这场征服所产生的后果，可以参

看 Ann Williams 所著 *The English and the Norman Conquest*（Woodbridge：Boydell，1995）。关于威廉的生平介绍，已经有好几种现代版本，其中最早的是 D. C. Douglas 编著并进行修订的版本 *William the Conqueror：The Norman Impact upon England*（New Haven：Yale University Press，1999）。David Bates 目前正在给威廉写一本新的传记，不过我们可以先读一下他以前所著 *William the Conqueror*（Stroud：Tempus，1989）以及 Mark Hagger 最近才写的 *William：King and Conqueror*（London：I. B. Tauris，2012）。而要查阅关于这场战争本身的知识，可以参阅 M. K. Lawson 所著 *The Battle of Hastings, 1066*（Stroud：Tempus，2007）以及 Stephen Morillo 编辑的 *The Battle of Hastings：Sources and Interpretations*（Woodbridge：Boydell，1996），其中包括了从其他学者文章中摘写和收录的史料资源。至于威廉在诺曼底的资料，可以阅读 David Bates 写的 *Normandy Before 1066*，Eleanor Searle 写的 *Predatory Kinship* 以及前面提到 Mark Hagger 的著作。

第三章　地中海的诺曼人

G. A. Loud 所著 *The Age of Robert Guiscard*（Harlow：Longman，2000）是英语著作中对征服意大利南部和西西里岛的情况描写得最为详细的。他的许多作品中关于诺曼人在梅索兹阿诺的活动描写都被收集在 *Conquerors and Churchmen in Norman Italy*（Aldershot：Ashgate，1999）。Pierre Bouet 和 François Neveux 编撰了一本有趣的法语著作 *Les Normands en Méditerranée dans le sillage des Tancréde*（Caen：Presses universitaires de Caen，1994）。而要进一步了解关于西西里的情况，可以参阅 A. Metcalfe 的著作 *Muslims and Christians in Norman Sicily：Arabic Speakers and the End of Islam*（London：Routledge 2003），以及 *The Muslims of Medieval Italy*（Edinburgh：Edinburgh University Press，2009）。J. Riley-Smith 在 *The First Crusade and the Idea of Crusading*（London：Athlone，1986；2nd edn，London：Continuum，2009）中对第一次十字军东征概况进行了介绍；与此内容相关的还有 C. Tyreman 所著 *God's War：*

A New History of the Crusades"（London：Allen Lane，2006）。最近，K. Hurlock 和 P. Oldfield 合著了一本介绍诺曼人在十字军东征中情况的汇编作品 Crusading and Pilgrimage in the Norman World（Woodbridge：Boydell，2005）。此外，读者还可参看 N. Hodgson 写的文章"Reinventing Normans as Crusaders? Ralph of Caen's Gesta Tancredi"，载于 Anglo-Norman Studies 2008 年第 30 卷，第 117—132 页。如果想专门研究安条克的情况，可以参看 T. Asbridge 所著 The Norman Principality of Antioch（Woodbridge：Boydell 2000）以及在本章注释中提到的 Alan Murray 的作品。

第四章　诺曼人与诺曼社会

G. A. Loud 和 A. Metcalfe 编辑的 The Society of Norman Italy（Leiden：Brill，2002）中收录的作品，特别是 Martin、Skinner 和 Drell 的文章，能让我们很好地了解到诺曼人社会的基本情况。D. Abulafia 编写的 Italy in the Central Middle Ages（Oxford：Oxford University Press，2004）也非常有用，能够帮助我们把意大利南部的发展情况和更广阔的社会背景联系起来。要了解英国的情况，则可以参阅 M. Chibnall 写的 Anglo-Norman England（Oxford：Blackwell，1986）；以及 Williams 所著 The English and the Norman Conquest and The World before Domesday：the English Aristocracy 900—1066（London：Continuum，2008）；还包括 J. Crick 和 E. van Houts 编撰的 A Social History of England（Cambridge：Cambridge University Press，2011）。而要了解诺曼底的社会情况，可以参阅 G. Garnett 和 J. Hudson 编写的 Law and Government in Medieval England and Normandy：Essays in Honour of Sir James Holt（Cambridge：Cambridge University Press，1994）；以及 E. Z. Tabuteau 所著 Transfers of Property in Eleventh-Century Norman Law（Chapel Hill：University of North Carolina Press，1998）。此外，E. van Houts 编辑的 History and Family Traditions in England and the Continent，1000—1200（Aldershot：Ashgate，1999）有一个名为"History，Family and Women"的章节，其中的文章也十分具有参考价值。

延伸阅读

关于中世纪城堡这个主题则有着丰富的学术资料，但其中很少有较新的作品是从欧洲人的角度去考虑问题。在这方面，O. Creighton 的作品，*Early European Castles*：*Aristocracy and Authority AD 800—1200*（London：Duckworth，2012）给我们做出了全面而精彩的介绍；而 R. Liddiard 在 *Castles in Context*：*Power，Symbolism and Landscape，1066 to 1500*（Macclesfield：Windgather，2005）则讨论了这方面的史料编撰情况。C. Coulson 在 *Castles in Medieval Society*：*Fortresses in England，France and Ireland in the Central Middle Ages*（Oxford：Oxford University Press，2003）对此进行了深入的研究。如果要研究法国的情况，则很有必要读一下 J. Mesqui 编写的两卷本的 *Chateaux et enceintes de la France médiévale*：*de la défense à la résidence*（Paris：Picard，1991—1993）。R. Licinio 所著 *Castelli medievali Puglia e Basilicata*：*dai normanni a Federico Ⅱ e Carlo I d'Angiò*（Bari：Dedalo，1994）是一部关于意大利情况的重要作品；此外，还有 F. Maurici 所著 *Castelli Medievali in Sicilia*：*dai bizantini ai normanni*（Palermo：Sellerio，1992）。关于意大利南部的城堡资料，可以参考 C. Gravett 所著 *Norman Stone Castles （2）*：*Europe 950—1204*（Oxford：Osprey，2004）。而英国境内的城堡研究小组则每年出版一份这方面的研究期刊。有价值的法语期刊中包括 *Archéologie médiévale and Annales de Normandie*：*the work of M. de Boüard*，其中 M. de Boüard、A.-M. Flambard Héricher、A. Renoux 和 J. Yver 的作品尤其具有参考意义。

对于租期、徭役和农民变化情况等主题进行重要研究的作品包括 S. Reynolds 所著 *Fiefs and Vassals*：*The Medieval Evidence Reinterpreted*（Oxford：Oxford University Press，1994），但该书一出版就引起了激烈的争论。关于英国的情况可以参考 R. Fleming 写的 *Kings and Lords in Conquest England*（Cambridge：Cambridge University Press，1991）；以及 R. Faith 写的 *The English Peasantry and the Growth of Lordship*（London：Leicester University Press，1997）。要查阅这方面诺曼底的情况可以去读 Tabuteau 的作品。Golding 在 *Conquest and Colonisation* 这本书中对此作了精彩的

总结。关于诺曼底的情况，可以参看 M. Arnoux 的最新作品；关于意大利的情况，可以参看 P. Skinner 的作品，他们两人都在注释中提到，其影响很大。关于末日审判书的资料就极为丰富了。例如，以前 F. W. Maitland 的作品 *Domesday Book and Beyond*：*Three Essays in the Early History of England*（1987，各种重印版本），至今仍然具有重要的参考价值。我们还可以参看 James Holt 为迎接新世纪的末日审判书研究而编撰的 *Domesday Studies*（Woodbridge：Boydell，1987），以及 Alecto 的著作。但 David Roffe 的两部作品：*Decoding Domesday*（Woodbridge：Boydell，2007）和 *Domesday*：*The Inquest and the Book*（Oxford：Oxford University Press，2000）却引起了人们的争议。最近写出的作品中，最好的是 S. Harvey 的 *Domesday*：*Book of Judgement*（Oxford：Oxford University Press，2014）。

对于研究欧洲境内诺曼人居住区的婚姻状况，我们没有找到可供比较的作品。不过可以参看注释中提到的 Drell、Heygate、Searle、Skinner 和 van Houts 等人的作品。还可参考 P.Stafford 编著的 *Queens*，*Concubines and Dowagers*：*The King's Wife in the Early Middle Ages*（London：Batsford 1983; new edn Leicester University Press，1998），以及 *Queen Emma and Queen Edith*：*Queenship and Women's Power in Eleventh-Century England*（Oxford：Blackwell Press，1997）。

第五章　诺曼人与教会

关于 11 世纪教会的情况，我们可以找到丰富的文献史料。许多有用的原始资料可以在前面关于史料来源的章节中找到，例如 B. Tierney 所著 *The Crisis of Church and State*（Toronto：University of Toronto Press，1988），就有关于宗教改革和神职竞争的描述。许多 Graham Loud 的文章和著作被翻译出来，给我们提供了重要的关于意大利南部教堂的资料。编年史资料，尽管主要是由当时教会的牧师们所写，但却是极其珍贵的史料，在本书的其他地方也多次提及。此外，可以参阅由 R. W. Southern 翻译并整理的、Eadmer 所著 *The Life of St Anselm of Canterbury*（Oxford：Clarendon，

1962）。

如果想了解教皇制度形成的背景和环境，可以参考 C. Morris 所著 *Papal Monarchy*：*The Western Church from 1050—1250*（Oxford：Clarendon Press，1989）；以及 I. S. Robinson 撰写的 *The Papacy*，*1073—1198*（Cambridge：Cambridge University Press，1990）。在涉及诺曼底内容的方面，Richard Allen 的作品很有参考价值。他写的许多文章，包括一些对宪章的讨论和关于 *Acta Archiepiscopum Rotomagensis* 的作品，都提供在开放存取期刊 *Tabularia* 的网站里面，其网址是：http：//www.unicaen.fr/mrsh/craham/revue/tabularia/。他和 Grégory Combalbert 一道，试图用和 "English Episcopal Acta" 项目相似的方式来撰写诺曼主教们制定的宪章。Veronique Gazeau 著有两卷本的 *Normannia Monastica*（Caen：Publications du CRAHM，2007），其中详尽地介绍了诺曼底那些信奉本尼迪克特（本笃会）的修道院院长。在介绍意大利的宗教方面，Graham Loud 的作品最值得一读，其中尤其是 *The Church in Norman Italy*（Cambridge：Cambridge University Press，2007）；以及收录在 *Conquerors and Churchmen and Montecassino and Benevento in the Middle Ages*（Aldershot：Ashgate，2000）中的系列文章；此外包括 H. E. J. Cowdrey 写的 *The Age of Abbot Desiderius*：*Montecassino*，*the Papacy*，*and the Normans in the Eleventh and Early Twelfth Century*（Oxford：Clarendon Press，1983）。F. Barlow 写了 *The English Church*，*1066—1154*（London：Longman，1979），对英国教会的组成结构进行了详细的介绍。J. Burton 写的 *Monastic and Religious Orders in Britain 1000—1300*（Cambridge：Cambridge University Press，1994），则对修行生活进行了介绍。我们还可以参考 C. Harper-Bill 和 E. van Houts 主编的 *A Companion to the Anglo-Norman World*（Woodbridge：Boydell，2002），其中在 165—190 页刊登了 C. Harper-Bill 所写的一篇文章 "The Anglo-Norman Church"。

但要进一步了解教会以及它与更多社会因素（包括朝圣）之间的关系，可以参考 L. V. Hicks 所著 *The Religious Life in Normandy*，*c. 1050—1300*（Woodbridge：

Boydell，2007），P. Oldfield 所著 *Sanctity and Pilgrimage in Medieval Southern Italy*，*1000—1200*（Cambridge：Cambridge University Press，2014），E. Cownie 所著 *Religious Patronage in Anglo-Norman England*，*1066—1135*（Woodbridge：Boydell，1998）；此外，还有 C. Potts 所著 *Monastic Revival and Regional Identity in Early Normandy*（Woodbridge：Boydell，1997），以及 Vaughn 所著 *Abbey of Bec*。

第六章　文化的碰撞与交流

这是在研究诺曼人过程中出现的一个新兴领域。这方面最新的论文集是 S. Burkhardt 和 T. Foerster 编辑的 *Norman Tradition and Transcultural Heritage*：*Exchange of Cultures in the 'Norman' Peripheries of Medieval Europe*（Farnham：Ashgate，2013），但这部作品只集中于对文字资料进行研究。如果考虑和诺曼人相关的物质文化，博物馆的展览目录就显得非常有用，例如：Mario D'Onofrio 编辑了第二版的 *I Normanni*：*popolo d'Europa*，*1030—1200*（Venice：Marsilio，1994）；G. Zarnecki、J. Holt 和 T. Holland 编撰的 *English Romanesque Art*（London：Arts Council of Great Britain，1984）。许多的诺曼建筑场所都对诺曼底、英国和西西里的公众开放。

要了解犹太人和穆斯林的情况，可以参考 P. Skinner 编辑的 *Jews in Medieval Britain*：*Historical*，*Literary and Archaeological Perspectives*（Woodbridge：Boydell，2003）；以及 E. Brenner 和 L. V. Hicks 的文章，"The Jews of Rouen in the Eleventh to the Thirteenth Centuries"，刊登于 *Society and Culture in Medieval Rouen*，*911—1300*（Turnhout：Brepols，2013），第 369—382 页。

第七章　诺曼人的历史与特性

要了解人们对诺曼人身份的争论，有必要先读一下 R. H. C. Davis 所著 *The Norman Myth*（London：Thames & Hudson，1976），然后再读其他人写的批评作品，特别是 1982 年刊登于 *Anglo-Norman Studies* 第 4 期 13—34 页、G. Loud 的文章 "The

延伸阅读

gens Normannorum-Myth or Reality"；当然，要聆听不同的观点，还可以阅读1996年刊登于 *Anglo-Norman Studies* 第18期139—152页、C. Potts 的文章 "Atque unum ex diversis gentibus populum effecit: Historical Tradition and the Norman Identity"。最近 Ewan Johnson 针对诺曼人的身份问题写的作品十分有创意，请具体参照本章的注释。同时大家还可以阅读 H. Thomas 写的 *The English and the Normans: Ethnic Hostility, Assimilation, and Identity, 1066-c.1220*（Oxford: Oxford University Press, 2003）。对诺曼身份中存在的模糊与矛盾进行分析的有 E. Albu 所著 *The Normans in their Histories: Propaganda, Myth and Subversion*（Woodbridge: Boydell, 2001）；以及 P. A. Hayward 发表于 *Anglo-Norman Studies* 第33期75—102页上的文章 "The Importance of Being Ambiguous: Innuendo and Legerdemain in William of Malmesbury's Gesta Regum and Gesta Pontificum Anglorum"。更多关于诺曼人及其历史和群体的知识，大家可以参考 L. Shopkow 所著 *History and Community: Norman Historical Writing in the Eleventh and Twelfth Centuries*（Washington DC: Catholic University of America Press, 1997）。